밥벌이는 왜 고단한가?

ROUDOU NO SHISOUSHI

- TETSUGAKUSHA WA HATARAKUKOTO WO DOUKANGAETEKITANOKA

by NAKAYAMA Gen

ⓒ NAKAYAMA Gen 2023

All rights reserved.

Originally published in Japan by HEIBONSHA LIMITED, PUBLISHERS, Tokyo

Korean translation rights arranged with

HEIBONSHA LIMITED, PUBLISHERS, Japan

through The English Agency (Japan) Ltd, and Danny Hong Agency

밥벌이는
왜
고단한가?

아리스토텔레스부터
한나 아렌트까지,
철학자들이
이야기하는
일과 노동

나카야마 겐 지음
최연희·정이찬 옮김

이데아

labor · work · action

서문

일이라는 행위의
분류에 관하여

우리는 좋든 싫든 부모의 품에서 벗어나 자기 힘으로 일하며 생활 기반을 확보해
야 한다. 예로부터 '노동'과 '일'은 다르다고 여겨졌는데, 아렌트는 여기에 '활동'
을 추가했다. 그 의미는 무엇일까?

한나 아렌트
Hannah Arendt 1906~1975
독일의 유대계 가정에서 태어났다. 하이데거와 야스퍼스의 지도를 받았으며, 독일에서 나치 정권이 수립되자 1933년 파리로, 그리고 1941년 다시 미국으로 망명했다. 20세기의 전체주의를 낳은 대중사회의 사상적 계보를 고찰하고 현대 정신의 위기를 지적했다. 《인간의 조건》, 《전체주의의 기원》, 《예루살렘의 아이히만》 등을 썼다.

헤시오도스
Hesiodos
고대 그리스의 서사시인. 기원전 700년경 활동. 유산상속 문제로 다투게 된 동생 페르세스에게 농사일의 고귀함을 설파한 《일과 날》, 천지 탄생과 제우스를 비롯한 그리스 신화 속 신들의 계보를 이야기한 《신통기》를 지었다.

소크라테스
Sokrates 기원전 470/469~기원전 399
고대 그리스의 철학자. 대화를 통해 상대방의 무지를 깨우치고, 참된 앎에 이르는 길을 설파했다. 위험한 사상가로서 재판에서 사형을 선고받고 독배를 들이켜 사망했다. 저술은 남기지 않았으며, 그의 철학은 제자 플라톤, 크세노폰을 통해 알려졌다.

아리스토텔레스
Aristoteles 기원전 384~기원전 322
고대 그리스의 철학자. 플라톤의 제자. 인간의 본성은 '앎을 사랑하는' 데에 있다고 보았으며, 철학에서 자연학까지를 포괄적으로 체계화하여 '만학의 시조'로 평가받는다. 서양 최대의 철학자 중 한 명으로서 후세에 큰 영향을 끼쳤다. →2장

막스 베버
Max Weber 1864~1920
독일의 사회학자·경제사가. 독일이 1차대전에서 패배한 뒤 정치가의 자질과 윤리를 이야기한 《직업으로서의 정치》, 근대 자본주의가 성립된 계기를 프로테스탄트의 세속적 금욕에서 찾은 《프로테스탄티즘의 윤리와 자본주의 정신》으로 유명하다.

우리는 왜 일하는가

오늘날 많은 사람은 깨어 있는 시간의 대부분을 일하는 데 쏟는다. 일에는 다양한 의미가 있지만, 우리는 일단 일을 하지 않으면 살아갈 수 없다고 생각한다. 오늘날의 핵가족 사회에서 어른이 된다는 것은 어린 시절에 자신을 보호해준 가족을 떠나 홀로, 또는 새로운 가족을 구성하여 일을 하며 독립적으로 살아가는 것을 의미한다. 우리가 아이덴티티 identity 를 확립하고 유지하기 위해서도 일은 중요하다.

그뿐 아니라 우리는 일을 함으로써 사회 구성원으로서 사회의 일부를 구성하고 타인과 관계 맺을 수 있다. 일은 자신이나 가족의 생계유지를 위한 것일 뿐 아니라 타인과 관계 맺는 사회생활을 위한 것이기도 하다. 일을 하지 않으면 자기 안에만 틀어박히게 되어 타인과 관계 맺을 계기를 잃을 수밖에 없다.

나아가 우리는 일을 하며 기쁨도 느낀다. 예컨대 자연 속에서 땀 흘려 일한 뒤 느끼는 상쾌할 정도의 피로감은 모종의 기쁨을 안겨줄 것이다. 육체적으로는 고된 노동이었다 해도 말이다. 또한 우리는 일을 통해 자신이 가진 가능성을 발휘하고 있다는 자아실현의 실감도 얻을 수 있다. 일의 성과를 남들이 어떻게 평가하든, 우리는 창조적 힘을 발휘해 무엇인가 만들어내는 일에서 커다란 기쁨을 느낀다. 해야 하는 일을 완수했을 때는 큰 만족감이 뒤따른다. 이는 오락이 주는 기쁨과는 다르다.

일의 두 가지 의미

이렇듯 일은 우리에게 생계유지, 타인과의 관계 확보, 기쁨의 향유라는 세 가지 측면에서 매우 중요하다. 이러한 측면을 생각해보기 위해 일이라는 것을 좀 더 자세히 따져보자. 유대인이었던 까닭에 조국 독일을 떠나 미국으로 망명한 철학자 한나 아렌트[1906~1975]가 지적했듯이 서양의 여러 언어에서는 '일하는 것'을 의미하는 말에 두 가지 계열이 있다. 하나는 '노동'이며 다른 하나는 '일'이다. '노동'은 신체를 사용해 고생하며 일한다는 부정적 뉘앙스가 강하며, '일'은 손과 머리를 사용해 아이디어를 짜내며 일한다는 긍정적 뉘앙스가 강하다.

이는 고대 그리스의 전통에서 유래하는데, 그리스어에서 '노동'은 '포노스^{ponos}', '일'은 '에르곤^{ergon}'이라는 말로 표현되었다. 포노스는 고통을 의미하는 '페니아^{penia}'에서 파생된 말로, '힘들게 일하다' 또는 '고생하다'를 의미하는 동사 '포네오마이^{poneomai}'에서 온 명사이다. 이에 비해 에르곤은 '어떤 일을 수행하다' 또는 '만들어내다'를 의미하는 동사 '에르가조마이^{ergazomai}'에서 온 명사이다. 노동 즉 포노스는 고생스러운 일이라는 뉘앙스가 강하며, 일 즉 에르곤은 일하여 얻는 성과라는 뉘앙스가 두드러진다.

구체적 쓰임새를 알아보자. 기원전 8세기 말 그리스의 서사시인 헤시오도스는 그의 대표작인 《일과 날》에서 노동^{ponos}과 일^{ergon}에 관해 고찰했다. 그에 따르면 반신반인의 영웅 프로메테우스가 제우스의 명령을 거스르고 인간에게 불과 기술을 전해주자 제우스는 그 벌로 인간에게 노동과 죽음을 부여했다. "이전까지만 해도 지상에 사는 인간 종족은 어떠한 근심도, 고달픈 노동$^{khalepos\ ponos}$도 없이, 그리고 인간을 죽음에 이르게 하는 질병도 알지 못한 채 지내고"[1] 있었다. 그런데 제우스가 인간에게 노동이라는 고통스러운 벌을 부과한 것이다. 헤시오도스는 우선 '고통스러운 노고^{ponos}'가

인간을 고달프게 한다고 보았다.[2]

신들은 지상의 인간들이 일을 하기를 바라 인간계에 경쟁심을 불러일으키려 했으며, 복수와 싸움의 신 에리스는 인간들에게 일에 대한 의욕을 불어넣었다. "에리스는 게으른 사람도 눈뜨게 해 일^{ergon}을 하게"[3] 한다. "일할 생각이 없는 게으름뱅이도 남이 부지런히 밭을 갈고, 작물을 심고, 보기 좋게 살림을 꾸려나가는 모습을 보면 일할 기분이 들"[4]며, 따라서 싸움의 신 에리스는 인간에게 이로움을 가져다주는 신이라 할 수 있다. 사람들은 저마다 제 손으로 일하며 자신의 훌륭함을 내보이려 했다. 에르곤이라는 말은 '만들어낸 작품'이라는 의미도 있으며, 일의 성과 자체를 가리키기도 한다.

고대 그리스에서는 '고달픈 육체노동'과 '보람 있는 일'이 명확히 구분되었다. 이를 계승해 "'노동'을 의미하는 모든 유럽어, 예컨대 라틴어와 영어의 'labor', 프랑스어의 'travail', 독일어의 'arbeit'는 고통과 노력을 의미하며, 출산의 고통을 나타낼 때도 쓰"[5]이게 되었다고 아렌트는 설명한다. 이에 비해 '일'을 가리킬 때는 라틴어의 'opus', 영어의 'work', 프랑스어의 'œuvre', 독일어의 'werke' 등 일의 성과를 의미하는 에르곤 계열의 말이 주로 명사형으로 쓰인다.

근대 이후 존 로크$^{1632~1704}$는 "신체의 노동, 손의 일"[6]이라는 말로 노동과 일의 차이를 간명하게 표현했다. 신체는 누구나 갖고 있으며, 노동할 때 우리는 온몸을 사용해야 하는 경우가 많다. 그러나 뭔가를 제작할 때 우리는 주로 손을 사용하기 마련이며, 손으로 신체 바깥에 존재하는 도구나 기계 등을 사용해 원하는 작품을 만들어낸다. '신체의 노동'에도 개인차는 있지만 '일'에서만큼 두드러지지는 않는다.

우리가 '일하다'라는 말을 쓸 때는 '노동'과 '일'이라는 두 개념이 떼어내기 힘들게 결부되어 있다. 일한다는 것은 몸을 쓰는 고된 '노동'인 경우가 많지만, 손과 머리를 쓰며 재치도 발휘하는 '일'인 경우도 적지 않다. 제우스가 내린 벌로 우리 인간은 노동하여 양식을 얻음으로써 생존할 수밖에 없게 되었지만, 한편으로는 저마다 재능을 발휘해 남의 것보다 뛰어난 작품을 만들어내는 일에 종사할 수도 있다. 일한다는 행위의 이 두 측면은 때로는 결부되고 때로는 분리되며 서로 밀접한 관련을 갖는다. 우리는 '일'을 통해 작품을 남길 때뿐 아니라 고된 '노동'을 통해 나날의 양식을 얻거나 동료들과 서로 성과를 뽐내고, 또 자신의 성취를 확인하는 데서도 기쁨을 느낀다.

노동, 일, 활동

아렌트는 **노동**과 **일** 외에 **활동**이라는 개념을 제기하여 인간의 모든 행동을 이 세 개념으로 나누어 고찰했다.

아렌트에 따르면, '노동'은 인간이 생명을 유지하는 데 필요한 고된 행위이자 대단히 개인적인 행위이다. 이는 개인의 생활을 밑받침할 뿐 그 외에는 아무것도 남기지 않는다. 집에서 식사를 차리고 방을 치우는 등의 행위는 일상생활에서는 중요하지만, 음식을 먹은 뒤에는 아무것도 남지 않으며, 방을 치워봤자 생활환경이 얼마쯤 쾌적해질 뿐이다. 이런 종류의 노동은 일상생활 유지에는 필수적이지만, 그것이 이뤄진 후에는 아무것도 남지 않으며—즉 아무것도 생산하지 않으며—때로 헛되게 느껴지기도 한다.

이에 비해 '일'은 자신이 가진 능력을 발휘해 사회에 뭔가를 남기는 행위이며, 창조적 성격을 띤다. 이는 세상에 갖가지 작품과 도구를 남기며, 개인적 재능을 발휘한다는 의미에서는 개인적이지만, 세상에 산물을 남긴다는 의미에서는 반쯤 공적인 성격을 띤다.

끝으로, '활동'은 공적인 장에서 자신의 사상과 행동의 독자성을 발휘하는 행위이다. 이는 개인의 생활 유지를 위한 것이 아니라 공적인 장에서 공동체의 활동에 참여하는 것이며, 공공적 성격을 띤다. 나아가 겉으로 드러나는 '작품' 같은 것은 남기지 않는 경우가 많다. 아렌트는 '활동'이 '노동'이나 '일'과는 명확히 구별되는 특별한 차원의 행위라고 생각했다.

고대 그리스의 노동, 일, 활동

여기에는 고대 그리스의 도시국가, 즉 폴리스의 사회상이 반영되어 있다. 폴리스의 개인은 가정에서 자기 자신과 가족의 생활을 유지하기 위해 '노동'한다. 이는 집^{oikos}에서 이뤄지는 행위이며, 공적 세계와는 동떨어진 것으로 여겨졌다. "자연의 공동체"로서의 "가족의 영역"은 "개체 유지와 종족 보존"[7]을 위해 필요한 영역으로, 필요와 필연성에 지배되었다.

다음으로 '일'은 공동체의 사람들을 위한 것으로, "공중^{demos}을 위해 집^{oikos} 바깥에서 이뤄지는 모든 행동을 의미했다."[8] 이는 주로 직인(기술자)의 수작업을 가리키며, 공적 의미를 지니되 공동체에서의 공적 활동과는 전혀 달랐다. 이에 종사하는 사람들은 공공의 장에서 공동체를 위해 발언하는 것을 허락받지 못하는 경우가 많았다.

고대 그리스에서 '일'에 종사하는 사람은 신분적으로도 공공의 장에서 배제되기 일쑤였다. '일'은 집^{oikos} 안에서 하는 노동처럼 생활과 자연의 필연성에 복종하는 행위는 아니었지만, 공적인 장에서의 자유로운 행위일 수도 없었다. 왜냐면 '일'에 종사하는 사람들에게는 공적인 장에서 발언하는 데 필요한 자유가 없었기 때문이다. 아테나이에서 '일'에 종사하던 사람들은 자유인의 권리를 인정받지 못하는 경우가 많았는데, 이는 그들이 뭔가를 제작하는 행위에 종사한 까닭에 공적 활동에 필요한 시간적 여유를 갖지 못했기 때문이다.

아테나이의 자유인이 '일'을 경멸했다는 사실은 크세노폰 의 《소크라테스 회상》에 나오는 소크라테스[기원전 470/469~기원전 399]의 친구 아리스타르코스의 말에서도 잘 드러난다. 아리스 타르코스는 아테나이에서 일어난 내전 때문에 여성 친척들 이 그의 집에 모여든 후로 생계유지에 골머리를 앓고 있었다. 소크라테스는 봉제나 보리 재배 등으로 재산을 모은 사람들 이 있다고 일러주며 친척들에게도 일을 시키라고 제안한다. 그러자 아리스타르코스는 그런 방법으로 재산을 모을 수 있 는 것은 "이민족 출신 노예를 사들여 돈이 되는 일이면 아무 일이나 시키기 때문이며, 우리집에 있는 이들은 자유 신분인 데다 일가친척"[9]이라고 반론한다. '일'은 자유인이 할 만한 것 이 못 된다고 생각한 것이다.

아리스토텔레스[기원전 384~기원전 322] 역시 직인은 자유인에게 어울리는 덕德을 갖지 못하며, 기껏해야 노예가 가진 정도의 덕밖에 없다고 생각했다. 그에 따르면 "직인에게는 노예 상태 에 놓인 이들과 똑같은 정도의 덕이 적당하다. 왜냐면 세속 적 직인은 일종의 노예 상태에 놓여 있기 때문"[10]이다.

끝으로 '활동'은 폴리스의 공적 사항에 관한 행위를 말한 다. 이는 공적인 자유의 영역에서 이뤄지며, 오직 폴리스의 자유민만이 이러한 공적 활동에 종사했다. 자유란 지배되지 않는다는 것인데, 생활과 자연의 필연성에 지배되지 않을 뿐 아니라 타자를 지배할 필요성에도 지배되지 않는 것을 가리킨다. "그것은 지배되지도, 지배하지도 않는 것이다."[11]

따라서 '활동'은 '노동'이나 '일'과는 다른 자유로운 활동이며, 대가나 보상 없이 행해져야 했다. 이는 노동과 가장 대조되는 행위이며, 생계유지를 목적으로 하지도, 세상에 작품을 남기지도 않았다. 그러나 오늘날에는 이런 자유로운 공적 활동 역시 중요한 직업으로, 또 생계유지를 위한 영위로 변했다. 막스 베버[1864~1920]가 《직업으로서의 정치》에서 강조했듯이, 현대의 정치는 "정치를 직업으로 하는 참다운 인간들"[12]의 활동이다.

이렇듯 '활동'이 오늘날에 직업의 하나가 된 것은 우리가 더는 고대 그리스의 폴리스에 살지 않는다는 시대적 변동의 결과이겠지만, 아렌트의 분류법에 깔끔히 정리되지 않는 부분이 남아 있기 때문이기도 하다. '활동'은 제 능력을 발휘함으로써 남들에게서 높이 평가받기를 바라는 공동체 내 자유인의 공적 행위이지만, 무릇 '노동'과 '일'을 비롯한 인간의 모든 행위에는 사회적 평가에 대한 욕구가 반영된다. 우리는 노동을 통해 생활 기반을 확보하는 한편으로 일터에서 타인과 유대를 쌓고 타인의 평가를 획득할 수도 있다. 그런 의미에서 오늘날 노동은 더 이상 가정 내에서의 사적 활동이 아니며, 사회적·공적으로 중요한 의미를 지닌다.

이 책에서는 아렌트가 제시한 (고대 그리스에서의) '노동', '일', '활동'이라는 분류를 바탕으로, 이러한 인간 행위의 구별이 오늘날 어떻게 흔들리며 새로운 표정을 내보이게 되었는지를 역사적으로 고찰하려고 한다. 일하면서 우리는 생존을 유지한다는 '노동'의 측면을 실현한다. 또 '일'을 통해 세상에 어떠한 성과를 남기기도 하며, 타자에게 자신의 힘을 내보이고 타자의 평가를 획득하는 '활동'의 측면도 실현한다. 그리고 우리는 '노동'과 '일'이라는 두 행위를 통해 자아실현의 기쁨을 맛볼 수 있다.

1장
인간의 원초적 노동

신석기시대에는 기후변화에 따라 많은 변화가 일어났다. 이주 생활을 하던 인간은 정착 생활을 하기 시작했으며, 노동의 양상도 수렵 · 채집에서 동물 사육과 작물 재배로 변했다. 이윽고 도시와 국가가 형성되기 시작하며, 노동의 양과 질도 크게 변화한다.

장-자크 루소
Jean-Jacques Rousseau 1712~1778

제네바에서 시계공의 아들로 태어났다. 방랑 생활 끝에 여러 직업에 종사하던 중 1750년 《학예론》으로 디종 아카데미 현상 논문에 입상했으며, 자유와 평등을 주제로 저술 활동을 시작했다. 《인간 불평등 기원론》, 《사회계약론》에서는 인민에게 주권이 있다고 주장해 프랑스혁명으로 이어지는 혁명 사상에 영향을 주었다. →6장

조르주 바타유
Georges Bataille 1897~1962

프랑스의 사상가이자 작가. 국립고문서학교를 졸업한 후 파리 국립도서관의 사서가 되었다. 이성을 중심으로 하는 서양철학의 절대지絶對知를 비판하고 문예비평, 미술론, 소설 등의 분야에서 무신론적·신비주의적 작품을 많이 남겼다. '죽음과 에로티시즘'의 사상가라 불린다.

루이스 멈퍼드
Lewis Mumford 1895~1990

미국의 문명사가이자 도시·건축 비평가. 기술론을 축으로 문명사를 파헤치는 독자적 방법을 확립해 거대 도시로 대표되는 현대 문명의 과제를 제기했다. 지은 책으로 《기술과 문명》, 《도시의 문화》 등이 있다.

1
원초적 노동
루소의 '자연인'

장-자크 루소[1712~1778]는 원시시대의 인간이 타자와의 유대 없이 숲속에서 과일을 따먹고, 강물을 마시고, 나무 아래에서 잠자는 간소한 삶을 살았다고 생각했다. 《인간 불평등 기원론》에 묘사된 이 '자연인'의 생활에서, 생존을 위한 노동은 그저 눈앞에 무르익어 있는 열매를 따는 놀이 같은 행위이며, 현실의 노동과는 달리 '고생' 즉 포노스의 측면은 찾아볼 수 없다. 또 자연인은 기술이 없기에 세상에 작품을 남기지도 못하며, 따라서 '일' 즉 에르곤과도 무관하다. 나아가 자연인은 가족을 이루지 않고, 타자와 함께 사회를 구성하지도 않으며, 타자의 평가를 고려하지도 않는다. 요컨대 '활동'의 측면 역시 찾아볼 수 없다. 루소의 자연인은 자연 속에서 인간이 아닌 동물과 함께 살아간다.

루소는 이 원초적 인간이 그 후 사회적 인간으로 변모해가는 과정을 고찰함으로써 인간사의 불평등이 어떻게 발생했는지를 밝히려 했다. 그러나 문화인류학적 관점에서 보면 원초적 인간이 숲속에 사는 고독한 성인 남성, 즉 루소가 말한 '자연인'이었던 적은 없을 것이다. 인간은 모두 어머니에게서 태어나며, 어머니와 아이는 가족으로서 오래도록 함께 살아간다. 인간은 혼자 살 수 있을 때까지 긴 시간이 걸리기 때문이다.

망아지는 태어나자마자 걸을 수 있으며, 새끼 고양이는 생후 2주가 지나면 스스로 먹이를 구할 수 있다. 그러나 조생早生 동물인 인간은 생후 1년간은 제힘으로 서지 못하며, 타인에게서 영양을 공급받아야 한다. 그렇기에 어머니와 아이의 유대는 강하며, 어머니는 아이를 돌봐야 하기에 아이의 아버지인 남편이 식량 확보를 도맡는다. 인간은 가족 안에서 어머니와 아버지에게 기대어 살아가도록 만들어진 것이다.

이렇듯 인간의 원초적 생활은 가족 단위로 구성되며, 일정 수 이상의 가족이 모여 형성된 작은 집단이 원초적 생활 형태일 것이다. 이러한 원초적 집단에서는 남자가 사냥을 맡고 여자가 육아와 (주거지 근처에서의) 채집을 맡아 살아갔을 것으로 생각된다. 생존을 위한 이런 행위들은 앞에서 살펴본 '노동', '일', '활동'이라는 세 유형 중 '노동'에 속한다고 할 수 있다.

실제로 오늘날에도 아프리카의 채집민은 이런 노동에 기

초한 생활 방식을 취한다. 칼라하리 사막의 산^{San}인(부시먼)들은 핵가족을 축으로 집단생활을 하며, 기본적으로 복수의 가족이 캠프 하나를 구성한다. 집단 내에서는 남녀 간에 분업이 성립해 "남자는 수렵과 도구 제작, 여자는 채집과 요리를 맡는 식으로 분업이 이루어지지만, 때로는 남자도 함께 채집 행동에 나선다".[1] 남자는 사냥을 나갈 때면 고된 노동을 해야 하지만, 그렇지 않은 때에는 온종일 캠프에 머물며 휴식을 취하거나 도구를 수리한다. 여자의 채집 활동은 몇 시간이면 끝난다. 어쩌다 수렵으로 많은 양의 고기가 들어오면 "그들은 채집에도 수렵에도 나서려 하지 않는다. 온종일 캠프에서 뒹굴며 수다를 떨다가 한바탕 웃고, 노래를 부르고 춤을 추다가 배가 고파지면 고기를 요리해 먹는다. 그들은 결코 필요 이상으로 먹을거리를 얻으려 하지 않는다".[2]

그들의 노동과 생활은 인간이 최소한의 필요를 충족하며 생존하는 데 필요한 노동과 생활양식을 보여주는 하나의 이념형^{理念型}이라 할 수 있다. 자연의 조건만 뒷받침된다면 인간은 주변에서 쉽게 얻을 수 있는 것을 도구 삼아, 하루 중 극히 일부의 시간만 노동하며 살아갈 수 있다. 물론 더 오래 일할 수는 있을 것이다. 그러나 그런 노동에 어떠한 의미가 있을까? 필요 이상으로 획득한 수렵물은 썩을 뿐이다. 과하게 마련한 먹을거리는 새로운 캠프로의 이동과 새로운 먹을거리의 획득을 방해한다. 또 부패물은 생활 조건을 악화시킨다. 잉여노동은 불필요할 뿐 아니라 살아가는 데 방해가 되는 것이다.

따라서 "현존하는 이 생산양식의 관점에서 보면, 이용할 수 있는 노동력의 상당 부분은 과잉"[3]이라 할 수 있다. 이러한 노동을 담당하는 것은 최소 한 쌍의 남녀로 구성되는 부부 가정이다. "무엇보다 중요한 것은, 생계라는 (스스로 정한) 목적을 가진 세대 경제의 만족이다. 가족제 생산양식은 본질적으로 잉여에 반하는 체계이다."[4] 노동으로 획득한 것은 곧바로 소비하며, 잉여를 남기지 않고 축적도 하지 않는 이러한 시스템은 국가나 사회의 형성과는 거리가 멀다. 국가라는 제도는 가족에게 생계의 만족 이상의 것을 제공하도록 요구하기 때문이다.

이러한 생활양식은 고대 이집트나 메소포타미아 문명의 생활양식과는 매우 대조적이다. 곧 살펴보겠지만, 이집트 등지의 고대 문명은 노동의 성과를 착취함으로써 성립되었다.

2
구석기시대의 노동과 예술

석기의 발명

오늘날 산인들의 채집에 기초한 노동은 구석기시대부터 거의 변하지 않았다고 여겨진다. 구석기시대는 혹독한 빙하기이며, 당시의 인류는 살아남기 위해 돌을 뾰족하게 가공해 무기나 조리 도구로 사용하게 되었다. 최초로 석기를 만든 것은 400만 년 전부터 200만 년 전까지 생존했다고 여겨지는 원인猿人(초기 인류) 오스트랄로피테쿠스이며, 그들은 "가장 단순한 한 가지 동작"⁵으로 뾰족한 돌을 얻었다. 다음으로, 180만 년 전부터 2만 년 전까지 생존한 것으로 보이는 원인原人들은 돌에 일격을 가하는 데 그치지 않고, 수직 방향의 타격에 이어 깨진 부분에 접선 방향으로 두 번의 타격을 가했다. 이 후속 타격으로 아주 얇은 박편석기剝片石器가 만들어졌으며, 이는 칼로 사용되었다. 그 이후의 구인舊人 단계에서는 박편석기를 만들고 남은 석핵石核(몸돌)에 추가로 타격을 가해 원하는 모양의 조각(박편)을 만들어냈다. "석핵은 우선 쌍날석기의 형태로 거칠게 깎인 후 박편 채취에 사용되며, 박편은 석핵 자체가 사라질 때까지 연속적으로 채취된다."[6]

석기 제작과 이를 위한 기술적 고안이 구석기시대의 특징이기는 하지만, 사냥 도구에 석기만 있었던 것은 아니다. 이 시대에는 가장 원초적인 도구인 몽둥이 외에 활과 화살도 발명되었다. 활과 화살은 이전까지의 도구와 달리 신체의 연장이 아니라는 중요한 특징을 갖는다. "활과 화살은 자연의 어떤 것과도 비슷하지 않으며, -1의 제곱근 개념처럼 생소하고도 독특한 인간 정신의 산물이다."[7] 세월이 흘러 헤겔이 지적했듯이, 도구는 인간 정신이 '사물'의 모습을 취한 것이다.

노동과 기술, 언어

노동의 변화는 기술, 언어의 발달과 밀접한 관계를 갖는다는 점도 생각해봐야 한다. 현생인류의 탄생은 수백만 년 전 사족보행에서 이족보행으로의 변화와 깊은 관련이 있다. 이전까지 걷는 데 사용되던 앞발은 이족보행을 통해 사물을 쥐는 도구가 되었다. 그와 동시에 두개골이 머리 위로 높이 솟

아오르듯 발달하여 큰 두뇌를 수용할 수 있게 되었으며, 대뇌피질에 언어활동을 관장하는 부분이 형성되었다. 나아가 입, 혀, 목구멍이 음성기관으로 발달했다. 이렇게 해서 인류는 언어를 획득했다.

이렇듯 이족보행은 인류에게 기술을 사용할 수 있는 손, 말로 의사를 전달할 수 있는 머리를 가져다주었는데, 둘은 별개가 아니다. 손은 도구를 사용하는 데 그치지 않고 타자에게 의사를 전달하는 '몸짓'에도 활용되었다. 사냥감을 뒤쫓으며 동료에게 나아가야 할 방향을 알려줄 때 손짓만큼 간단명료한 방법이 또 있을까. 그리고 손짓에 어떠한 음성을 더해 신호하는 것만큼 자연스러운 방법도 없을 것이다. 이족보행으로 손과 머리가 해방되자 "손은 사물을 만드는 역할을 하고, 머리는 언어활동에서 발성 조직의 도구가 되었다."[8] 손과 머리는 주로 손을 사용하는 몸짓을 매개해 밀접히 결부된다. "손의 움직임과 얼굴 전면부 기관의 움직임 사이에는 긴밀한 관계가 존재한다."[9]

인류가 노동하기 위해서는 손(기술)과 머리(언어)가 협력해야만 했다. 인류는 기술 덕에 여타 영장류와 달리 고도로 효율적인 도구를 만들 수 있었으며, 언어 덕에 타자와 협력해 집단행동을 할 수 있게 되었다. 도구에는 인간의 지성이 응축되어 나타나며, 언어는 지성을 세분화해 표현함으로써 생각의 전달과 공유를 가능케 했다.

예술과 종교의 탄생

구석기시대에 인류는 도구와 언어 덕에 길고 혹독한 빙하기를 지날 수 있었다. 구석기시대에 등장한 새로운 도구는 활과 화살, 그리고 막대 끝에 박편석기를 붙인 창이다. 기원전 3만 년에서 1만 5000년경까지의 구석기시대 후기는 수렵의 시대였다. 평화로운 활동인 채집에 비해 수렵은 단독으로 행해서는 효율적이지 않았기에 여러 사람의 협력이 중요했다. 수렵 활동이 중심이 되는 이 시대에는 인간의 정신과 노동의 역사에서 몇 가지 중요한 변화가 일어났다. 이에 관해 라스코 등지의 동굴벽화를 실마리 삼아 생각해보자.

첫 번째 변화는 이러한 동굴벽화가 그려진 것, 즉 **예술**의 탄생이다. 알타미라나 라스코의 동굴벽화는 놀랍도록 수준 높은 예술성을 갖춘 작품이며, 기적이라는 말이 절로 나온다. 라스코 동굴벽화는 발견 당시 현대의 작가가 위조한 것이 아닌지 의심을 살 정도였다. "놀라우리만치 생생하고 선명한 동물 형상들이 이렇게나 풍부하게 펼쳐져 있는데, 어찌 한순간이나마 신기루 같다는 느낌을, 혹은 가짜 무대배경 같다는 느낌을 받지 않을 수 있겠는가?"[10]

이 벽화에는 인간이 선사시대에 사냥하던 동물들이 박력 넘치게 묘사되어 있다. 사냥감을 사실적 형상으로 그리는 것은 동물을 잡아 죽이는 행위를 상징한다고 여겨진다. "사실적인 동물 그림을 그리는 한 가지 목적은, 동물을 '잡는' 것이었다."[11] 예술은 인간의 창조력과 재능을 발휘하는 장일 뿐 아니라, 애니미즘의 효과를 가져오는 기원祈願의 장, 수렵의 성공을 선취하는 주술의 장이기도 했다. 동굴벽화는 사냥당한 동물이 인간에게 원한을 품지 않도록, 동물은 죽음으로써 성스러운 장소로 돌아간다고 이야기하는 의례였다고 할 수 있다. 예술은 이렇듯 몇 가지 기능을 수행했다.

동굴벽화에는 인간에게 사냥당한 동물이 주로 그려져 있으며, 사냥하는 인간의 모습은 거의 찾아볼 수 없다. 성스러운 동물에 비해 인간은 그릴 가치도 없는 존재라는 듯이 말이다. 벽화에 남은 몇 안 되는 인간은 죽은 자이며, 생동감 넘치는 들소와 비교하면 보잘것없는 시체일 뿐이다. 얼굴은 "부리가 곧은 새의 머리를 닮았으며"[12] 성기는 발기해 있다. 사실적으로 그려진 동물에 비해 인간 형상은 유독 조잡해, "동물 묘사에 쓰인 놀랄 만한 완성도의 자연주의적 기법을 인간에게만은 적용하려 하지 않은"[13] 듯한 모습이다.

이렇듯 뛰어난 솜씨로 그려진 동물과 무성의하게 그려진 인간의 대비는, 선사시대의 인간이 동물과 자신들의 차이를 반영한 결과일 것이다. 요컨대 동물은 성스러운 존재이며 그에 비하면 인간은 하잘것없다고 여긴 것이다. 프랑스의 사상가 조르주 바타유[1897~1962]에 따르면, 이러한 대비가 생겨난 배경에는 노동 없는 동물의 삶에 지고의 가치를 부여하고, 힘들게 노동하는 인간은 비천한 존재로 보는 사상이 존재한다. 다만 인간은 이러한 그림을 남김으로써 노동의 고달픔에서 벗어나 동물처럼 지고한 유희에 열중할 수 있다.

구석기시대의 두 번째 변화는 죽음에 관한 고찰을 계기로 한 **종교**의 탄생이다. 인류가 종교성을 갖게 된 사실은, 사람이 죽으면 장사를 지내기 시작한 데서 분명히 드러난다. 인간은 동포의 죽음을 겪음으로써 타계他界의 존재를 의식하게 되었으며, 타계와의 대비를 통해 현세를 바라보는 새로운 의식이 등장했다. 넓은 의미의 '종교'가 발생한 것이다. 내세와 대비해 현세는 노동의 세계였다. 내세는 노동이 존재하지 않는 곳, 현세의 고생에서 놓여난 곳이었다.

라스코 동굴벽화는 당시 사람들이 동물은 사냥당해 성스러운 존재로 변하며 이는 동물들에게도 복된 일이라고 믿었다는 점을 보여준다. 성스러운 동물을 죽이는 꺼림칙한 행위인 수렵이 허용된 것은, 사냥당한 동물은 사후 성스러운 장소로 돌아가므로 동물을 죽이는 것은 동물에게도 이롭다는 믿음에 말미암은 듯하다. 동물을 그리는 행위는 수렵이라는 노동에 동반되는 찝찝함을 위와 같은 믿음을 통해 해소하고, 노동의 세속성과 꺼림칙함을 변명하는 것이었다고 할 수 있다.

사냥당한 동물은 죽어서 성스러운 장소로 돌아가며, 인간은 죽어야만 노동이 없는 곳에 갈 수 있다. 이러한 종교성의 발생에 뒤따라 의식儀式이 치러지게 되었다. 의식은 본래 인간의 죽음에 관한 일이었겠지만, 점차 생활 유지를 위한 활동인 노동의 성공을, 신성한 장에서 모두 함께 기원한다는 의미를 갖게 되었다. 이렇듯 의식(의례)은 노동의 성과를 기원하고, 노동의 '부산물'인 수렵물의 원한을 해소하려는 행위였다.

개인에서 집단으로

구석기시대의 세 번째 변화는, 인간이 수렵 활동을 계기로 개인이 아닌 **집단**으로서 행동하고, 그 집단의 지도자를 발견한 것이다. 이 시대에 비로소 "명령하는 인물, 수렵의 수장이 길가메시 서사시나 전前 왕조 이집트의 사냥꾼 점토판에서 보이는 것처럼, 마침내 문명사의 무대에 등장하였다".[14] 그전까지는 개개의 작은 집단에 속해 행동하던 인간이 큰 집단 아래 모여들었으며, 바로 이것이 문명사회와 국가의 시초가 된다.

3
신석기시대의 노동

신석기시대의 시작

오늘날의 산인 사회가 입증하듯이, 구석기시대의 노동과 생산의 시스템은 특정한 자연조건 아래서 충분히 성립·존속할 수 있는 시스템이었다. 루소가 《인간 불평등 기원론》에서 이야기한 자연인의 생활은 (가정을 이루지 않는다는 점을 제외하면) 이 생산 시스템과 동등하다. 그러나 이런 소박한 노동과 생활을 뒷받침하던 자연조건에 큰 변동이 일어났다. 루소는 단순히 "어떤 자연적 변동"이 발생했다고 보았지만, 역사적 서술에 따르면 간빙기의 기온 상승으로 생활 조건이 눈에 띄게 개선됨으로써 잉여생산물의 축적이 가능해진 듯하다. 기온이 오르고 생활 조건이 나아지자 인류는 주거를 옮기지 않고 주변에 존재하는 동식물을 채집·포획하는 것만으로도 충분히 생존할 수 있게 되었다.

한때 기후가 다시 한랭화되기도 한 듯하지만, 한랭기가 지난 후 인류는 정착 생활을 하며 농경을 시작했다. 그리고 루소가 《인간 불평등 기원론》에서 이야기했듯, 농경 생활로 가능해진 많은 양의 식료 축적은 도시 생활, 집단적 노동의 조직화, 기술 발전, 사회적 축적, 문명의 발전으로 이어졌다.

정착 생활이 가져온 변화

정착 생활과 농경에 따라 기원전 7000년경에서 기원전 6000년경에 걸쳐 세계 곳곳에서 신석기 사용이 시작되어, 두 가지의 중요한 문화적 진전이 나타났다. 농업에 적합한 곡물을 재배하기 위해 텃밭이 활용되고, 잉여농산물 축적의 중심지로서 도시가 형성된 것이다. 이 시대에는 정착 생활에 따라 새로운 유형의 인간과 노동이 나타나, 사람들은 집에 살면서 여러 동물을 가축으로 기르게 되었다.

"맨 먼저 길들여진 동물은 바로 인류였다. (…) 그 첫걸음은 내구성 좋은 주거에 고정된 화로를 설치하는 것이었다. 이로써 길들이기의 다음 단계(동물의 가축화, 식물의 작물화를 말함—옮긴이)로 나아갈 수 있었다."[15] 집의 화로를 지키는 것은 여성의 일이었으며, 사냥을 나갔다가 빈손으로 돌아온 남성은 여성이 채집한 식물이나 텃밭에서 개량된 곡물로 만든

빵 등으로 허기를 달랬다. "곡물 재배와 함께 음식 조리에도 똑같이 근본적인 혁신이 있었다. 빵의 발명이다."[16]

텃밭에서의 노동

신석기시대에는 품종개량에 따라 다양한 식물이 채소로 재배되었다. 주거 가까운 곳의 텃밭은 품종개량을 위한 장소로 안성맞춤이었다. "식물을 재배하는 전 과정에서 중심적인 것은 텃밭이었다."[17] 텃밭에서는 "식용, 양념, 향료, 약용 식물, 쓸모 있는 섬유식물, 색이나 향, 아름다운 모양, 종교 의례상의 역할 덕에 사랑받는 화초 등이 나란히 함께 자랐"[18]으며, 이처럼 다양한 식물을 함께 재배할 수 있는 텃밭은 "종간교배에 특히 좋은 여건"[19]이었을 것으로 보인다.

텃밭에서의 품종개량을 담당한 것은 주로 사냥에 나가지 않고 집을 지키던 여성이었을 것이다. 이로써 여성의 정신적 상황에 변화가 일어났다고 루이스 멈퍼드[1895~1990]는 말한다. "성의 기쁨과 생명 생산을 수행하고 상징하는 여성의 특별한 역할"[20]이 성의식을 높이고, 노동에 대한 사고방식을 변화시켰을 것으로 생각된다. 신석기시대 초기의 텃밭 재배는 주로 여성의 일이었으며, 이는 고된 '노동'이라기보다는 갖가지 궁리와 고안이 요구되는, 성과가 확실히 드러나는 '일'이었을 것이다.

텃밭에서의 작물 재배와 거의 같은 시기에 야생동물을 길들여 가축으로 만드는 작업이 시작되었다. 멈퍼드에 따르면, 가축화에는 종교적 목적과 애완의 목적이 있었다. "동물 사육은 의례용으로, 결국에는 제물로 바치기 위해 숫양이나 황소를 포획한 데서 시작했을 가능성이 크다."[21] 혹은 "동물의 새끼들을―'가족'처럼 대해 우리를 집에 붙여 짓듯이―애완하는 것이 동물 길들이기의 전반적 과정을 촉진하였을 것이다."[22] 이렇게 해서 가축이 된 동물로는, 식용할 수 있는 젖을 생산하는 양과 염소, 경작에서 인력을 대신할 힘을 제공하는 소와 말 등이 있었다. 어쨌든 이 단계에서 노동은 아직 목가적인 일에 가까웠다.

다만 동물 사육이 활발해지자 새로운 분업이 생겨난다. 남성이 수렵을 담당하고 여성이 식용 식물 및 과실의 채집을 담당하는 것이 구석기시대의 자연스러운 분업이었다면, 신석기시대 초기에는 "가축 돌보기와 쟁기질뿐 아니라 거세와 도살도 남자의 일이 되었다. 이 모든 일은 새로운 경제에 필수적이었다."[23] 텃밭에서의 식물 육종育種이라는 즐거운 일은 여전히 여성의 일이었다. 이것이 일에서 기쁨을 느끼는 행위의 시초였다고도 생각된다.

도시의 형성과 잉여생산물의 축적

소규모 텃밭을 중심으로 하는 가정의 집합은 작은 마을을 형성하는 데 그쳤지만, 곧 큰 강 언저리의 비옥한 토양을 가진 지역을 중심으로 도시가 형성된다. 도시 생활은 기원전 8000년경 메소포타미아에서 시작되어 이집트 등지에서 더욱 발전하게 되었다. 문명의 탄생이다. 신석기시대의 마을들은 이러한 문명화에 저항했다. 지나친 잉여는 축적되지 않고 탕진되었다. "그러한 사회는 잉여 때문에 골치가 아플 때, 자유로운 증여와 정기적 축제로 잉여분을 쉽게 처리하였다."[24] 그러나 이것은 인류 문명의 진보를 가로막는 길이었다. "영역은 너무 한정되었고, 일상은 너무 제한적이었으며, 종교는 자질구레한 조상신에 너무 깊게 얽매였고, 마을 자체는 고립 속에 지나친 자기만족과 자기도취에 빠져 자기 본위가 되었으며, 낯선 것들을 지나치게 의심하였고, 외래의 관습에 대해 지나치게 적대적이었"[25]기에 종래의 질서를 지키려고만 한 것이다. 다만 규모가 작고 평온하며 목가적인 이러한 생활은 유지될 수 없는 경우가 많아, 몇몇 지역에서는 문명화가 착착 진행되었다. "호구지책 수준에 머물던 마을의 경제가 풍요의 경제로 바뀌"[26]는 것도 당연했다. 이렇게 해서 도시가 탄생했다.

이집트의 나일강, 중국의 황하 유역에 거의 같은 시기에 형성된 도시에서는 "'문명'의 기술적 요소와 사회적 요소가 둘 다"[27] 나타났다. 기술적 요소로는 쟁기와 전차의 발명을 들 수 있는데, 신석기시대의 특징은 새로운 기계나 도구의 발명보다는 인력人力을 조직화하는 규모가 눈에 띄게 커졌다는 데 있다. 하천·수로 개발은 새로운 기계나 도구의 힘을 빌리지 않고 수많은 인간의 힘을 조직하여 이루어졌다. "유역지대의 인구가 늘고, 이용할 수 있는 땅을 차지하게 되면서, 전에는 마을에서 소규모로 간헐적으로 하던 관개와 용수 개설이 공적 조직에 의한 광역 수로 체계로 바뀌었다."[28] 나아가 피라미드 건축에 사용된 거대한 암석은 별다른 기술혁신 없이 "동물의 힘조차 빌리지 않고 오직 기계화된 인간의 힘만으로 들어올려져 제자리에 놓였다."[29] 도시의 형성에 따라 인간의 육체노동이 착취당하게 된 것이다.

왕권의 탄생과 문명사회의 시초

이 시대에 **왕권**이 탄생한 사실은 사회조직의 관점에서 주목할 만하다. 곡물 생산성이 향상되어 잉여생산물이 도시에 집중되자 이를 보관할 거대한 창고가 건설되었다. 보관·배분된 곡물의 양을 기록하기 위해 문자가 발명되었으며, 문자를 다루는 관료 조직이 등장했다. 문자를 다루는 이 특권적 계층은 농업과 곡물 생산에 긴요한 천문학 지식을 획득·구사했으며, 농민들은 하늘의 비밀을 아는 이 계층에 크나큰 경의를 표했다. 이렇게 해서 문자를 다루는 이들을 중심으로 신관神官 계층이 형성되었다.

하늘의 비밀에 관한 지식은 "우주의 영향력과 그것이 인간에게 가져올 결과를 해석하는 존재로서의 초자연적 권위의 원천"[30]이 되었다. 나아가 신관들 중에서 그들 모두를 거느리고, 용맹한 무인으로서 대외 전쟁을 지휘할 왕이 탄생했다. "왕권의 유효성은 한편으로는 수렵인의 약탈적 용맹성과 통솔력, 다른 한편으로는 사제로서 지닌 천문학의 전승 지식과 신의 지도, 바로 이 둘의 결합에 의거하였다."[31]

이렇듯 신석기시대에는 피라미드 건설이 상징하는, 어마어마한 인적 자원의 낭비라 할 만한 노동 착취가 행해졌다. 구석기시대 여성들의 텃밭 노동이 자연 속에서 각자의 재능을 발휘할 수 있는 '일'의 측면을 지녔다면, 신석기시대의 노동은 가혹하고 고된 육체노동이라는 '노동'의 측면이 강했다.

나아가 신석기시대에는 수리권水利權이나 땅의 경계를 둘러싸고 국가 간에 **전쟁**이 빈발했다. 신전에 축적된 많은 양의 곡물 재고와 노예로서 일할 인적 자원의 존재는 국력을 강화하고, 농민을 징병해 군대를 편성하고, 이익을 좇아 침략 전쟁을 일으킬 수 있는 밑바탕이 되었다. 농민들에게는 전쟁 역시 고생스러운 노동일 뿐이었지만 말이다.

이렇듯 신석기시대의 노동은 농경 등 생존을 위한 본래의 노동보다는, 국가에 징발되어 국가와 국왕과 신관들을 위해 일해야 하는 노역으로서의 강제 노동이나, 국내의 반란을 제압하고 타국을 침략·정복하는 징병 노동의 성격이 강했다. 이 특수한 노동 제도는 인류가 짊어져야 하는 무거운 멍에가 되었으며, 로마 제국에서 프랑스 절대왕정에 이르기까지 인류가 겪어온 혹독한 노동의 역사를 관통한다. 변화는 프랑스 혁명 이후 국민국가 체제에서 자본주의적 노동이 등장한 후에야 찾아왔다.

2장
고대의 노동관

아리스토텔레스는 노예나 직인의 일인 '제작'과 자유 시민의 일인 '실천', '관조'
를 나누어 생각했다. 그의 사상이 중세 · 근세로 흘러드는 한편, 서양 세계에는 그
리스도교의 부정적 노동관이 얼룩처럼 퍼져나간다.

아리스토텔레스
Aristoteles 기원전 384~기원전 322

고대 그리스의 철학자. 플라톤의 제자. 인간의 본성은 '앎을 사랑하는' 데에 있다고 보았으며, 철학에서 자연학까지를 포괄적으로 체계화하여 '만학의 시조'로 평가받는다. 서양 최대의 철학자 중 한 사람으로서 후세에 큰 영향을 끼쳤다. 약 550권의 저술을 남겼다고 여겨지지만, 다수는 전해지지 않으며 약 3분의 1만 현존한다.

1
고대의 사회구조

착취하는 국가와 민주적 국가

앞에서 이야기했듯 신석기시대의 노동은 가혹한 노동이라
는 부정적 성격이 강했는데, 사회구조의 변화에 따라 노동이
가진 본래의 긍정적 측면이 주목받게 되었다. 근대에 이르는
노동의 역사는 노동에 어떠한 긍정적 의미가 부여되었는지
에 관한 역사이기도 하다.

사회구조 변화의 기본이 되는 것은 사회적 구조의 차이이
다. 고대 메소포타미아, 이집트, 중국 사회는 신적 왕권이 신
관층이나 문인층을 매개하여 일반 대중을 지배하는 구조였
으며, 일반 대중은 농업, 노역, 병역에서 노동 착취를 당하는
존재였다. 그러나 고대 그리스는 이러한 사회와는 다른 구조
로 되어 있었다.

사회학자 막스 베버는 고대에 형성된 국가의 양상을 크게

둘로 나누어, 민중의 노동을 착취하는 라이투르기^{Leiturgie}(국가에 대한 봉사 의무) 국가와 민주적 성격을 띤 폴리스의 도시국가라는 유형을 상정했다.[1] 둘 다 신석기시대의 마을처럼 방벽을 쌓아 외적으로부터 마을을 지키는 자유로운 농민의 공동체가 그 시초였다고 여겨진다. 구성원 모두가 토지를 소유하는 이런 공동체에는 전쟁 시에만 정치적 리더가 존재했으며, 평상시에는 마을의 연장자가 조언자의 역할을 할 뿐이었다.

이윽고 어느 씨족의 우두머리가 전쟁이나 재판에서 명예를 거머쥠으로써 해당 씨족이 우선권을 갖는다. 우선권을 획득한 씨족의 우두머리는 여타 씨족을 압도하는 형태로 왕이 된다. 이 왕은 그 후의 왕권과 같은 압제적 권력은 소유하지 않으며, 다른 씨족의 우두머리와 본질적으로는 동격이다. 예컨대 고대 그리스 서사시인 호메로스(기원전 8세기 말 출생)의 《일리아스》에서, 왕 아가멤논은 지위가 비슷한 여러 사람 중의 일인자다. 왕은 곧 자신의 씨족을 위해 성채를 구축하며, 그곳에 도시 비슷한 것이 형성된다. 왕은 토지, 노예, 가축, 귀금속을 소유함으로써 다른 씨족을 능가한다. 고대 그리스에서 이러한 성채 왕정은 비옥한 토지로 지대를 징수하고 교역으로 이윤을 축적함으로써 수립된 경우가 많았다고 생각된다.

성채 왕정 이후의 단계는 둘로 나누어 생각해볼 수 있다. 하나는 메소포타미아나 이집트의 경우처럼 신관왕神官王이 경제적 힘을 축적해 추종자들과 군사 권력을 지배하는 길이다. 나아가 국민을 통치하는 관료적 관리 신분이 만들어지며, 왕은 통치의 정통성을 확보하기 위해 종교적 신화와 제사祭司들의 체계를 확립한다. 도시에는 왕궁과 신전이 있다. 군대와 관료 기구와 신관들의 시스템을 정비한 왕정이 독재적 라이투르기 국가로 발전하는 경우도 있었을 것이다. 이러한 사회구조 아래서 일반 대중은 농업, 노역, 병역에서 노동 착취를 당하게 될 것이다.

다른 하나는 아테나이나 스파르타의 경우처럼 왕정 내에서 점차 귀족정이 수립되는 길이다. 여기서는 무장한 귀족이 토지와 노예를 소유한 채 아크로폴리스(고대 그리스 도시국가의 종교적·정치적 중심지. 바위산 등 고지대에 건설되었다 — 옮긴이)에서 귀족적 생활을 한다. 아테나이처럼 바다에 면한 평지에서 지대를 징수할 수 있는 입지 조건을 갖추고, 타국과의 무역으로 화폐를 획득하면, 일정한 수입 확보가 가능해 폴리스가 형성된다.

폴리스의 정치적 특징은 라이투르기 국가와 대조적으로 관료제가 없다는 것이다. 귀족들의 폴리스는 아테나이처럼 중장보병(평민)의 폴리스, 나아가 민주정의 폴리스로 변모하기도 했지만, 스파르타처럼 귀족정의 특징을 유지하는 경우도 있었다. 이후 그리스의 정치체제는 이 두 발전 양상에서 비롯되었다.

노동의 긍정성과 부정성—고대 그리스의 경우

고대 그리스의 폴리스에서 노동은 원래 이중적 의미를 지녔다. 몸만 지칠 뿐인 부정적 '노동'과 수작업에 종사하는 직인이 기술과 능력을 발휘해 작품을 만들어내는 긍정적 '일'이 바로 그것이다. 앞에서 확인했듯이, 이 두 행위의 대립은 서양의 노동관을 밑받침한다. 나아가 '일'과 '노동'이라는 각각의 말 자체에도 긍정과 부정의 이중성이 존재한다. 재능을 발휘해 작품을 만드는 것 역시 때로는 고된 일이며, 직인들은 신분적으로도 차별을 받았다. 그런가 하면 경시되기 일쑤인 밭일 등의 육체노동에는 긍정적 요소도 있다. 예컨대 폴리스가 형성되기 전의 그리스에서는 자연과 하나되는 농민의 노동을 높이 평가했다.

고대 그리스 시인 헤시오도스에게 농경은 고된 신체적 노동을 수반하는 것이었지만, 이는 오늘날의 관점에서 본 부정적 노동과는 다르다. 농경은 신에게 바칠 곡물을 길러내는 중요한 영위이며, 종교적 행위이기까지 했다. 수확은 신의 "신성한 하사품"[2]이며, "데메테르(곡물의 신)의 신성한 곡식이 묵직하게 익도록"[3] 기도하며 행하는 경작은 신과 일체가 되는 의식이었다.

그러나 앞에서 이야기했듯, 고대 그리스에서 양식 확보를 위한 노동은 괄시당하기도 했다. 영양 공급과 관련된 영위는 두 가지 의미에서 열등한 성격을 갖는다고 여겨졌기 때문이다.

첫째로, 이 영위는 겉으로 드러나는 '작품'을 낳지 못해 어떤 의미에서는 헛되다고 여겨졌다. 조리라는 노동으로 만든 음식은 먹으면 흔적도 없이 사라진다. 조리의 목적은 만든 음식을 먹는 것이며, 음식이 그대로 남는 것은 조리의 본래 목적과는 어긋난다. 나아가 아무리 맛있는 음식을 만들었다 해도, 식사를 마친 손님이 잘 먹었다는 인사와 함께 자리를 뜬 후에는 조리라는 노동이 마치 없었던 일처럼 느껴지기도 한다.

둘째로, 이 영위는 자연의 계절 변화나 인간 신체의 유지라는 필연성에 복종하는 것이었다. 인간은 먹지 않고는 살아갈 수 없다. 곡물을 재배할 때는 강우·일조 등 자연의 필연적 명령에 따라야 하며, 음식을 만들 때는 인간의 생리적 필연성에 따라 입에 잘 맞을지, 소화는 잘될지를 고려하지 않을 수 없다. 고대 그리스에서는 이러한 필연성에 따른 영위가 자유 시민과는 어울리지 않는다고 여겨졌다. 따라서 폴리스의 자유 시민은 농경·조리 같은 '노동'을 멀리하고, 시민으로 인정받지 못한 여성이나 노예에게 이를 내맡겼다. 그런가 하면 성과와 함께 긍지를 안겨주는 제작 활동인 '일' 역시 힘든 수작업에 시간을 빼앗기며 몸을 혹사하는 면이 있었기에 부정적 시선을 피하지 못했다.

2
고대 그리스의 행위와 노동

아렌트의 분류와 다른 점

이렇듯 고대 그리스에서는 '일하는 것'이 '노동'과 '일'이라는 두 범주로 구분되었다. 또 일반적으로 '일'이 '노동'보다 높은 지위를 차지했다. 그러나 이미 살펴봤듯이 '노동'과 '일' 모두 자연의 필연성을 따른다는 의미에서 예속적 성격을 띠었다.

아렌트는 인간의 행위를 '노동', '일', '활동'이라는 세 종류로 나누었는데, 고대 그리스에는 이와는 조금 다른 분류법이 있었다. 아리스토텔레스는 인간의 행위를 대상과의 관계에 따라 크게 세 유형으로 나눴다. '제작'(포이에시스^{poiesis}), '실천'(프락시스^{praxis}), '관조'(테오리아^{theoria})가 그것이다. 이 행위들은 "그 원리가 다르게 있을 수 없는 것"을 대상으로 하는지, "그 원리가 다르게도 있을 수 있는 것"⁴을 대상으로 하는지에 따라 구별된다. 달리 말하면, 존재 내에 필연성을 가진 것—즉 천체와 같은 "영원한 것"[5]—을 대상으로 하는 행위인지, 자연의 산물과 같이 우연성을 가진 것을 대상으로 하는 행위인지의 차이이다.

우연성을 가진 것을 대상으로 하는 행위는 '제작'과 '실천'이다. '제작'은 인간이 자연의 사물을 가공해 무언가 만들어내는 행위이며, 우연성—즉 사물들 저마다의 양상—에 적합한 방식으로 대상을 다룰 필요가 있다. 여기에는 '노동'과 '일'의 측면이 모두 담겨 있다.

이에 비해 '실천'은 타자와의 관계 속에서 이루어지는 행위이며, 도덕적 행위나 숙고 등도 여기에 포함된다. 이 행위는 타자와의 관계라는 우연적 요소를 포함하며, 대표적으로 정치 활동이 이에 해당한다. 폴리스의 시민은 정기적으로 개최되는 민회民會에 출석할 의무가 있었으며, 거기서 아테나이의 정치적 방침을 결정하거나 재판을 열었다. '제작'과 '실천'의 큰 차이는, 전자가 무언가 만들어낸다는 목적을 가진 데 반해 후자는 별도의 목적이 없다는 점이다. 아리스토텔레스는 "제작은 별도의 목적을 갖는데, 이는 실천에서는 있을 수 없는 일이다. 실천은 잘 실천하는 것 자체가 목적이기 때문이다"[6]라고 설명한다.

그런가 하면 '관조'는 "그 원리가 다르게 있을 수 없는 것",[7] 즉 필연적이고 영원한 것을 대상으로 하는 행위이다. 예컨대 천체의 운행 규칙을 탐구하는 행위가 이에 해당하며, 개개의 학문^{episteme}이나 이론^{theoria}은 여기서 비롯된다. 아리스토텔레스는 "학문은 보편적·필연적인 것에 관한 판단이다"[8]라고 설명한다.

아렌트의 분류 중 '노동'과 '일'은 아리스토텔레스가 말한 '제작'에 포함될 것이다. 아리스토텔레스는 앞의 두 가지를 특별히 구별하지는 않았다. 이에 비해 아렌트의 '활동'은 아리스토텔레스의 '실천'에 해당한다고 할 수 있다. 아리스토텔레스는 사상적 활동인 '관조'를 자연이나 타자로부터 완전히 독립된 자율적 활동으로 규정했다. 자연이나 타자는 우리의 외부에 존재하는 우연적인 것으로, 우리의 힘이 미치지 못하지만, 뭔가를 고찰하는 행위는 우리가 자유로이 행할 수 있는 것으로, 우연적 요소에 좌우되지 않는다고 할 수 있다.

세 부류의 인간상

이렇듯 아리스토텔레스는 인간의 행위를 '제작', '실천', '관조'라는 세 유형으로 나누었다. 노예와 직인은 자연의 사물이나 인간 생활과 관련된 '제작'에 종사한다. 이에 비해 자유 시민은 폴리스의 공적 사항을 다루는 정치 활동을 통해 '실천'에 종사하거나, 다양한 사물이나 신이 가진 필연성을 인식하는 '관조'에 종사한다. 자유로운 인간의 삶은 폴리스 시민으로서의 활동적 삶$^{vita\ activa}$과 필연적인 것을 관찰하는 관조적 삶$^{vita\ contemplativa}$ 중 하나인 셈이다.

아리스토텔레스의 '제작' 개념에서는 '노동'과 '일'이 명확히 구별되어 있지 않지만, 현실의 폴리스 생활에서는 생산물을 남기는 직인의 '일'이 성과를 남기지 못하는 노예의 '노동'보다 높이 평가되었다. 또 자유 시민의 '실천'과 '관조' 사이에도 상하관계가 자리잡았다. "그 원리가 다르게도 있을 수 있는 것"을 대상으로 하는 활동적 삶으로서의 정치보다 "그 원리가 다르게 있을 수 없는 것"을 대상으로 하는 관조적 삶으로서의 사색·명상 쪽이 자유인에게 어울리는 고귀한 활동이라고 여겨졌다.

이렇게 해서 인간의 행위에는 노동과 일('제작'), 공적 활동('실천'), 사색·명상('관조')이라는 계층 관계가 성립되었으며, 이에 따라 세 부류의 인간상이 생겨났다. 노동에 종사하는 노예와 일에 종사하는 직인, 활동에 종사하는 정치가, 사색에 종사하는 철학자가 그것으로, 그중 가장 비천한 영위는 노동, 가장 바람직한 영위는 사색이라고 여겨졌다.

세 부류의 인간상은 그 후 서양 사회에서 성직자, 전사, 농민이라는 세 계급으로 표현되고는 했다. 제1계급으로서 종교활동에 종사하는 성직자가 철학자에 해당하며, 제2계급으로서 전쟁에 종사하는 전사는 정치가에, 제3계급으로서 식료·일용품 생산에 종사하는 농민은 직인·노예에 각각 해당한다. 이러한 계급 구조는 프랑스혁명 이전까지 제1신분, 제2신분, 제3신분으로서 공고히 유지되었다.

그런가 하면 고대 인도에서는 브라만, 크샤트리아, 바이샤, 수드라와 같은 네 계급이 정해져 있었다. 브라만은 성직자·교사, 크샤트리아는 위정자·전사, 바이샤는 토지를 소유한 농민, 수드라는 "노예, 직인, 농업 노동자로서 재생족再生族(수드라 위의 세 계급)에게 봉사해야 하는"[9] 사람들이다. 여기서도 인간의 행위에 따라 신분이 나뉘는 것을 확인할 수 있다.

한편, 근대 이후에는 인간의 모든 활동을 일이라는 관점에서 바라보게 되었다. 밭을 가는 것은 농민의 일, 공장에서 자동차를 만드는 것은 노동자의 일, 정치 활동에 종사하는 것은 정치가의 일, 관조와 사색에 빠지는 것은 학자의 일이라고 여겨지며, 모두 각자의 일을 통해 생계를 유지한다. 그러나 근대 이전에는 인간 활동의 질적 차이는 의식되었어도 모든 것을 생계유지를 위한 일로 보지는 않았다.

3
히브리 사회와 노동
성서와 노동

노동에 대한 고대 세계의 부정적 시선은 그리스에서만 찾아
볼 수 있는 것이 아니었다. 유대교에서 그리스도교로 이어지
는 전통, 즉 서양 사회의 토대가 된 종교 전통에서도 그러한
시선은 일관되게 나타났다.

구약성서에 등장하는 낙원에서 인간의 노동은 고생과는
거리가 멀다. 신은 "흙을 일굴 사람도 아직 없었기 때문"[10]에
인간 아담을 창조했다. "주 하느님께서는 사람을 데려다 에
덴동산에 두시어, 그곳을 일구고 돌보게 하셨다."[11] 나아가
신은 아담이 "혼자 있는 것이 좋지 않으니, 그에게 알맞은 협
력자를 만들어주겠다"[12]며 여자 하와를 창조했다. 에덴동산
에는 "먹기에 좋은 온갖 나무"[13]가 있어, 두 사람은 선과 악
을 알게 하는 나무를 제외한 여러 종류의 나무에서 내키는
대로 열매를 따먹는 것을 허락받았다. 두 사람은 신이 명한
노동을 하면서도 더없이 풍요롭고 편안하게 지냈다.

그러나 아담과 하와는 곧 뱀의 꾐에 넘어가서는, "눈이 열려 하느님처럼 되어서 선과 악을 알게"[14] 되기를 바라 신의 말을 거역하고 선악과를 따먹는다. 분노한 신은 인간에게 고된 노동을 부과한다. "땅은 너 때문에 저주를 받으리라. (⋯) 너는 얼굴에 땀을 흘려야 양식을 먹을 수 있으리라 / 흙으로 돌아갈 때까지."[15] 이렇게 해서 유대교·그리스도교 전통에서 "노동은 신의 힘에 의해 인간에게 부과된 '벌'"[16]이 되었다.

노동을 벌이라 여기는 전통적·부정적 시각은, 자연과 하나되는 기분이나 땀흘려 일한 뒤의 상쾌한 피로감, 타인과 함께 일하는 기쁨 등 노동의 긍정적 요소를 부정하고, 서양의 노동관 배후에 얼룩처럼 달라붙었다.

3장
중세의 노동관

그리스도교에서는 원시 그리스도교의 모습으로 돌아가려는 움직임이 되풀이하여 나타났다. 중세에 그러한 움직임을 보인 곳은 수도원이었다. 비천하다고 여겨진 노동이 중세 이후 하루하루의 정진으로서 중시되어 가치관의 대전환이 일어난다. 죄악으로 여겨지던 일들도 그 노고에 따라 재평가된다.

누르시아의 베네딕투스
Benedictus de Nursia 480~547
이탈리아 누르시아 태생의 수사. 529년경 몬테카시노에 수도원을 설립하고 노동과
정신 활동에 대한 수도회칙을 정했다. 7세기경에는 모든 수도원이 베네딕투스 규칙
을 따르게 되었다. 중세 유럽 수도원 제도의 기초를 다졌다고 평가받는다.

존 솔즈베리
John of Salisbury 1115/1120~1180
영국의 스콜라철학자. 캔터베리 대주교의 비서로 있다가 샤르트르의 주교가 되었다.
12세기 르네상스를 대표하는 지식인으로, 정치나 철학사 등에 관한 저술을 남겼다.

카이사리우스
Caesarius 468/470~542
프랑스의 주교. 수녀원의 규칙서 《수녀를 위한 규칙》에서 성무일도聖務日禱인 기도와
노동, 나아가 복장이나 장식품 등에 관한 세세한 규율을 설파했다. 그 스스로 수녀원
을 설립하기도 했다.

요하네스 카시아누스
Johannes Cassianus 360~435
프랑스의 수사. 수도 생활의 규칙과 여덟 가지 악덕(탐식, 탐욕, 색욕, 교만, 분노, 질
투, 무기력, 자만)에 대한 평소의 마음가짐을 논한 저술들로 알려져 있다. 수도원의
규칙을 정한 누르시아의 베네딕투스에게 큰 영향을 끼쳤다.

자크 르고프
Jacques Le Goff 1924~2014
프랑스의 중세사가. 큰 사건이나 인물을 다루는 전통적 역사학에서 벗어나, 민중의
생활 문화와 사회에 연구의 초점을 맞춘 아날학파의 일원. 루이 9세의 역사학적 전
기 《성왕 루이》 등을 썼다.

1
수도원과 노동

이상한 전도

서양에서는 고대부터 인간의 행위를 노동·일, 활동, 관조의 계층구조 속에서 보는 전통이 형성·유지되었는데, 중세 그리스도교 사회에서 이상한 전도顚倒가 발생한다. 그리스도교 성직자 중 관조라는 최상위 행위에 종사해야 할 사람들이 최하위 행위인 노동에 종사하게 된 것이다. 이는 인도의 브라만이 수드라의 노동에 종사하는 것이나 다름없는 전도된 사태이며, 생각할 수도 없는 일이었다. 그리고 이러한 사태를 낳은 것이 바로 수도원 제도이다.

수도원은 교회 제도가 예수와 원시 그리스도교의 정신을 망각해 타락했다는 인식을 바탕으로 교회를 개혁하려는 목적에서 세워졌다. 아주 이른 시기의 이집트에서 훗날의 수도원 제도를 예비한 사람들은 "작은 밭을 일구고, 종려나무의 가지나 잎으로 방문자들에게 팔 바구니를 만드는"[1] 등 소박한 신앙생활을 영위했다. "그들의 시간은 기도, 노동, 독서, 그리고 서적 암기에 소용되었다."[2] 또 복종의 정신을 기른다는 이유로 거의 무의미하기까지 한 노동을 해야 하는 경우도 있었다.

　노동의 사상사라는 관점에서 주목해야 할 것은 수도원 제도 속에서 종교인, 전사, 농민 사이에 이상한 뒤섞임이 발생한 사실이다. 수도자(수도사)는 철학자 겸 **종교인**이다. 주로 하는 일은 기도와 독서다. 중세의 수도원은 지식 전달의 매개체였으며, 읽고 쓸 줄 아는 사람들을 길러낸 것 역시 수도원이라 할 수 있다.

　수도원의 수사는 **전사**가 되기도 했다. 수사들은 '그리스도의 군대'라는 이념 아래 기사단을 결성해 전투에 나섰다. 템플기사단, 성 요한 기사단, 독일기사단 등은 용맹을 떨치고 큰 부를 축적해 이름을 날렸다. 영국의 스콜라철학자 존 솔즈베리[1115/1120~1180]는 그리스도교의 기사가 품은 이상을 다음과 같이 이야기했다. "기사에 서임된 자는 무엇에 봉사하는가? 교회를 보호하고, 불성실과 싸우고, 사제직의 영예를 드높이고, 가난한 이들이 마주하는 불의를 없애고, 국토에 평화를 가져오고, 제 형제를 위해 피 흘리고, 필요하다면 목숨을 바치는 것, 바로 이것이 그들이 하는 봉사다."[3] 수도자들은 기도만 하는 것이 아니라 교회와 백성을 위해 피 흘려 봉사해야 했다. 이렇게 해서 서양의 직업 유형 중 제1계급에 속하는 성직자가 제2계급의 전사를 겸하게 되었다. 그러나 무엇보다 중요한 뒤섞임은 수도자들이 '비천한' 노동에 종사한 것, 제1계급의 성직자가 제3계급에 속한 농민의 노동에 종사한 사실이다.

변화하는 노동의 의미

육체노동에 정신적 의미가 부여된 것은 노동의 사상사에서 중요한 의미를 지닌다. 수도자들에게 노동은 몇 가지 중요한 의미를 지녔다. 예수의 생애와 정신을 따르고자 하는 그들에게 노동은 무릇 생각도 할 수 없는 일이었다. 예수는 노동 같은 것은 하지 않았기 때문이다. 명령받지 않은 이상 수도자들이 노동에 종사할 필연성은 없다. 그들에게 노동은 윗사람의 지시에 순종하는 것이었다. 요컨대 노동은 복종의 정신을 나타냈다.

아를의 귀족 출신 주교 카이사리우스[468/470~542]가 쓴 《수녀를 위한 규칙》은 노동이 복종의 정신을 기른다는 점을 거듭 강조한다. "누구든 어떤 노동, 수작업을 자신이 원해서 선택할 수는 없으며, 유용하다고 판단된 일을 하도록 명하는 것은 상급자의 재량이다."[4] 수녀들은 "매일매일 부과된 수작업을 겸손한 마음으로 받아들이고, 근면한 태도로 이를 완수하려 노력해야 한다".[5] 수도원에서의 노동은 성과를 얻기 위한 것이 아니라 복종의 정신을 기르기 위한 것이었다.

나아가 고된 노동은 수도자가 자기 자신에 대한 집착을 버리고 맑은 정신을 구현하기 위한 중요한 수단으로 여겨졌다. 노동이 영혼을 맑게 하여 구원의 길로 나아가게 해준다고 본 것이다. 이렇게 해서 몸을 혹사하는 노동이 가진 뜻밖의 효용이 발견된다. 특히 자연 속에서의 농경 작업은 마음을 깨끗이 씻는 경험으로 인식되었다.

수도원의 역사에서 중요한 사상가인 요하네스 카시아누스[360~435]는 수도자의 목표는 하느님 나라에 가는 것으로, 이를 위해서는 "순결한 마음"[6]이 필요하며, 수도원에서 행해지는 모든 영위의 목적은 순결한 마음을 실현하는 데 있다고 생각했다. 그리고 이 순결한 마음이라는 필수적 상태에 도달하기 위해 무엇보다 중시된 것이 바로 노동이 상징하는 노고다. "바로 그것을 위해 우리는 모든 종류의 노고를 싫증 한 번 내지 않고, 심지어 기쁜 마음으로 받아들인다. 그렇기에 우리는 단식에 따른 공복에도 끄떡없으며, 밤샘 기도의 피로를 즐기고, 끊임없는 성서 봉독과 묵상도 부족하게만 느낀다. 끝없는 노동과 극기, 물질적 궁핍, 극심한 고독에서 오는 두려움도 우리를 막지 못한다."[7]

수도원에서의 노동이 성과를 위한 것이 아닌, 수도자의 극기와 복종 정신 함양을 위한 것이었다는 사실은 뛰어난 일솜씨를 자랑으로 여기는 수도자를 벌한 데서도 분명히 나타난다. 서양에서 수도원 제도를 탄생시킨 누르시아의 베네딕투스[480~547]의 유명한 수도회칙에는 기술이 뛰어난 수사에 관한 다음과 같은 조항이 있다. "그들 중 자신이 수도원에 이익을 가져다준다고 여기며 제 기술을 자랑스러워하는 자가 있다면, 그가 겸손을 되찾고 수도원장이 복귀를 허가하기 전까지는 그를 직무에서 배제해야 한다."[8] 요컨대 노동의 성과가 아닌, 고된 노동을 통한 자존심의 방기를 중시한 것이다.

이렇듯 수도자들은 각자의 영혼을 위해 노동에 종사했다. 베네딕트회 수도원에서는 "일상의 일을 그리스도교도의 일로서 수행한다는 새로운 의무를 부과했다. 하루에 적어도 5시간은 육체노동을 하도록 정한 것이다."[9] 이로써 "육체노동은 정신이 깃들지 않는 단조롭고 고된 일로 여겨지지 않게 되었다."[10] 수도원에서의 노동을 통해 노동이 원래 가지고 있던 긍정적 측면이 재발견된 것이다.

노동의 이점

수도원에서의 노동은 그 밖에도 몇 가지 이점을 가지고 있었다.

첫째로, 수도원은 수도자들에게 복종의 정신을 심어 노동하게 함으로써 자립 경제의 기반을 확보할 수 있었다. 수도자들의 농작업을 통해 수도원은 식료를 자급할 수 있었으며, 부유한 귀족의 베풂에 의존하지 않는 생활은 수도원의 정신적 독립을 유지하는 데 있어 중요했다.

둘째로, 수도자들의 노동은 시계에 의한 하루의 규칙적 규율에 따라 수행되었다. 수도원에서 개량된 시계는 외부에 전해져 일상적으로 쓰이게 되었다. 그뿐 아니라 "시가지 전체가 시계탑 종소리에 활동 시간을 맞추게 되었다."[11] 이러한 생활의 규율화는 훗날 자본주의 사회에서 나타난 생활·노동 규율화의 기초가 되었다.

셋째로, 수도원의 규율화된 노동은 이전까지의 노동이 가지고 있던 여러 부정적 측면을 해소하는 효과를 발휘했다. 수도자들의 노동에는 "노동의 세분화, 계급적 착취, 차별, 대규모의 강제와 노예제, 평생 고정된 직업이나 역할, 중앙집권적 통제"[12] 등 노동에 따라다니던 갖가지 부정적 요소를 없애는 획기적 의미가 있었다.

넷째로, 복종의 정신을 가지고 규율을 따르는 것이긴 해도 노예처럼 남에게 강제당하는 것은 아니었던 수도원의 노동은 수도자들의 생활에 규칙과 균형을 가져다주었다. 또 노동 자체와 노동의 성과는 수도자들 사이에서 공평하게 분배되었다. "수도원의 건강한 구성원이라면 누구나 똑같이 일할 의무를 졌고, 일한 대가를 똑같이 나누어 받았다."[13] 이는 모든 구성원 사이에서 평등의 정신을 길렀다. 나아가 의료나 간호도 완비되어 있어 "수도원은 '복지국가'의 초기 모델"이라 할 수 있었다.[14]

이렇듯 바깥세상에서 보기에 수도자의 노동은 노동이라는 영위의 가치를 전체적으로 높이는 것이었다. 프랑스의 역사가 자크 르고프[1924~2014]에 따르면 "가장 높은 수준으로 완성된 그리스도교도인 수도자가 노동에 종사한다는 사실 자체는 노동이라는 활동에 수도자의 사회적·정신적 위신 일부를 부여하였다. 수도자가 노동하는 모습은 동시대인들에게 깊은 인상을 남겼다. 노동에 복종하는 수도자가 노동의 가치를 드높였다."[15]

수도원과 기술 개발

나아가 주목할 만한 것은, 수도자들의 노동이 다양한 기술적 발명을 불러온 사실이다. 예컨대 곡식을 빻는 물레방아의 발명은 당시 사람들에게 "수도자들이 가진 기교의 일례라기보다는 거의 초자연적이며 사실상 기적과도 같은 지식의 증거로 받아들여졌"[16]을 만큼 놀라운 일이었다.

수도원에서 발명된 도구는 농업 생산성을 눈에 띄게 향상시켰으며, 그런 만큼 귀중품으로 취급되었다. 베네딕투스 규칙은 수도원이 소유한 도구를 신성한 물건으로서 소중히 다룰 것을 요구한다. "수도원의 모든 비품 및 소유물은 제단 위의 성물聖物처럼 여겨야 하며, 그 어떤 것도 함부로 다뤄서는 안 된다."[17]

수도원장이었던 베네딕투스에 관해서는, 어느 수사가 실수로 호수에 빠트린 철제 농기구를 되찾은 기적이 전해진다. 한 수사가 수도원에서 "팔카스트룸이라 불리는 낫과 같은 철제 도구를 받아"[18] 풀베기를 하고 있었다. 그런데 지나치게 힘을 주는 바람에 "날이 자루에서 떨어져 호수에 빠지고 말았다. 물이 너무 깊어 도저히 건져낼 수 없었다."[19] 절망한 수사가 잘못을 고백하자 베네딕투스가 현장으로 가 "자루를 건네받더니 호수에 담갔다. 그러자 호수 밑바닥에서 날이 떠올라서는 저절로 자루에 붙었다."[20] 중세를 통해 이야기되어 온 이 기적은 수도원에서 노동의 도구를 얼마나 귀하게 여겼는지를 똑똑히 보여준다.

2
새로운 전개

12세기경 중세 사회의 발전

수도자의 노동을 통해 노동의 가치가 인정받는 과정에서 가장 중요한 영향을 끼친 것은 십자군 이후 중세 사회에 나타난 현저한 발전이다. 이 시기에 농업 생산력이 향상되어 인구가 증가하고 상업과 화폐경제가 발달해 도시가 활력을 띠게 되었다. 서양 사회는 1150년경까지는 기본적으로 자급자족 경제였지만, 그 후로는 생산성 향상에 따라 농산물이 상품화되는 '농산물의 간접 소비' 단계로 나아갔다.[21] 이렇게 해서 서양 사회에서 12세기 르네상스로 상징되는 커다란 문화적 혁신이 가능해졌다. 자크 르고프에 따르면 이 혁신은 노동의 가치와 관련해 세 가지 차원에서 새로운 전개를 낳았다. "고해 제도의 발전, 노동에 대한 관념의 발전, 그리고 사회구조 도식의 발전"[22]이 그것이다.

첫째로, "고해 제도의 발전"에 대해서는 1215년 라테라노 공의회를 통해 모든 신도가 적어도 1년에 한 번은 고해를 할 의무를 지게 된 것이 중요하다. 신도들은 고해성사에서 자신이 일상생활에서 저지른 작은 잘못까지 고해해야 했다. 그리고 일상생활의 중요한 일부분이 바로 노동이었다. "외상으로 파는 것은 합법인가 아닌가", "일요일에 농사일을 하거나 시장에서 장사하는 것은 합법인가 아닌가"[23] 하는 문제는 중요한 '양심의 문제'가 되었으며, 양심을 저버리는 행위에는 참회가 뒤따라야 했다.

민중은 이 무렵에 이미 다양한 직업에 종사하고 있었으며, 각각의 직업마다 고해해야 할 문제가 정해져 있었다. 그리고 "모든 그리스도인은 본질적으로 각자가 가진 직업과의 관련 속에서 스스로를 정의"[24]하게 되었다. 이 무렵부터 누군가가 어떤 사람인지는 그가 무엇으로 생계를 꾸리는지로 규정되었다. 노동이 한 사람의 기본적 규정이 된 것이다.

둘째로, "노동에 대한 관념의 발전"은 직업의 발전과 결부되었다. 중세의 교회는 신도들이 종사하는 직업 중 특정 직업을 '비천한 직업'으로 분류했다. '비천한 직업'에는 주로 그리스도교의 교의에서 죄악시되는 영위와 관련된 것이 많았다. 일곱 가지 대죄(칠죄종) 즉 오만, 탐욕, 질투, 분노, 색욕, 탐식, 게으름과 관련된 일은 전부 멸시의 대상이었다. 상인, 환

전상, 세리^{稅吏} 등 상업과 화폐에 관련된 직종이 탐욕의 죄를 범하기 쉽다는 이유로 경멸당한 것은 쉽사리 이해가 가지만, 다른 한편에서 변호사, 공증인, 재판관도 탐욕에 빠지기 쉽다고 하여 멸시당했다. 또 여관 주인, 거리의 광대, 포주, 매춘부 등은 색욕의 죄를, 요리사는 탐식의 죄, 걸인은 게으름의 죄를 범하기 쉽다는 이유로 경멸당했다.

그러나 이 직업들도 12세기 이후로는 대부분 정당한 가치를 인정받게 되었다. 이를 뒷받침한 것이 각 직업에 종사할 때 필요하다고 여겨진 크나큰 노고, 노동의 고달픔이었다. 고된 노동이 불가피한 직업에는 나름의 보수를 주어야 한다고 생각한 것이다. "노동은 경멸의 이유나 열등함의 표지가 아닌, 그 자체로 가치 있는 일이 되었"[25]으며, 이에 따라 "모든 노동은 보상되어야 한다"는 생각과 "노동에 기초한 모든 직업은 정당하다"[26]는 생각이 싹텄다. 이것은 노동 자체의 가치가 인정되지 않으면 불가능한 일이었다.

셋째로, "사회구조 도식의 발전"에 대해서는 이 시기의 서양 사회가 큰 전환기를 맞았다는 점을 생각해볼 수 있다. "농업 발달과 인구 증가로 가능해진 무역 진흥과 도시의 성장, 그리고 무역에 따른 노동의 전문화는 새로운 사회적 유동성을 낳았으며, 이는 인간의 심성과 영성에 변화를 가져왔다."[27]

다만 이 시대는 아직 르네상스적 개인의 시대는 아니다.

사람들은 여전히 개성이나 인격이 아닌 직업에 따라 각자의 아이덴티티를 획득했다. "그들 각자는 자신이 속한 직업단체, 자신이 종사하는 직업을 통해서만 자기 자신에 대한 의식을 가질 수 있었다."[28]

부를 쌓는 수도원

앞에서 살펴본 대로 수도원에서 노동이 중시되고, 중세 사회에서 노동의 가치가 상승하자 노동의 지위는 크게 향상되었다. 그러나 수도원에서의 노동은 생각지도 못한 기묘한 역설을 불러왔다. 예수의 가난한 생활을 따르는 수도자들이 모인 수도원에서 영혼의 구원을 목적으로 행해진 노동이 본래 의도와는 달리 부를 창출한 것이다.

수도원은 경작이 불가능한 황폐한 땅에 세워지는 경우가 많았다. 일례로 시토Citeaux회 수도원이 설립된 사정을 살펴보자. 시토회는 원래 클뤼니 수도원에 속해 있었다. 클뤼니 수도원은 본래 세속적 권력과 결탁한 교회의 모습에 실망한 이들이 예수와 같은 생활을 추구해 설립한 곳이었다. 그러나 신도의 기부와 유산상속으로 수도원은 곧 막대한 부를 쌓게 된다.

클뤼니 수도원의 세속적 모습에 실망하여 11세기 말 21명

의 수도자가 거친 땅의 "가시나무를 베어내고"[29] 시토 수도
원을 세웠다. 그들은 "속세로부터의 분리, 물질적 이익 및 방
종에서의 해방"을 지향했다. 그러나 이 수도원 역시 "구입과
선물을 통해 소유물을 늘리고 고심 끝의 개척으로 재산을
축적"[30]하여 이윽고 세속 사회의 일부가 되었다.

수도원의 역사에서는 거의 항상 이와 같은 역설이 반복된
다. 부를 축적해 타락한 수도원에 반발하여 세워진 새로운
수도원 역시 곧 경제적으로 번영하는 것이다. "……베네딕트
회 수도원은 번영하였다. 유럽 전역의 베네딕트회 수도원은
각 수도원끼리 잉여생산물을 거래했으며, 자본의 대부분을
더 위엄 있는 대수도원 성당과 그 부속 건물에 투자하였다.
좀 예민한 그리스도교도들의 비난을 받을 정도였다."[31] 수도
자들은 "변경에서의 토지 개간"과 "대규모 전원 농업을 실
행"[32]해 막대한 부를 축적함으로써 세속화된다. 그리고 이에
불만을 품은 수도자들이 그로부터 독립해 다른 수도원을 세
우고는 거기서 금욕적 노동에 힘쓰지만, 이것이 또 부를 축
적시켜 내부적 부패를 초래하는 것이다.

노동은 그 고된 성격으로 말미암아 금욕의 수단으로서 영
혼을 정화하기 위해 행해졌지만, 부를 가져다줌으로써 수도
원의 본래 사명을 망각케 하기에 이른다. 노동은 괴로운 것,
부정적인 것이기에 금욕의 수단으로 채택되었지만, 수도자가

제 몸을 상하게 하며 금욕에 힘을 쏟을수록 그 금욕의 원래 목적을 뒤엎는 부산물로서 부가 창출된 것이다. 이 아이러니한 역사는 근대에 이르러 또 다른 형태로 재현되며, 거기서 자본주의의 에토스가 생겨난다.

4장
종교개혁과 노동

근대에 일어난 노동관의 변혁 ①

종교개혁은 민중을 교회에서 떼어내 개인적 신앙의 확립을 촉진했지만, 신의 구원이 주어진다는 확증은 어디에도 없었다. 그에 따라 금욕적으로 근면을 유지하는 것이 신의 뜻에 부합한다는 생각이 자라났다. 인간의 신체와 정신을 길들이는 자본주의가 나타나려 했다.

마르틴 루터
Martin Luther 1483~1546

독일에서 광부의 아들로 태어났다. 뇌우 속에서 벼락을 맞고 수도자가 될 것을 서원해 수도원에 들어갔다. 면벌부 발행을 둘러싸고 가톨릭교회에 반발해, 이에 대한 비판적 견해를 담은 〈95개조 반박문〉을 발표하고 종교개혁운동을 개시했다. 그가 입말에 가까운 형태로 번역한 신약성서는 독일 민중 사이에서 널리 읽혔다.

장 칼뱅
Jean Calvin 1509~1564

프랑스에서 법률가의 아들로 태어났다. 종교적 탄압을 피해 스위스 바젤로 망명했다. 신의 절대적 주권을 강조했으며, 인간의 행실과 무관하게 신의 구원을 받을 자는 미리 정해져 있다는 예정설을 주장하며 제네바에서 종교개혁을 추진했다. 엄격한 그리스도교 신앙에 따라 통치를 폈다.

존 웨슬리
John Wesley 1703~1791

잉글랜드 국교회의 사제. 구원의 확증을 얻기 위해 성화聖化된 완전한 생활을 지향하는 살아 있는 신앙을 추구했으며, 이를 바탕으로 종교운동을 펼쳤다. 그가 창시한 감리교의 신자는 경건한 생활을 위해 엄격한 규율(메소드method)을 중시하는 데서 '메소디스트(감리교인)'라 불린다.

벤저민 프랭클린
Benjamin Franklin 1706~1790

미국의 정치가, 저술가, 과학자. 미국 독립선언을 기초한 이들 중 한 명. 자서전에서 근면, 검약, 성실 등 열세 가지의 덕목을 갖춘 이가 사회적 성공을 이룬다고 설파해 미국 자본주의의 시조로 여겨진다.

리처드 백스터
Richard Baxter 1615~1691

영국의 설교가. 잉글랜드 국교회에 의문을 품고 청교도(퓨리턴puritan)로 활동했다. 훌륭한 신도를 길러내는 것이 국가·사회의 형성으로 이어진다고 생각해, 설교·규율에 중점을 둔 교육과 교화에 힘을 쏟았다.

미셸 푸코
Michel Foucault 1926~1984
프랑스의 사상가. 서양 사회의 권력 구조를 소재 삼아, 사회에서 배제되어온 광기의 복권을 시도한 《광기의 역사》, 국가권력이 집중된 기구인 감옥의 감시·관리 기술을 밝힌 《감시와 처벌》 등을 썼다.

제러미 벤담
Jeremy Bentham 1748~1832
영국의 철학자, 경제학자. 최대다수의 최대행복을 원리로 하는 공리주의의 주창자로 알려져 있다. 범죄자의 행복이 사회의 행복으로 이어진다고 생각해, 교도소의 효율적 운영과 수감자 복지를 양립시키는 감시 시스템인 '파놉티콘'을 고안했다.

1
도입: 근대 노동 사상의 여러 측면

중세에 노동의 의미에 대한 사고방식이 변화해, 고통인 데다 누구도 하기 싫어한다는 바로 그 이유에서 노동의 가치가 인정된 사실은 앞에서 확인한 대로이다. 그러나 자본주의적 시민사회가 확립되려면 그러한 인식 변화와는 별개로, 부정적 각인이 남아 있는 노동에 대한 사고방식이 철저하게 바뀔 필요가 있었다. 자본주의가 개화하기 위해서는 노동 자체가 긍정적·적극적으로 평가되어야 했다. 노동에 대한 평가가 향상됨과 동시에 자본주의와 시민사회의 시대인 근대의 막이 열렸다. 이렇듯 노동에 대한 평가의 변화야말로 근대가 도래할 수 있었던 중요한 조건이었다. 근대의 여명과 함께 주로 다음의 세 국면에서 노동의 의미가 새롭게 조명되었다.

첫째는 **종교적** 국면으로, 종교개혁이 노동의 가치 평가에 중요한 변화를 가져왔다. 마르틴 루터[1483~1546]와 장 칼뱅[1509~1564]에 의한 종교개혁과 그 후 여러 프로테스탄트 교파의 활동은 이전까지 가톨릭 수도원에서 이뤄진 노동에 대한 긍정적 평가와는 다른 관점에서, 노동이 신성한 것으로 자리매김하는 데 공헌했다. 4장에서는 이 문제를 생각해볼 것이다.

둘째는 **경제학적** 국면으로, 경제학에서 중요한 과제인 국부國富의 증대를 위해 경제 이론은 모든 상품의 가치를 노동에서 찾게 된다. 5장에서는 애덤 스미스[1723~1790]에서 시작된 노동가치설 이론을 살펴볼 것이다.

셋째는 **철학적** 국면으로(사상적 전환은 대개 마지막에 찾아온다), 사람들은 노동 자체의 의미를 중시하게 되었다. 토머스 홉스[1588~1679]에서 이마누엘 칸트[1724~1804]에 이르는 철학자들은 주로 사회계약론의 틀 안에서 국가·사회의 형성과 관련하여 노동의 의미를 재고했다. 그런가 하면 게오르크 빌헬름 프리드리히 헤겔[1770~1831]은 노동의 인간학적 의미를 중시했다. 6장에서는 홉스에서 헤겔까지의 근대 철학자들이 노동을 어떻게 생각했는지를 정리해 살펴볼 것이다.

위의 세 국면을 통합하는 형태로 등장한 것이 카를 마르크스[1818~1883]와 프리드리히 엥겔스[1820~1895]의 노동론이며, 이에 관해서는 7장에서 검토하고자 한다. 나아가 근대에는 신석기시대의 텃밭 노동과 같은 자연과 하나된 즐거운 노동의 전통을 잇는 사상이 새로운 옷을 입고 등장했다. 8장에서는 즐거운 노동의 철학도 간단히 살피고자 한다.

2
종교개혁과 노동

교회에서 개인으로

근대 유럽의 시민사회 형성에 중요한 역할을 한 것이 바로 종교개혁이다. 루터가 개시한 종교개혁은 전통적 교회가 세속화되어 부의 축적을 목적으로 하는 듯 보이는 상황에 의문을 품었다. 그리고 신과 신도 사이에 개재하는 교회와 같은 조직과, 신도에게 신의 사면^{赦免}을 보증하는 사제 등 성직자의 모습을 부정하고, 모든 신도가 신과 직접 마주하여 신앙인으로서 자립할 것을 촉구했다.

종교적으로 자립한 개인이라는 이념은, 전통적 신분제에 기초한 중세 봉건사회의 양상을 철저하게 부정했다. 전통적 공동체에도, 교회 조직에도 파산이 선고된 것이다. 따라서 개인은 성직자의 힘을 빌리지 않고 스스로 영혼의 구원을 확보해야만 했다.

노동을 통한 구원

그렇다면 개인은 어떻게 제 영혼의 구원을 확보할 수 있을까. 어떻게 자신이 구원받았다는 확신을 가질 수 있을까. 가톨릭에서는 바로 이것을 위해 교회 조직이 존재했으며, 교의로 그 구체적 수단을 정해두었다. 신도들은 사제에게 죄를 고백해 사면을 받거나, 면벌부(대사부)를 사고, 교회에 기부함으로써 자신이 죽으면 천국에 간다고 안심할 수 있었다. 그러나 종교개혁으로 이것이 전부 부정되었다. 나아가 프로테스탄트(개신교도)들은 개인의 업적, 지식, 신념 등의 모든 가치를 부정하고 오직 신의 뜻에 따라 살아가고자 했다. 현세의 사물은 전부 헛되며, 이에 가치를 부여하는 것은 피조물을 신의 지위에 올려놓는 처사라 생각한 것이다.

그런 까닭에 신도들은 금욕을 통해 생활을 합리화하고, 주어진 일을 사명으로 여기며, 오로지 신의 영광을 드높이고자 했다. "신의 뜻에 기초한 목적에만 철저하게 집중하여, 금욕적 윤리를 가차없을 만큼 실제적인 합리주의로 떠받치고, 주관을 배제한 경영과 관리"[1]를 중시하여 생활을 규율하려 한 것이다. 거기서 "자본주의적 기업가에게 불가결한 '윤리적' 자질과 신앙심 깊은 노동자의 남다른 노동 의욕"[2]이 생겨났다. 그리고 노동 자체가 아니라 노동이 가져오는 금욕적 생활에 가치가 부여되었다. 이로써 신의 일에 관여하는 성직자를 최상위, 고된 육체노동을 하는 노동자를 최하위에 둔 전통적 그리스도교 사회의 계층구조가 무너지기 시작했다.

루터와 소명의 사상

베버는 종교개혁의 창시자인 마르틴 루터[1483~1546]가 원래 신의 부름을 받아 성직자로 살아가는 것을 의미한 'Beruf(소명)'라는 독일어를 천직으로서의 직업이라는 뜻으로 쓰기 시작한 데 주목했다. "라틴어의 전통적 용법에서 '소명[vocatio]'이라는 말은 신성한 삶, 특히 수도원에서의 삶 혹은 성직자의 삶을 보내도록 신이 인간을 부른다는 의미로 쓰여왔지만 (…) 루터의 경우에는 세속적 '직업'이 그러한 [소명이라는] 색채를 띠게 되었다."[3] 세속을 떠나 수도원에서 종교적 삶을 사는 것이 아니라, 갖가지 세속적 직업에 종사하는 것, 즉 사회 안에서 노동하는 것 자체에 종교적 가치가 부여된 것이다.

"직업[Beruf]이라는 개념에는 세속의 일상적 노동에 대한 존중이 포함"[4]되며, "세속적 직업에 종사하면서 그 의무를 다하는 것은 최고의 도덕적 실천 행위로서 중시"[5]되었다. 노동은 생계유지의 수단일 뿐 아니라 세계 속에서 신의 뜻에 따라 살아가기 위한 최고의 방법으로 여겨졌다. 이는 "신은 만사를 너희의 손을 통해 하실 것이다. 너희의 손을 통해 소젖을 짜실 것이며, 가장 비천한 자의 일도 하실 것이다. 따라서 큰일도 작은 일도 똑같이 은총을 입을 것이다"[6]라는 루터의 말에서도 분명히 드러난다.

다만 '소명'으로서의 직업이라는 사상은 일의 귀천을 나누지 않고 가장 비천한 일도 고귀한 일과 똑같이 귀중하다고 주장하기는 해도, 결국 신도가 긍지를 갖고 자신의 직업에 종사하도록 가르치는 것에 지나지 않는다. 거기에는 이전까지의 생활양식 자체를 변혁하기보다는 사회 속 개개인의 지위를 그대로 유지하려는 보수적 사고가 잠재되어 있다. 특히 농민 신도들이 사회적 변혁에 대한 열망을 표출하자 기존 질서의 유지를 바라던 루터는 보수적 경향을 강화하게 된다. "신에 의해 개개인이 그 안으로 들여보내진 역사적·객관적 질서는 신의 뜻이 직접적으로 표현된 것"[7]으로, "각 개인은 원칙적으로 신이 일단 정해준 직업과 신분에 **머물러야** 하며, 각자의 지상에서의 노력은 자신에게 부여된 사회적 지위의 한계를 넘어서서는 안 된다"[8]고 생각했던 것이다.

칼뱅주의적 노동관

루터의 보수적 경향을 타파하고 근대 자본주의 사회에 어울리는 노동관을 제시한 것이 프랑스의 종교개혁가 장 칼뱅[1509~1564]과 칼뱅파 사상가들의 공적이다. 칼뱅 종교 사상의 기본적 교의는 예정설이다. '은총에 의한 선택의 교설'이라고도 할 수 있는 예정설은, 특정 신도가 구원받을지의 여부는 신의 은총에 의해 이미 정해져 있으며(이것이 '예정'의 의미이다), 신도가 현세에서 아무리 깊은 신앙심을 가지고 많은 선행을 한다고 해도 그것이 신의 선택을 바꿀 수는 없다는 이론이다. 요컨대 "인간의 공로나 죄과가 운명의 결정에 관여한다는 것은 (…) 있을 수 없는 일"[9]이며, "신의 은총을 받은 자는 그것을 잃어버릴 수 없으며, 신에게서 은총을 거부당한 자는 무슨 일이 있어도 은총을 얻을 수 없"[10]다는 것이다.

루터에 의해 비천한 직업은 따로 없다는 것이 드러났다. 중세와 달리, 비천한 노동에 종사하는 것이 신도의 구원을 방해하지도 않았다. 그러나 노동은 신의 뜻에 대한 복종이기는 해도, 구원으로 이어지는 적극적인 길이라는 보장은 없었다. 게다가 칼뱅주의의 예정설 사상은 구원의 가능성이 높아 보이는 직업을 갖고 있어도, 또 현세에서 아무리 선행을 많이 해도 구원의 보증은 주어지지 않는다는 것을 보여주었다. 예정설에 따르면 특정 직업에 종사하며 아무리 열심히 일했다 해도 구원의 여부는 신의 선택에 따라 이미 정해져 있으며, 신도에게는 이를 바꿀 수 있는 능력이 없다.

이 교의는 신도들에게 몇 가지 중요한 영향을 끼쳤다. 첫째로, 신도들은 완전한 내면적 고독을 느끼게 되었다. 외부의 그 어떠한 존재도 구원을 얻는 데 도움이 되지 못했다. 가족, 친구, 목사, 교회, 나아가 신조차도 도움이 되지 못했다. "이 내면적 고독은 (…) 비관적 색채를 띤 개인주의의 원천 가운데 하나가 되었다."[11]

둘째로, 신도들은 내면적 고독 속에서 자신이 구원받았다는 '확증'을 찾아 나서게 되었다. 이 '확증'은 외부에서는 찾을 수 없다. 목사에게도, 교회에도 기댈 수 없다. 오직 신만 아는 일이기 때문이다. 가능한 것은 생활 속에서 자신이 구원받은 존재라고 '확신'하는 것뿐이었다. 신도들이 생활 속에서 찾으려 한 구원의 확증은 오로지 자기 안의 '확신'이라는 형태로밖에 얻을 수 없었다. 그리고 이러한 확증은 신앙을 지켜나감으로써만 발견할 수 있다고 여겨졌다. "다만 끝까지 신앙을 굳게 지켜나갈 수 있는 것은 선택된 사람들뿐"[12]이다. "자신이 선택되었다고 여기고, 모든 의심을 악마의 유혹으로서 물리치는 것이 신도의 절대적 의무가 된다."[13]

셋째로, 신도들은 신앙을 견지하며 자신이 선택된 인간이라고 내적으로 '확신'하는 것만으로는 만족하지 못하고, 그것을 보여주는 외적 '표지'를 찾게 되었다. 이 '표지'는 제삼자의 눈에도 보이는 형태여야 했다. 성찬 등 교회의 중요한 의식에 참가할 수 있는지 여부는 타자도 식별할 수 있는 외적 '표지'의 유무에 따라 정해졌기 때문이다. 그리고 이 표지를 확고부동한 것으로 만들기 위해서는 부지런히 노동에 종사할 것이 권장되었다. "오로지 직업 노동만이 종교적 의심을 씻어버리고 은총을 부여받은 상태라는 확증을 가져다준다"[14]고 여겨졌기 때문이다.

이렇듯 칼뱅주의 신앙에서 직업 노동은 구원의 '표지'를 가져다주는 것이었다. 이에 따라 신도들의 노동관이 몇 가지 중요한 귀결을 맞는다. 무엇보다도 생활이 '방법'화되었다는 것이 중요하다. 구원의 확증을 무엇보다 중요시했던 만큼, 신도들은 노동을 중심으로 각자의 생활 자체를 근본적으로 조직하고 질서를 세울 필요가 있었다. 자신의 구원을 확신할 수 있으려면 어떤 때는 열심히 일하고 어떤 때는 일을 게을리하는 식이어서는 안 된다. "매 순간과 모든 행위에서 생활 전체의 의미를 근본적으로 변화"[15]시켜야 한다고 여겨졌다. 이렇게 해서 "생활 태도 전반에 걸쳐 일관된 **조직적 방법**이 형성되었다."[16]

사실 방법적 생활은 중세의 수도원에서 이미 확립된 바 있다. 수도자들은 시계에 의해 정확히 정해진 일정표에 따라 하루하루의 생활에 규율을 부여했다. 칼뱅파 신도들 역시 이런 엄격한 규율을 도입했다. 하루를 규칙적으로 질서 있게 보내고, 결코 멋대로 욕망을 충족시키지 않는 생활은 모든 칼뱅파 신도가 중시한 것이다. 세속의 칼뱅파 신도에게 그러한 생활을 위한 모토는—수도자의 경우와 마찬가지로—'금욕'이었다. 금욕은 욕망의 충족을 삼갈뿐더러 생활상의 질서를 확립하는 것이었다. "금욕의 목적은 각성하여 스스로를 의식하는 명민한 삶을 살 수 있게 하는 것이며—따라서 무분별한 쾌락 추구의 근절이 가장 절실한 과제이며—그 가장 중요한 수단은 금욕주의자들의 생활 태도에 질서를 부여하는 것이었다."[17]

물론 수도원에서도 금욕이 행해졌지만, 칼뱅파 신도들의 금욕은 수도원과 같은 폐쇄된 장소에서의 금욕과는 명확히 구별되는 것이었다. 금욕은 보통의 사회생활을 영위하는 사람들의 세속적 생활을 모든 측면에서 규제하게 되었다. "수도승들의 세속을 벗어난, 세속을 초월한 종교적 귀족주의가 신에 의해 영원으로부터 [구원이] 예정된 이 세속적 성도들의 종교적 귀족주의로 대체되었다."[18] 이러한 귀족주의를 신봉하는 속세의 신도들과, 신에게 버림받은 자들 사이에 놓인 심연은 거대하고도 비가시적이다. "이 심연은 (…) 겉으로 드러나지 않는 만큼 한층 무시무시한 단절을 낳았다. 이 단절은 사회적 감각의 모든 측면에 날카롭게 파고들었다."[19]

종교적 귀족주의에 의한 세속적 금욕은 과거 중세의 수도원에서 행해진 탈세속적 금욕을 시민 생활 속으로 가지고 들어온 것이었다. 그런데 이 세속적 금욕에도 수도원의 탈세속적 금욕의 경우와 같은 역설이 발생한다. 명확한 방법에 기초하여 합리적 자세로 신의 영광을 드높이기 위해 금욕적 노동에 힘씀으로써, 그리고 소비를 사치로 여기고 자본은 생산을 위해 투자함으로써 부가 축적되고 마는 것이다.

감리교의 창시자 존 웨슬리[1703~1791]는 이 역설에 대해 다음과 같이 꾸짖었다. "감리교도들은 어디에서나 근면과 검약을 지키며, 그로써 그들의 재산도 점점 많아진다. 이에 따라 그들의 자만심과 혈기, 육체적·세속적 욕망과 삶의 교만도 강해진다. 이렇게 해서 종교의 형태는 남아도 그 정신은 점차 소멸한다."[20] 노동이 부를 가져오고, 축적된 부는 신을 향한 마음을 부식시킨다는 것이다.

두터운 신앙을 가진 이가 열심히 일하며 절약해나가면 윤택해짐과 동시에 신앙심이 약해지기 마련이다. 중세의 수도자들이 맞닥뜨린 이 운명은 프로테스탄트 신도들도 피해 가지 않았다. 웨슬리는 신도들에게 "가능한 한 이익을 얻고, 가능한 한 절약하도록" 권장해야 하지만, "결과적으로 이는 부유해지는 것을 의미한다"[21]며 피할 수 없는 역설을 개탄하고 있다.

3
노동의 성화

세속에서 성화된 노동

그것은 어쩔 수 없는 결과였다. 이후 시민사회의 성숙과 함께 노동의 배후에 있던 종교심은 점차 잊힌다. 노동은 더 이상 내세에서의 구원을 확보하고 보증하는 행위가 아니게 되었으며, 노동 행위 자체가 부를 가져다주는 이로운 영위로 여겨졌다. 미국의 정치가·저술가인 벤저민 프랭클린[1706~1790]은 노동이 얼마나 귀중한지에 대해 다음과 같이 말했다. "시간이 곧 돈이라는 것을 잊어서는 안 된다. 하루 동안의 노동으로 10실링을 벌 수 있음에도 외출하거나 실내에서 게으름을 피우며 한나절을 보낸다면, 가령 기분 전환과 게으름에 6펜스밖에 쓰지 않았다고 해도 그것이 지출의 전부라 생각해서는 안 된다. 실제로는 그 밖에 5실링을 쓴 것이다. 아니, 차라리 5실링을 버렸다고 해야 할 것이다."[22] 노동하지 않는 시간은 소비를 전혀 하지 않을지언정 그 자체로 이미 낭비라는 이야기다.

이렇게 해서 노동에 대한 종교적 멸시가 사그라들자 노동 자체에 가치가 있다고 여겨지게 되었다. 근대정신은 노동을 긍정적으로 파악함으로써 노동에 부정적이었던 고대의 노동관과 정면에서 충돌했다. 근대에는 노동이 긍정적인 것, 나아가서는 신성한 것으로 자리매김하는데, 그 과정에 관해서는 몇 가지 생각해볼 만한 점이 있다.

프로테스탄트의 노동 합리화

우선 프로테스탄트 내부에서 노동의 긍정성을 이론화하려는 시도가 나타났다. 노동은 구원을 가져다주는 수단이며, 노동을 통해 윤택해지는 것이 신의 뜻에도 부합한다고 주장하는 의견이 등장한 것이다. 17세기 영국의 청교도 신학자 리처드 백스터[1615~1691]는 "신이 신도 한 사람에게 이익을 볼 기회를 준다면 그 역시 신의 의도"[23]이며, 노동을 통해 그 기회를 활용하지 않으면 안 된다고 주장했다. "만약 신이 너희에게 너희 자신과 다른 이들의 영혼에 해를 끼치지 않고도 다른 방법보다 더 많은 이익을 가져다주는 합법적 방법을 제시했을 때, 그것을 거부하고 오히려 이익이 적은 방법을 따른다면, 이는 너희가 받은 소명의 목적 중 하나를 방해하는 것이 된다."[24]

이 설교에 따르면, 노동에 종사하며 생활을 규칙적으로 관리하는 것이 중요하며, 경제적으로 어려운 처지에 있는 이웃을 이웃 사랑의 윤리에 따라 도울 필요는 없다. 물론 성서는 "네 이웃을 너 자신처럼 사랑해야 한다"고 명한다. 그러나 "자신의 재산을 이웃보다 자기 자신이 더 목적에 맞게 사용하여 신의 영광을 더욱 드높일 수 있다고 확신하는 자는, 이웃 사랑에 따라 재산 일부를 이웃에게 나눠줄 의무를 지지 않는다".[25]

또한 죄를 저지른 이웃에 대해 "신의 은총으로 선택된 자들이 (…) 취할 수 있는 적절한 태도는 자기 자신의 약점을 의식해 너그럽게 도움을 베푸는 것이 아니라, 영원히 저주받은 신의 적으로 여겨 증오하고 경멸하는 것"[26]이라 생각되었는데, 이는 그리스도교의 근본적 가르침인 이웃 사랑을 부정하는 것이었다.

노동의 윤리화

이어서 자본주의의 원리에 기초한 시민사회가 발달함에 따라 노동하지 않는 가난한 생활은 도덕적으로 열등하다고 여겨지게 되었다. 노동이 도덕적으로 중요한 의미를 갖게 된 것이다. 노동은 신도의 "윤리적 의무"[27]이며, "부유한 이들조차 이 ['일하기 싫어하는 자는 먹지도 말라'는] 무조건적 계명에서 면제될 수는 없다"[28]고 여겨졌다. 노동하지 않는 자는 게으른 자, 즉 신의 은총을 받을 수 없다는 것을 몸소 드러내는 자라는 것이다.

이를 상징적으로 보여주는 것이 17세기의 '대大감금' 현상이다. 프랑스의 사상가 미셸 푸코[1926~1984]가 《광기의 역사》에서 이야기했듯이 17세기 후반에는 유럽의 거의 모든 지역에 감금 시설이 들어섰는데, "영지에서 내쫓긴 농민, 면직당하거나 탈영한 병사, 일자리를 잃은 직인, 가난한 학생, 병자"[29] 등이 정신 질환자와 함께 그곳에 감금되어 노역했다. 이들은 요컨대 일정한 직업이 없는, 즉 노동하지 않는 사람들이다.

전통적 공동체에서 내쫓긴 농민들은 도시에서 고된 노동에 종사해야 했는데, 제때 일자리를 구하는 것부터 쉽지 않았다. 도시에 간 사람들은 자유를 얻었지만, "자유가 마치 저주와도 같은 상황에서"[30] 일해야 함에도 일자리를 찾을 수 없는 진퇴양난에 빠졌다. "법이 노동의 의무를 부과하고 있음에도, 법이 규정한 형태로 노동할 수는 없"[31]었던 것이다.

종교개혁이 추진된 국가 외에 여타 가톨릭계 국가에서도 같은 종류의 시설이 마련되어 감금이 행해진 사실은 주목할 만하다. 프로테스탄트 국가뿐 아니라 유럽 전역에서 노동이 윤리적 색채를 띠게 된 것이다. "일하기 싫어하는 것은 '하느님의 능력을 지나치게 시험하는 것'이 아닌가?"[32] 게으름을 신에 대한 "반항의 절대적 형태"[33]로 보는 사고방식 아래서는 노동하지 않는 사람에게 노동을 강제하는 것이 도덕적 행위로 여겨졌다. "게으른 자들은 남아도는 그들의 시간에 아무런 효용도 이익도 없는 노역을 강요받았다."[34] 이렇게 해서 일하지 않는 자는 신에게 (그리고 사회에) 반항하는 자, 사회에 공헌하지 않는 자, 부도덕한 자, 죄악에 물든 자라는 생각이 퍼져나갔다.

4
노동 주체의 구축

자본주의 노동에 적합한 노동자의 구축

종교개혁 후의 유럽 사회에서는 노동이 도덕화되었다. 그리고 노동해야 도덕적 주체라 할 수 있으며, 노동하지 않으면 부도덕하다고 여겨졌다. 이에 따라 노동에 이데올로기적 가치가 부여되었다. 노동의 도덕화에 따라 노동이 곧 선^善이라는, 따라서 모든 시민이 노동자로서 일해야 한다는 사고방식이 생겨났으며, 오늘날의 우리도 부지런한 것이 곧 선이라는 이데올로기에 어느 정도 복무하고 있다고 할 수 있다.

그러나 자본주의 체제에서 중요한 것은 사람들이 노동을 선으로 여겨 실제로 일하게 되는지 여부만이 아니다. 그보다 주민을 하나의 집합체로 보아 노동의 전체적 질을 높이는 것, 그로써 국가의 부를 늘리는 것이 더욱 중요하다. 그리고 이를 위해서는 이전까지의 노동자와는 다른, 자본주의 사회에 적합한 노동자라는 **주체**를 구축해야만 한다.

노동하는 주체의 구축은 노동자의 **신체적** 측면과 **정신적** 측면이라는 두 측면에서 생각해볼 수 있다. 우선 신체적 측면에서는 자본주의적 공장 노동에 적합한 노동자의 신체를 구축하는 것, 정신적 측면에서는 그런 노동에 적합한 마음가짐을 가진 노동자를 만들어내는 것이 문제시된다. 이 두 측면에서 근대의 노동 주체 구축에 관해 생각해보자.

순종하는 신체

자본주의 이전의 봉건제 사회에서 노동의 중심은 농업에 있었으며, 노동자의 **신체**는 농업에 적합해야 했다. 농업은 자연을 상대로 하며, 그 주기 역시 자연에 의해 결정되었다. 물론 노동집약적 농작업도 일부 있었지만, 기본적으로 중세의 농업 활동은 개별 농업 노동자가 자연의 시간적 패턴에 따라 개인적으로 종사하는 일이었다.

그러나 자본주의 사회의 분업 체제에서는 시간을 지켜 규칙적으로 노동하는 것이 중시되었으며, 모두가 같은 시각에 일제히 일을 시작해 서로 협력하며 작업해야 했기에 노동자의 신체를 이러한 작업 방식에 적합하게 개조할 필요가 있었다. 요컨대 노동자에게 규율과 훈련을 부여해야 했다. 푸코의 《감시와 처벌》에 따르면, 규율과 훈련은 "다른 사람들에게 이쪽이 원하는 일을—이쪽이 원하는 기술과 속도 및 효용성에 기초하여—시키려 할 때 그들의 신체를 장악"[35]하기 위한 것이며, "복종하는 규율화된 신체, 즉 '순종하는' 신체를 만들어낸다."[36]

폐쇄된 공간과 시간

규율과 훈련의 기술에는 다양한 방법이 있었다. 우선 이 기술은 닫힌 공간과 시간 속에서 전개되었다. 정신 질환자와 빈민을 함께 감금한 근대의 '대감금' 이후로 노동자는 공장 등 특정 공간 안에 갇혔다. 공장에서는 작업이 시작되면 수위가 문을 닫아 노동자들은 뒤늦게 들어갈 수도, 또 작업이 끝날 때까지 나갈 수도 없었다. 작업의 장소와 시간 모두 이 닫힌 공간 안에서 관리되었다.

이러한 방식의 목적은 노동력을 집중시켜 그 힘을 최대한 활용하고, 공장 내의 도난 및 파괴 행위를 방지하고, "원자재와 기계 설비를 보전하고, 노동력을 통제하는"[37] 데 있었다.

배치와 감시

또한 규율과 훈련의 기술은 이 닫힌 공간의 내부에서 노동
자의 위치를 결정해 그를 거기에 고정함으로써 노동의 질을
감시하고 평가했다. 허가 없는 출입을 막고, 노동자의 불필요
한 이동이나 잡담을 방지하기 위해서도 노동자의 작업 장소
를 획정하고 노동 상황을 감시할 필요가 있었다. "기본적 위
치 결정의 원칙 혹은 질서 있는 분할의 원칙에 따라 개인마
다 정해진 위치가 부여된다."[38]

이로써 노동자가 딴청을 피우지 않고 일하는지 확인하고
작업의 질도 확인·평가할 수 있게 되었다. 이러한 배치는 분
업의 작업 과정에 내재하는 논리에 따라 작업 개시에서 종
료에 이르는 순서로 정해진다. "작업장의 중앙 통로를 끝에
서 끝까지 오가면 전체적으로도 개별적으로도 충분한 감시
를 할 수 있다. 즉 직공의 출결과 근무 태도와 작업의 질을
확인하고, 그들을 비교해 숙련도와 작업 속도에 따라 분류하
고, 생산과정의 연속적 단계를 점검"[39]할 수 있다.

시간적 배치

게다가 작업 시간도 규제된다. 시간은 우선 일정한 규칙에

따라 양적으로 정확히 분할하여 '바둑판 무늬'로 배분하지 않으면 안 된다. 작업 시작 시각, 휴게 시간, 점심시간, 작업 시간을 정확히 정해 이를 어기지 않도록 해야 한다.

또 작업 시간에는 일에만 집중하도록 잡담이나 음주를 금지하여 노동을 질적으로 순수하게 만들지 않으면 안 된다. "측정되어 임금이 지급되는 시간은 어떤 불순함도 결함도 없는 시간, 줄곧 신체를 움직여 일하는 데 집중하는 양질의 시간이어야 한다. 정확성과 집중력은 규칙성과 함께 시간적 규율·훈련의 기본적 덕목이다."[40]

나아가 노동시간을 세분화해 "아무리 사소한 순간이라도 그 활용을 강화해야 한다".[41] 예컨대 컨베이어 벨트 작업에서는 잠시라도 손이 비는 일이 없도록 노동 과정과 작업 시간을 감시하고, 시간이 빌 때는 다른 작업을 시키는 것이 바람직하다. "시간을 분할하여 그 내적 요소를 통제의 시선 아래"[42] 둠으로써 생산성을 더욱 끌어올릴 수 있다고 생각한 것이다.

이 모든 규율과 훈련의 목적은—설계에 기초하여 자동으로 작동하는 기계와 마찬가지로—명령과 지시에 따라 순종적으로 작업하는 신체를 가진 노동자를 만들어내는 데 있다. "신체는 어떤 사소한 움직임에 관해서도 순종을 요구받은"[43] 것이다. 이 모든 요소는 오늘날에 이르기까지 공장 노동의 기본적 양상을 규정한다.

정신 훈련

이렇듯 노동자는 신체적 차원에서 순종적 기계가 되도록 훈련받지만, 노동자는 기계가 아닌 감정을 가진 인간이기에 **정신적** 측면에서도 자본주의적 노동에 적합하게 바뀌어야 한다고 생각되었다. 이를 위해 활용된 것이 계층 질서적 감시, 제재에 의한 규격화, 시험 같은 수단이다.

계층 질서적 감시를 위해서는 작업장을 각각의 계층별로 질서정연하게 배치할 필요가 있었다. 감시라는 목적에는 원형 배치가 가장 적합하지만, 작업의 순서와 연속성이 중요한 분업화된 공장에서는 선형적 배치가 더 바람직하다고 여겨졌다. 복수의 일직선 라인을 병렬로 배치하면 작업의 진전, 개별 노동자의 능력, 그리고 문제가 발생하는 곳을 바로 확인할 수 있을 것이다.

공장이라는 시설에서는 노동자에게 갖가지 규칙을 학습시켜 그것을 준수하게 한다. 이러한 규칙은 대체로 노동의 질을 균일화하고 향상시키는 데 필요한 것이지만, 그 밖에 근로와 '명령에 복종하는 태도를 주입하기 위한 것도 많다. 규칙을 위반했을 때는 엄벌에 처한다. 벌은 노동자를 '규격화'하는 데 유용하다.

나아가 노동자를 규격화하는 또 다른 중요한 수단이 바로 시험이다. 학교에서의 시험은 학생이 배운 것을 제대로 습득했는지 확인하는 중요한 수단인데, 공장에서는 능력에 따라 노동자의 등급을 나누기 위해 시험을 활용한다. 시험이란 "규격화의 시선, 자격 부여와 분류와 처벌을 가능하게 하는 감시"[44]이다.

노동자를 감시하고 규격화하고 시험하는 권력은 이렇게 해서 자본주의 사회의 노동에 적합한 신체와 정신을 가진 노동자를 창조하는 것이다. 권력이 구사하는 이와 같은 기술은 영국의 공리주의 사상가 제러미 벤담[1748~1832]이 제안한 파놉티콘, 즉 "일망 감시 방식"[45]의 기술로 상징·요약된다. 모든 것을 주시하는 편재적遍在的 시선의 권력인 동시에 누구에게도 보이지 않는 비가시적 시선의 권력인 파놉티콘. 푸코는 이것이 "콜럼버스의 달걀"[46]과 같은 것이며, 벤담은 종교개혁 이후의 근대적 심성에 내재하는 것을 결정화結晶化된 형태로 제시했을 따름이라고 보았다. 나아가 푸코는 벤담이 꾼 꿈은 "우리 사회가 꾸는 편집광적 꿈이자 우리 사회의 편집광적 진실이기도 하다"[47]고 지적했다. 오늘날의 학교나 공장에도 파놉티콘 방식은 여전히 뿌리 깊게 남아 있다.

5장
경제학의 탄생

근대에 일어난 노동관의 변혁 ②

애덤 스미스는 노동이 가치를 낳으며, 가치는 노동으로 측정된다고 주장했다. 시장 체제를 해부해 노동을 근대사회에 적합하게 다시 해석한 것이다. 그러나 노동이 모든 가치의 원천이라는 주장은 마르크스에 이르러서야 등장한다.

애덤 스미스
Adam Smith 1723~1790

스코틀랜드의 항구 도시 커코디에서 태어났다. 교수직을 버리고 프랑스에서 가정교사로 지내며 동시대 사상가들과 널리 교류했다. 종래의 중상주의·중농주의를 비판하고 부의 원천을 노동에서 찾았으며, 이론과 정책, 역사의 관점에서 경제를 체계적으로 논한 《국부론》을 저술해 '경제학의 아버지'라 불린다.

플라톤
Platon 기원전 427~기원전 347

고대 그리스를 대표하는 철학자. 소크라테스의 가르침을 받았으며, 완전한 진실의 세계인 이데아와 불완전한 현상계의 이원론을 축으로 도덕이나 국가를 논했다. 스승 소크라테스의 대화록 형식으로 《국가》, 《소크라테스의 변명》 등의 저술을 남겼다.

토머스 먼
Thomas Mun 1571~1641

잉글랜드의 실업가, 경제학자. 무역으로 큰 부를 쌓아 동인도회사의 이사가 되었다. 무역차액론을 주장했으며, 그가 죽은 후 간행된 《잉글랜드가 외국무역에서 얻는 부》는 애덤 스미스에게 높이 평가받았다.

버나드 맨더빌
Bernard de Mandeville 1670~1733

영국의 정신과 의사, 사상가. 정치적·도덕적 풍자를 담은 저술 활동을 펼치는 한편, 경제 문제에 관해서도 독자적 고찰을 전개했다. 개인의 욕망에 뿌리내린 악덕이 사회의 이익을 가져온다고 주장해 애덤 스미스 등에게 영향을 끼쳤다.

자크 튀르고
Anne-Robert-Jacques Turgot 1727~1781

프랑스의 정치가, 경제학자. 루이 16세 시대의 재무총감으로서 곡물 거래 자유화나 길드(동업조합) 폐지를 단행했지만, 특권계급의 저항에 부딪혀 사임했다. 《부의 형성과 분배에 관한 고찰》은 애덤 스미스에게 큰 영향을 끼쳤다.

프랑수아 케네
François Quesnay 1694~1774

프랑스의 의사, 경제학자. 루이 15세 밑에서 궁정 의사로 봉직했다. 농업이 부의 유일한 원천이라는 중농주의의 입장에 서서 정부는 개인의 자유 활동에 간섭해서는 안 되며 경제를 시장의 움직임에 맡겨야 한다는 자유방임을 주장했다.

1
중상주의와 중농주의의 노동론

노동이 신성해지고, 규율화되고, 노동하는 신체가 탄생하자 자본주의는 산업혁명과 맞물려 근대 시민사회를 밑받침하는 경제적 원리이자 생산양식이 된다. '경제학의 아버지'라 불리는 애덤 스미스[1723~1790]는 사회 내부에서 이 시민사회의 논리를 읽어내 근대경제학을 확립했다. 이와 동시에 노동 자체와 노동자의 개념이 변화를 맞았다.

스미스가 등장하기 전에는 중상주의와 중농주의가 경제학 분야에서 중요한 역할을 했다. 여기서 고찰할 이 두 이론은 모두 국부의 확대를 목표로 했다. 우선 중상주의 이론에서 국가의 부는 외국과의 무역에서 얻는 화폐의 잉여액으로 결정된다. 그렇기에 중상주의 경제 이론은 '무역차액론'이라 불린다.

영국의 중상주의 이론가 토머스 먼[1571~1641]은 이를 다음과 같이 간결하게 표현했다. "외국무역의 차액은 우리나라가 부를 쌓는 유일한 수단이자 기준이다. 우리가 우리나라에서 소비되는 외국 상품보다 가치가 큰 상품을 매년 수출한다면 우리나라의 부는 늘어나며, 우리가 외국인에게 판매되는 우리나라 상품보다도 많은 외국 상품을 소비한다면 우리나라는 가난해진다."[1]

먼에 따르면 무역 차액만이 중요하며 그 차액이 어떻게 생겨나는지는 중요하지 않다. 물론 외국에 대한 상품 수출은 자국민의 노동을 통한 상품 생산을 전제로 하겠지만, 그뿐 아니라 외국에서 상품을 저렴하게 수입하여 비싸게 수출하는 것도, 혹은 외국산 상품의 국내 소비를 억제하는 것도 국부의 증대로 이어진다는 것이다.

중상주의자들에게는 노동자를 어떻게 일하게 하고 생산과정에서 활용할 수 있는지가 고민거리였다. 당시 영국에서 노동자는 해야 할 일을 하기 싫어하는 존재로 인식되었기 때문이다. 당시에도 노동은 힘들고 가혹한 육체노동으로 여겨졌으며, 육체노동에 대한 평가도 좋지 않았다. 노동자는 '하층민 육체노동자'로서 경멸의 대상이었으며, 도박에 열중하고 일을 게을리한다고 여겨졌다. 노동자를 게으른 하층민으로 본 영국 구빈법의 사상이 남아 있었던 것이다. 노동자를 일하게 할 방법으로는 주로 다음의 세 가지 방안이 생각되었다.

첫째는 임금을 낮추는 것이다. 영국의 후기 중상주의 사상가인 버나드 맨더빌[1670~1733]은 《꿀벌의 우화》에서 당시 영국의 직인들이 "한 주에 나흘 일해서 먹고살 수 있다면 닷새째에도 일하도록 설득하기는 어려울 것"[2]이라고 말했다. 이것은 '생존 임금 이론'이라고 불렸다. 노동자는 생존하기 위해 일한다. 만약 임금을 높이면 노동자는 생존에 필요한 만큼만 일하기 때문에 노동자가 일하는 일수는 줄어든다는 것이다.

둘째는 자선慈善을 가능한 한 축소하는 것이다. 맨더빌은 "너무 많은 자선은 게으름과 무위도식을 불러오며, 국가를 이롭게 하기보다 게으름뱅이를 기르고 근면을 없애버린다"[3]고 주장한다.

셋째는 가능한 한 노동자에게 교육의 기회를 주지 않는 것이다. "나쁜 환경에서도 사회가 행복해지고 사람들이 편안해지려면 그들 대다수가 가난한 동시에 무지해야 한다. 지식은 욕망을 키우고 늘리는데, 사람은 바라는 바가 적을수록 필요를 충족시키기도 쉽다"[4]고 맨더빌은 주장한다.

가능한 한 욕망을 박탈하고, 살아갈 수 있을 만큼의 임금을 주면, 노동자는 연명을 위해서라도 부지런히 일하리라고 맨더빌은 생각했다. 이것이 노동자에 대한 중상주의 시대의 기본적 시각이다.

한편, 프랑스의 중농주의자들은 자연의 일부인 농토에 조작을 가하는 '생산자'의 노동에 한하여 노동의 가치 자체를 높이 평가했다. 중농주의의 중요한 이론가인 론 남작 자크 튀르고[1727~1781]는 인간 사회가 생산과 소비의 시스템으로 구성되어 있으며, 사회의 생산 시스템은 두 계급, 즉 '생산자' 계급과 '피고용자'의 계급으로 이루어진다고 생각했다. 생산자 계급에는 지주와 농업 노동자가 포함되며, 피고용자 계급은 땅에서 생산된 것을 가공하는 산업 노동자 계급이다. 튀르고는 산업 노동자 계급에서는 노동자 사이의 경쟁이 치열하기에 생명 유지에 필요한 수입밖에 획득할 수 없으며, 따라서 이 계급의 노동은 가치를 창출하지 못한다고 보았다.

이에 비해 지주와 농민을 포함한 '생산자' 계급은 부를 창출할 수 있다. 자연의 일부인 농토에 조작을 가하면 인간의 노동은 그 노동력 이상의 가치가 있는 것을 생산할 수 있기 때문이다. 밭에 뿌린 씨앗 100알은 그 수십 배의 곡물을 가져다준다. 즉 자연은 "농업 노동자에게 노동임금 이상의 잉여를 아무런 대가 없이 준다".[5] 이 잉여가치가 피고용 계급 노동자에게 줄 임금의 원천이 된다. "피고용 계급 노동자는 농업 노동자에게 자신의 노동을 팔아 생계를 유지하지만, 농업 노동자는 (…) 마음대로 사용할 수 있는 부를 별도로 획득"[6]하며, 이 부는 농업 노동자가 자신의 노동으로 창출한 것이다.

이렇게 해서 농업 노동자만 부를 생산하게 된다. 농업 노동자는 "유통을 통해 사회의 노동에 활기를 불어넣는 부의 유일한 원천이다. 오직 그의 노동만이 노동임금 이상의 것을 생산하기 때문이다".[7] 그렇다면 진정한 의미에서 부의 원천은 농토라는 이야기가 된다. 이 이론에 따르면 인간의 노동은 농토에서 가치를 생산하는 데 불가결한 '요소'일 뿐이다.

다만 중농주의의 이론적 체계를 확립한 프랑수아 케네 1694~1774는 다소 다른 분류법을 취하여 국민을 생산계급, 지주계급, 비생산계급으로 나누었다. 생산계급은 토지를 경작하는 농민으로, 이 계급의 노동이 참된 의미에서의 가치를 창출한다. "생산계급은 토지 경작을 통해 국민의 부를 해마다 재생산하고, 농업의 노동 지출의 전제를 이루며, 해마다 지주의 수입을 지불한다".[8] 지주계급에는 "주권자, 지주 및 십일조 징수자가 포함"[9]되며, 나아가 통치자와 성직자도 여기에 포함된다. 그 밖의 모든 국민은 여러 제조 분야의 노동자를 포함해 모두 비생산계급으로 분류된다. "비생산계급은 농업 노동 이외의 일에 종사하는 사람들 전부"[10]를 가리킨다. 토지와 토지 경작만이 가치를 창출한다면, 소비재 제조에 종사하는 노동자는 자연히 가치 없는 상품을 제조하는 비생산계급으로 분류되는 것이다.

다만 케네는 토머스 홉스 이래의 자연권 이론에 맞서 독자적 자연권 이론을 제기함으로써 노동에 대한 새로운 사고방식을 내놓았다. 케네는 홉스 등의 정치철학에 대해 "'인간의 자연권'이라는 추상적 관념—모든 인간에게 모든 권리를 부여하는—에 몰두한 몇몇 철학자는 인간의 자연권을 인간 상호 간의 순전한 독립 상태와 그들의 무한한 권리를 서로 빼앗는 전쟁 상태로 한정"[11]했다고 비판하며 "인간의 자연권을 인간이 얻을 수 있는 것에 한정할"[12] 필요가 있다고 지적하고, "현실에서 자연권은 각자가 노동으로 획득하는 부분에 한정된다"[13]고 강조했다. 인간에게 주어진 자연권은, 개인이 노동을 통해 획득한 것을 스스로 누릴 수 있는 권리에 한정된다고 본 것이다. 케네의 노동 이론은 뒤에서 살펴볼 존로크의 노동론과 닮았으며, 그런 의미에서 케네를 "근대 정치경제학의 출발점"[14]이라고 평가할 수도 있을 것이다.

2
애덤 스미스의 등장

스미스의 에고이즘 이론

이렇듯 영국 중상주의의 무역차액론은 노동과 노동자를 멸
시하는 경향이 있으며, 노동이 낳는 가치를 인정하지 않았
다. 프랑스 중농주의에서는 농업 노동자의 노동만이 가치를
낳는다고 인식되었으며, 산업 노동자는 노동을 통해 가치 있
는 생산품을 만들어내지 못하고 그저 농업 노동자가 창출한
가치에 기생한다고 여겨졌다. 이에 비해 상품의 가치는 (산업
분야와 상관없이 보편적으로) 노동을 통해 형성된다고 생각한
것이 스코틀랜드 출생의 경제학자 애덤 스미스다.

스미스는 무릇 인간 사회는 인간의 노동으로 형성되며, 각
각의 사람은 자신이 소질을 가진 노동 분야에서 특히 힘을
발휘한다고 상정했다. 그리고 다양한 능력을 보유한 사람들
이 모여 분업하고 그 생산물을 교환하기 위해 사회라는 것

이 형성된다고 생각했다. 사회 형성의 근간은 인간의 노동과 그 산물의 교환에 있다고 본 것이다.

이렇듯 사회 형성의 계기를 분업에서 찾는 것은 고대 이래의 전통적 사고방식이며, 이는 플라톤^{기원전 427~기원전 347}의《국가》에서도 찾아볼 수 있다. 플라톤은 "왜 국가라는 것이 생겨나는가 하면, 우리 각자가 자족하지 못하고 여러 가지 것을 필요로 하기 때문"[15]이라고 설명한다.

플라톤은 농부 한 명, 목수 한 명, 직물공 한 명, 필수품을 만드는 직인 한 명만 있어도 최초의 국가는 형성될 수 있다고 지적한다. 그들은 각자 자신의 전문 분야에 집중해 노동하고, 그로써 얻은 잉여를 타인과 교환한다. "시민은 각자의 일에서 얻은 생산물을 (…) 서로 나누기"[16] 위해 공동체를 형성하여 국가를 이룬다는 것이다.

스미스도 같은 생각이다. "자신의 노동 생산물 중 자신의 소비를 초과하는 잉여 부분 모두를 타인의 노동 생산물 중 자기가 필요로 하는 부분과 확실히 교환할 수 있다는 사실은, 각자로 하여금 특정 직업에 종사하여 그 특정 직업에 관한 모든 재능과 자질을 개발하고 완벽하게 만들도록 장려한다."[17] 스미스는 이 교환의 욕망이 인류에게 고유한 것이며, 그 배경에는 에고이즘^{egoism}이 있다고 생각했다. 모두의 욕망이 충족되려면 각자 자신이 잘하는 일에 종사하고 그로써 얻은 잉여분을 타인과 교환할 수밖에 없다. 달리 말하면, 사회에서 다양한 상품이 팔리고 있는 것은 모든 생산자가 교환을 통해 자신의 욕망을 채우려 하기 때문이다. "우리가 식사를 할 수 있는 것은 정육점, 양조장, 빵집 주인의 자비심 덕분이 아니라 그들이 자신의 이익을 추구하기 때문이다. 우리는 상대의 선의가 아닌 이기심에 호소하며, 우리가 무엇을 필요로 하는지가 아니라 상대에게 무엇이 이익이 될지를 말하는 법이다."[18]

이렇듯 스미스는 분업과 교환에 의해 사회가 성립된다고 생각했다. 여기서 말하는 사회는 모든 시민이 교환과 상업으로 살아가는 상업 사회이다. "[개인은] 자신의 노동 생산물 중 자신의 소비를 초과하는 잉여분을 타인의 노동 생산물 중 자신이 필요로 하는 부분과 교환함으로써 자기 욕망의 대부분을 충족시킨다. 모든 사람은 교환에 의해 생활하며— 즉 어느 정도 상인이 되며—사회 자체는 정확히 말해 상업 사회가 된다."[19]

상업 사회에서는 모두가 자신의 이기심을 채우려 노동함에 따라 사회 전체의 이익이 실현된다고 스미스는 생각했다. 상업 사회에서 가치의 원천은 노동에 있다는 것이다. 따라서 스미스는 각 분야 직인의 노동이야말로 사람들이 필요로 하는 재화를 생산하는 원천이라고 주장하게 된다.

스미스의 노동 가치

이렇듯 스미스는 플라톤과 마찬가지로 사회는 노동 분업으로 구성된다고 생각했으며, 그가 보기에 사회에서 거래되는 상품의 가치를 가장 정확하게 나타내는 척도는 노동의 가치였다. 사람들은 '보이지 않는 손'에 이끌려 "자신의 이익을 추구함으로써 (…) 진실로 사회의 이익을 증진시키려고 의도한 경우보다 더욱 효과적으로 그것을 증진시킨다".[20] 그리고 "노동만이 모든 상품의 가치를 시기와 장소의 차이를 넘어 측정하고 비교할 수 있는 궁극의 진실한 척도이다".[21]

상품의 가치는 이를 생산하는 노동자의 임금, 자본가가 획득하는 이익으로서의 자본, 토지의 지대라는 세 가지 가치로 구성되는데, 스미스는 자본가가 얻는 이익의 크기와 지대 역시 노동의 가치로 잴 수 있다고 생각했다. "가격의 서로 다른 모든 구성 요소의 진실한 가치는 그 각각의 요소가 구매·지배할 수 있는 노동의 양으로 측정된다는 점에 주의해야 한다. 노동은 가격 중 노동임금으로 분해되는 부분의 가치뿐 아니라 지대와 이윤으로 분해되는 부분의 가치도 측정한다."[22]

그런데 스미스에게 노동은 어디까지나 가치의 '척도'일 뿐, 가치 창출의 유일한 원천은 아니라는 점에 주의해야 한다.

노동 자체의 가치는 노동자의 임금으로 나타나며, 이는 노동자가 계속 살아갈 수 있도록 스스로를 재생산하는 데 필요한 물자의 가치와 같다.

다만 **노동**만이 상품의 가치를 구성하지는 않으며, 자연물인 **토지**와 노동자의 "임금을 지불하는 고용주의 이윤"[23]을 가져다주는 **자본**도 가치를 만들어낸다. "자기 스스로 수입을 얻는 사람은 누구나 그 수입을 자신의 노동, 자본, 토지 중 하나에서 얻고 있음이 틀림없다."[24] 그중 어떤 원천으로부터 가치를 창출하는지에 따라 노동자인지, 지주인지, 자본가인지가 나뉜다.

스미스에게 노동은 화폐나 곡물의 가치보다는 상품의 가치를 명확히 나타내는 척도이다. 그의 관점을 통해 노동의 가치는 경제적 가치로 크게 전환된다. 스미스에 이르러 노동이라는 행위가 시민사회의 밑바탕을 이루는 것으로서 분명하게 제시된 점은 중요하다.

'생산적 노동'과 '비생산적 노동'

스미스가 살던 시대에는 시장의 '보이지 않는 손'의 원리에 따라 모든 시장 참여자의 이익이 늘어난다고 믿을 수 있었지만, 곧 자본주의의 발흥과 함께 자본가계급과 대립하는 노동자계급이 형성된다. 계급 대립이라는 개념은 노동자계급에 의한 사회변혁이라는 사상을 낳는데, 그 전前 단계로서 노동자로 한정되지 않는 '일하는 자들'의 계급이라는 개념이 생겨났다. 이는 프롤레타리아와 부르주아를 모두 포함한 넓은 의미의 생산자 계급이라는 개념이며, 이에 관해서는 8장에서 자세히 살펴볼 것이다.

스미스에 따르면 노동은 가치를 창출하지만, 모든 노동이 그러는 것은 아니다. 그 차이에 대해 스미스는 '생산적 노동'과 '비생산적 노동'이라는 개념을 제시한다. "노동에는 대상의 가치를 높이는 것과 그러한 효과를 가지지 않는 것이 있다. 전자는 가치를 창출하므로 생산적 노동이라 할 수 있고, 후자는 비생산적 노동이라 할 수 있다."[25] 비생산적 노동의 대표적인 것이 하인의 노동이다. "제조공의 노동은 일반적으로 노동 대상인 원료에 제조공 본인의 유지비의 가치와 고용주의 이윤의 가치를 부가한다. 이에 반해 하인의 노동은 아무런 가치도 부가하지 않는다."[26]

스미스의 가치 이론에서는 원료에 부가된 노동에 의해 가치가 창출되므로, 가치를 낳지 않는 노동은 전부 비생산적이 된다. 따라서 여러 중요한 노동이 가치를 낳지 않는 비생산적 노동으로 여겨지게 된다. 우선 정치와 군사 분야의 모든 일이 비생산적 노동이 된다. "군주와 그 밑에서 봉사하는 문관·무관·육해군 장병은 모두 비생산적 노동자다. 그들은 국민의 하인이며, 다른 사람들의 연간 노동 생산물의 일부로 유지된다."[27] 이들은 하인과 같은 의미에서 비생산적이라는 것이다.

사람들의 생활 유지를 위한 일들도 비생산적이기는 마찬가지다. 성직자, 의사, 문인, 무용수, 오페라 가수, 배우 등도 하나같이 가치를 낳지 못한다. "그들의 작업은 생산되는 바로 그 순간 사라져버리"[28]기 때문이다.

이러한 노동에 지불되는 임금은 생산적 노동이 창출해낸 가치에서 나온다. 스미스는 육체노동이 낳는 가치는 그다지 크지 않다고 생각했기에 가치 창출의 또 다른 원천인 자본 이윤과 지대가 중요시된다. "어떤 사회에서든, 지대와 자본 이윤은 비생산적 노동자가 얻는 생활비의 주요 원천이다."[29]

스미스의 노동가치설이 지닌 문제점

스미스에 따르면 노동이 창출하는 가치는 곧 노동자의 생존에 필요한 물자의 가치와 자본가의 이윤이 되는 가치이다. 이미 확인했듯이 "제조공의 노동은 일반적으로 노동 대상인 원료에 제조공 본인의 유지비의 가치와 고용주의 이윤의 가치를 부가한다."[30] 상품의 가치는 노동임금, 자본, 지대로 구성되므로, 상품의 진정한 가치는 "한 나라의 토지·노동 연간 생산물의 교환가치"[31]라는 이야기가 된다. 나아가 그것이 "그 나라 주민의 진정한 부와 수입"[32]을 만들어낸다는 것이다. 이러한 설명은 스미스가 참된 의미의 노동가치설을 확립하지는 못했다는 것을 보여준다. 토지는 노동과는 다른 가치의 원천이기 때문이다.

이에 비해 모든 상품의 가치는 노동에서 나온다고 지적한 것이 마르크스의 《자본론》이다.(마르크스에 대해서는 7장에서 자세히 다루겠다.) 마르크스가 갖가지 상품의 가치는 노동에서 나온다고 생각한 데 비해 스미스는 상품의 가치는 세 부분으로 구성되며, 그 각각의 부분은 서로 다른 원천을 갖는다고 생각한 것이다.

또한 노동의 가치를 인정한 스미스는 노동자의 임금을 가능한 한 늘릴 필요가 있다고 주장했다. 스미스는 국부가 증가할 때는 일반적으로 노동임금도 상승한다고 지적한다. "하층 노동자의 생활 물자가 부족한 것은 정체 상태의 자연스러운 징조이며, 그들이 기아 상태에 있다는 것은 급격한 쇠퇴의 자연스러운 징조이다."[33] 노동자의 임금수준은 한 나라의 부가 증가 추세에 있는지 혹은 감소 추세에 있는지를 보여주는 충실한 지표이다. 그리고 사회 구성원의 대다수를 차지하는 노동자의 생활 향상이 "사회 전체에 불리하다고는 결코 생각될 수 없다."[34]

무엇보다도 임금 상승은 사회의 기본적 생산 자원인 노동 인구의 증가와 짝을 이룬다. "노동에 대한 수요가 계속 증가한다면, [그에 비례해 늘어난] 노동의 보수는 필연적으로 노동자의 결혼과 출산을 자극할 것이며, 이로써 증가하는 노동 수요는 증가하는 인구로 충족될 수 있을 것이다."[35]

임금 상승은 노동인구를 증가시킬 뿐 아니라 노동자의 근로 의욕을 높임으로써 생산성을 향상시킬 수도 있다. "풍부한 생활 물자는 노동자의 체력을 증진시키고, 자신의 상태를 개선해 안락하고 풍요로운 가운데 생을 마칠 수 있을 것이라는 유쾌한 희망은 그로 하여금 자신의 체력을 최대한 발휘하도록 고무한다."[36]

노동자의 근로 의욕만 높아지는 것이 아니다. 임금이 상승하면 노동비용이 늘어나지만 "노동임금을 상승시킨 바로 그 원인, 즉 자본의 증가는 노동생산력을 증가시켜 더 적은 노동량으로 더 많은 생산물을 만들게"[37] 한다.

이 때문에라도 자본가는 기계의 투입 등 기술 개발을 추진할 것이다. "이러한 개선과 개량의 결과 수많은 상품이 이전보다 훨씬 적은 노동량에 의해 생산됨으로써, 노동 비용의 상승은 노동량의 감소로 상쇄되고도 남는다."[38] 생산성이 상승함과 동시에 상품 가격이 하락하고 수요가 증가해 시장이 확대된다. 노동임금을 인상하고, 노동자의 근로 의욕을 높이고, 소비성향을 확대함으로써 시장은 성장한다고 스미스는 생각했다.

스미스에게서 시작된 근대경제학은 이 시장 시스템의 해부를 목적으로 탄생했다. 그리고 시민사회의 시장 시스템 속에서 노동이라는 행위와 노동자라는 존재는 근대 시민사회와 자본주의에 어울리는 지위와 자격을 부여받게 되었다.

labor · work · action

6장
근대 철학 속의 노동

홉스, 로크, 흄, 루소, 칸트……. 철학의 대상으로 떠오른 노동은 인간성 면에서의 품위, 교육, 혹은 국가나 법의 성립과도 관련지어져 고찰된다. 후세의 사상에 지속적 영향을 끼친 헤겔의 '지배와 예속' 이론이나 도구의 변증법 등도 등장한다.

게오르크 빌헬름 프리드리히 헤겔
Georg Wilhelm Friedrich Hegel 1770~1831

독일의 관리 집안에서 태어났다. 원래 신학도였지만 칸트, 피히테의 영향과 프랑스혁명에 대한 공감을 계기로 철학의 길로 나아갔다. 사고의 운동으로서의 변증법을 기축으로 하여 논리학, 자연철학, 정신철학을 전개함으로써 거대한 철학 체계를 구축했다.

요한 고틀리프 피히테
Johann Gottlieb Fichte 1762~1814

독일의 철학자. 베를린 대학 초대 총장. 자연과 자유라는 칸트 철학의 이원론에 대해 자아를 중심으로 한 일원론을 펼쳤다. 자아와 외적 세계인 비아非我의 변증법에 의해 절대적 자아가 획득된다고 하여 헤겔에게 영향을 끼쳤다.

앙리 베르그손
Henri Bergson 1859~1941

프랑스의 철학자. 지성뿐 아니라 감정과 의지 역시 인간의 본질이자 정신적 생生이라는 독자적 생철학을 펼쳤다. 신비주의나 심령 연구에도 관심을 기울였다. 1927년 노벨 문학상 수상.

토머스 홉스
Thomas Hobbes 1588~1679

잉글랜드 국교회 성직자의 아들로 태어났다. 청교도혁명 전인 1640년에 프랑스로 망명했다. 만인의 만인에 대한 투쟁 상태인 자연 상태에서 벗어나, 사회계약을 바탕으로 평화와 안전을 확립하는 정치 공동체의 양상을 모색한 《리바이어던》을 지었다. 왕정복고 후 영국으로 돌아갔지만, 정치적·종교적 저술의 발행을 금지당했다.

존 로크
John Locke 1632~1704

잉글랜드의 청교도 집안에서 태어났다. 지식은 경험에서 얻어지며, 인간은 백지상태 tabula rasa로 태어난다고 주장했다. 정치적으로는 왕권신수설을 부정하고 공권력에 대한 개인의 우위, 정교분리를 옹호해 영국 의회 초기의 자유주의 정당인 휘그당의 이론적 밑받침이 되었다.

데이비드 흄
David Hume 1711~1776

스코틀랜드의 젠트리gentry 계층 가정에서 태어났다. 인간의 지식은 경험에서 유래하며, 초월적인 것은 인식할 수 없다는 경험론의 입장에서 회의주의 사상을 견지했다. 바람과는 달리 무신론자로 비판받아 대학에서 자리를 얻지 못했다. 같은 스코틀랜드 출신의 애덤 스미스와는 가깝게 교류하는 사이였다.

이마누엘 칸트
Immanuel Kant 1724~1804

독일에서 마구馬具 장인의 아들로 태어났다. 인간 이성의 가능성과 한계를 통찰한 3대 비판서(《순수이성비판》, 《실천이성비판》, 《판단력비판》)를 저술해 피히테, 셸링, 헤겔로 이어지는 사상적 계보의 뿌리가 되었다. 그 밖에 상비군 폐지와 국제연합 창설을 제언한 《영원한 평화》 등을 남겼다.

1
홉스의 첫걸음

공공선으로서의 노동, 욕망을 충족시키는 노동

근대의 자본주의적 시민사회에서 상품의 가치는 노동에서 나온다고 인식됨에 따라 노동은 사회를 구성하는 영위로서 긍정적으로 평가받게 되었다. 그리고 이를 배경으로 근대 철학에서도 노동이 인간의 중요한 활동으로 인식되었다.

아리스토텔레스 이래의 전통적 사회사상에서는 인간이라면 자연스럽게 사회를 구성하는 인간성 같은 것을 지닌다고 여겨졌다. 그리고 사회에 있어 좋은 것은 공적인 선善, 인간이 지향해야 할 최고의 선으로서 사회에서 살아가는 인간이 추구해야 하는 것으로 여겨졌다. 인간은 사회에서 최고선을 지향하는 도덕적 존재이며, 그 본성으로 보아 서로 협력하여 사회를 형성한다고 생각된 것이다.

그러나 근대 철학의 도래와 함께 인간은 공적인 선을 지향하는 자연스러운 도덕성을 지닌 존재가 아니라 오로지 자기 욕망의 충족을 추구하는 고립된 존재이며, 그러한 존재로서 자립해 있다고 여겨지게 되었다. 사회의 형성에 있어 시민의 노동에 어떠한 의미가 있는가 하는 물음이 비로소 제기된 것이다.

홉스의 인간론

그러한 인간관의 선구적 존재가 잉글랜드의 철학자 토머스 홉스[1588~1679]이다. 홉스는 선과 악을 공공선과 같은 초월적 관점이 아니라, 인간을 움직이는 내적 욕망이라는 관점에서 고찰했다. 이 관점의 전환은 시민사회가 형성된 근대에 비로소 가능해진 것이다. "어떤 사람에게 욕망과 의욕의 대상인 것은 모두 선이며, 그의 증오와 혐오의 대상은 모두 악이다."[1] 선과 악은 이제 사회에서의 공공선과 같은 관점에서가 아니라, 개개인의 욕망과 그 대상과의 관계로 정의되었다. 홉스의 말을 빌리면 "지난날의 도덕철학자가 말한 바와 같은 궁극의 목적이나 최고선 같은 것은 존재하지 않"[2]는 것이다.

이렇듯 인간이 자신의 욕망을 실현하려는 존재라면, 인간에게 타자와 함께 사회를 구성하고 최고선을 실현하려는 자연스러운 도덕성이 존재한다고는 생각할 수 없다. 그리고 사회는 자신의 욕망을 위해서라면 거리낌 없이 타자의 소유물을 빼앗는 사람들로 구성되어 있다고 해야 할 것이다. 너나없이 타자의 소유물을 시기와 질투의 눈으로 바라보고, 틈만 나면 그것을 빼앗으려 할 것이다. 이는 만인이 만인에게 늑대인 것과 같은 상태로, 홉스는 사회가 형성되기 전까지 인간은 이러한 전쟁 상태에서 살았다고 생각했으며, 이를 '자연 상태'라 불렀다.

법과 국가—사회계약의 필요성

자연 상태의 중요한 특징은 법이 없기에 소유권이 지켜지지 않는다는 것, 따라서 노동의 의미가 사라진다는 것이다. "이러한 상황에서 근로의 여지는 없다. 근로의 과실이 불확실하기 때문이다."[3] 밭을 일궈 곡식을 키웠다고 하자. 곡식이 익은 풍요로운 밭은 많은 사람의 부러움을 사고, 그들은 이를 호시탐탐 노리게 된다. 수확 때 이웃이 찾아와 "근로의 과실"을 빼앗아간다고 해도 이를 막을 수단이 없다. 따라서 노동의 의미가 상실된다. 그 결과 기술도 문명도 사회도 존재할 수 없다. 노동이야말로 문명의 토대를 이루기 때문이다.

"그렇게 되면 토지 경작도, 항해도 이뤄지지 않는다. 해로를 통해 수입되는 상품을 사용할 수도 없다. 수용력 있는 건물도, 교통수단도 없다. 큰 힘이 필요한 운반·철거에 쓰일 장비, 지표에 관한 지식, 시간 계산, 기술, 문자, 사회도 존재하지 않는다."[4] 이러한 상태에서 인간의 삶은 "고독하고 열악하고 불결하고 야만적이고 짧"[5]을 수밖에 없다.

홉스는 만인의 전쟁 상태를 종식시키고 사회를 구축하려면 인간들이 사회계약을 맺을 수밖에 없다고 생각했다. 인간이 사회를 이루려 하는 것은, 전통적 사회사상에서 상정된 '사회를 이루려는 자연스러운 경향' 때문이 아니라, 노동하여 얻는 '근로의 과실'을 보호해줄 법을 정해 자신의 욕망을 실현하기 위해서다. 노동은 사회와 문명의 토대를 이루며, 사람들이 안심하고 노동할 수 있으려면 사회계약을 맺어 국가를 수립시킬 필요가 있다고 홉스는 생각했던 것이다.

2
로크의 공헌
노동이 만들어낸 소유

홉스에 따르면 노동의 과실이야말로 사회와 문명의 기초이다. 그리고 그 과실을 지켜 사회와 문명을 형성하려면 사회계약이 필요하다. 노동의 과실을 지키기 위해 법과 국가가 요청되는 것이다.

한편, 홉스와 같은 잉글랜드 태생의 존 로크[1632~1704]는 인간의 소유권이 노동에서 나온다는 생각을 분명하게 드러냈다. 홉스와 달리 로크는 자연 상태가 전쟁 상태라고 생각하지 않았다. 인간은 생존이라는 자연적 권리를 가지고 있으며, 사회 내의 공존은 그 자연적 권리에 기초한다고 보았기 때문이다. "세상에 태어난 사람은 누구나 생존의 권리를 가지며, 따라서 음식물을 포함해 자연이 인간의 생존을 위해 제공하는 것에 대한 권리를 가진다."[6] 풍요로운 자연의 산물은 만인이 공유하는 것이다. "그것이 자연적 상태에 있는 한 누구도 다른 사람을 배제하고 그것을 사적으로 지배할 수

128

없다."[7]

홉스가 노동의 성과를 보호하기 위해 국가와 법이 필요하다고 생각한 데 비해, 로크의 논의에서는 사회 안에서 이미 획득한 소유물을 보호하기 위해 국가와 법이 요청된다. 다만 홉스와 마찬가지로 이 소유물은 노동의 성과로서 획득된 것이다. 인간은 노동을 통해 자연으로부터 필요한 것을 얻는데, 그렇게 얻은 것에 대해 어떻게 자신의 소유권을 확보할 것인가? 이 물음의 실마리가 되는 것이 누구나 자기 신체를 자신만의 것으로서 소유한다는 사실이다. 자연의 산물은 "비록 인류 공동의 것이지만, 사람은 누구나 자기 몸 하나에 대해서는 소유권을 가진다. 이에 관해서는 소유자 본인을 제외한 그 누구도 권리를 가지지 않는다."[8]

그렇기에 "신체의 노동과 손의 일은 오로지 그 소유자만의 것이다. 그 앞에 놓인 자연적 상태로부터 그가 무언가를 추출하여 자신의 노동을 섞고, 자신만의 무언가를 보탠다면 그것은 그의 소유가 된다."[9]

여기서 로크는 신체에 대한 개인의 소유권에 기초해, 신체의 노동으로 얻어진 것에 대해서는 신체 소유자 개개인의 소유권이 발생한다고 지적한다. "신체의 노동과 손의 일"이 개인에게 소유권을 주는 것이다. 노동이 낳는 이 권리는 노동의 산물에만 한정되지 않는다. 누군가가 일궈낸 밭은 그의 노동이 투입된 장소이며, 그 소유권 역시 노동한 자에게 돌아간다. 이렇게 해서 사유재산의 제도와 권리가 생겨난다.

다만 이 권리는 아직 '벌거벗은' 상태이며, 홉스가 말한 타자의 시기심과 약탈로부터 보호되지 않는다. 로크는 홉스와 마찬가지로 개개인의 소유권이 보호되려면 사회계약이 맺어져야 한다고 생각했다. 사회계약을 통한 국가 수립의 목적은 "자신의 재산을 향유하고, 안락하고 편안하고 평화로운 삶을 영위하고, 외부의 침탈에 대해 공동체의 안전을 도모하는 것이다".[10]

국가 수립의 목적은 홉스가 이야기한 바와 다르지 않지만, 홉스가 암묵적으로 노동의 산물에서 비롯된다고 여긴 개인의 소유권을, 로크는 명시적으로 노동이라는 개념을 제기함으로써 설명하려 했다. 노동이야말로 인간이 사회를 형성하고 그 안에서 공존할 가능성을 낳는다. 이렇게 해서 근대의 노동 개념이 소유권과 국가 수립의 근간으로서 명확히 제시되었다.

3
흄이 불러온 변화
'묵약'을 통한 사회의 형성

앞에서 살펴보았듯 로크는 노동이 인간 권리와 사회의 근원이라 생각했는데, 스코틀랜드 태생의 데이비드 흄[1711~1776]은 이를 살짝 비틀어 로크가 제기한 사회계약의 개념을 소멸시켰다. 흄의 사상은 분업으로 형성된 스미스의 사회 개념과 함께 전통적 사회 이론과는 전혀 다른 관점을 제시했다. 흄은 여러 생물 중 노동을 해야 하는 것은 인간뿐이라는 사실을 지적한다. 동물 역시 사냥을 통해 먹이를 획득하지만, 이는 노동이라 할 만한 고된 행위가 아니며, 동물은 생존에 필요한 수단을 갖추고 있다고 흄은 생각했다. 예컨대 사자는 강건한 몸을 가지고 있어 필요한 먹이를 손쉽게 사냥할 수 있다. 양과 소는 그렇지 않지만, 그들은 "욕심이 적당하고, 먹이 구하기도 쉽다".[11] 유독 인간에게서 욕망(욕망의 크기·종류)과 신체적 능력의 부자연스러운 불균형이 드러난다. 인간이 "먹을거리를 얻기 위해서는 노동이 요구된다"[12]고 흄은 지적한다.

그러나 흄에 따르면 인간의 노동은 세 가지 결함을 안고 있다. 첫째로, "개개인이 저마다 혼자서 오직 자신만을 위해 노동하는 경우, 중대한 일을 수행하기에는 개인의 힘이 너무 약하다".[13] 홀로 일해서는 본인의 욕망을 충분히 충족시킬 수 없다. 둘째로, "개인의 노동이 그 자신의 여러 가지 필요를 모두 충족시키기 위해 투입되면, 개인은 특정한 기술에서는 결코 완전함에 도달하지 못한다"[14]는 중요한 결함이 있다. 개인이 모든 일을 수행하려 해도 기술이 불완전하기에 성공은 보장되지 않는다. 셋째로, 개개인의 힘은 불안정하게 흩어져 있어 최대한 힘을 발휘해도 반드시 성과가 따른다고는 할 수 없다. 많은 것을 실현할 수 있는 사람도, 그렇지 않은 사람도 있을 것이다. 또한 한 사람의 노동에서도 성공하는 경우와 실패하는 경우가 있을 것이다.

이러한 개인적 노동의 결함을 보완하는 것이 바로 **사회**의 역할이다. 인간은 사회를 형성함으로써 개개인이 가진 이와 같은 결함을 메울 수 있다. 단독 노동의 불충분함은 다수가 힘을 합쳐 협력함으로써 해결할 수 있다. 기술적 불완전함은 각자 자신이 잘하는 일을 하여 얻은 잉여를 교환함으로써, 즉 분업을 통해 해결할 수 있다. 불안정성과 불균형의 문제 역시 사회의 형성으로 가능해진 집단 내 상호 부조로 해결

할 수 있으며, 이로써 "우리는 운명과 우발적 사고에 거의 노출되지 않는다".[15]

흄은 노동으로 소유권의 확립을 설명하려 하지 않았으며, 개별적 노동의 결합을 사회적 공동 노동으로 해결할 가능성에서 사회 형성의 근거를 찾았을 뿐이다. 흄의 이론 구성에서 독특한 점은, 사회의 형성이 사회계약을 특별히 필요로 하지 않는다는 것이다. 명시적 계약이 아닌 암묵적 약속, '묵약'과 같은 것이면 충분하다.

그러나 누구도 자신의 소유를 타인에게 빼앗기고 싶어하지 않는다. 이를 위해서는 어떻게 해야 할까? 홉스라면 사회계약으로 국가를 수립하고 국가가 경찰 기능을 수행하도록 할 것이다. 로크라면 역시 사회계약으로 정부를 수립해 그 사법 기능으로 권리를 보호하는 방책을 떠올릴 것이다. 이에 비해 흄은 각자가 타인의 소유를 빼앗지 않음으로써 그들 각자의 소유도 보호할 수 있다고 생각했다. 이성적으로 생각하면 누구나 "각자가 자신의 행운이나 근면을 통해 획득할 수 있을 법한 것을 평화적으로 향유하도록 하는 것"[16]이 자신에게도 이로운 일임을 알 수 있다. "다른 어떤 사람이 나와 동일한 방식으로 행동한다면 그가 자신의 자산을 소유하도록 허용하는 것이 나의 이익일 것"[17]이다. 나아가 타인도 이러한 관점에서 자신의 행동을 규제하는 것이 자신에게도 이롭다고 느낄 것이다. 이로써 사람은 타인의 소유물을 침해하지 않는 것이 곧 자신의 소유를 안전히 확보하는 길임을 알게 된다.

이러한 이성적 통찰은 명시적 계약이 아닌 암묵적 약속이라는 형태로 드러난다. 이것을 흄은 낯선 사람 둘이 함께 배에 올라 어떤 목적지를 향해 노를 젓는 상황을 들어 설명한다. "노를 함께 젓는 두 사람은 서로 아무런 약정도 맺지 않았지만, 합의 또는 묵약에 따라 노를 젓는다. 소유의 안정성에 관한 규칙도 인간의 묵약에서 유래"[18]한다. 계약이나 약정을 맺지는 않았지만 힘을 합하지 않으면 목적지에 도달할 수 없다는 사실을 모두가 안다는 것이다.

로크는 노동에서 권리가 생겨난다고 생각했지만, 흄은 노동 생산물의 안전한 소유라는 목적에서 자연스럽게 소유와 권리라는 관념이 비롯된다고 생각했다. "다른 사람의 소유물에 대해 자신의 욕망을 삼가겠다는 묵약에 따라 사람들이 저마다 자기 소유물의 안정성을 획득하면, 소유와 권리와 책임이라는 관념과 함께 정의와 불의라는 관념이 발생한다."[19] 이러한 생각은 사회계약이라는 관념을 명확히 부정한다. 사회는 계약 등 외적 수단이 아닌 암묵적 이해라는 내적 동의에 기초해 자연스럽게 형성된다는 것이다. 흄은—'보이지 않는 손'을 믿은 자신의 사상적 동료 애덤 스미스와 달

134

리—사회는 계약이라는 초월적 수단에 의해서가 아니라, 그 내부에서 내재적 방법으로 형성된다고 주장했다. 이는 사회 사상의 역사에서 상당히 독특한 생각이다. 다만 사회 형성의 기반이 인간의 노동과 이를 통해 얻은 소유물의 보호에 있다고 생각한 것은 흄도 마찬가지다.

4
루소의 노동론
노동이 낳은 불평등과 법·사회의 관계

루소는 《인간 불평등 기원론》에서 인간이 원시적 생활에서 벗어나 문명에 이르기까지의 역사를, 인간들 사이에 불평등한 사회 상태가 생겨난 역사로 그려냈다. 그에 따르면 자연 상태에서 사회 상태로의 이행에서는 노동에 필요한 기술의 발달이 중요한 역할을 했다. 루소는 인간의 역사 속에서 야생인은, 자연의 어떤 극적 변화로 인해 자연 상태에서 더는 생존할 수 없게 되었다고 상정했다. 집단 농경 생활이 불가피해진 것이다. 그러나 채집 생활에서 집단적 농경 생활로의 이행에는 몇 가지 걸림돌이 있었다.

우선 야생인에게는 밀을 재배할 도구가 없었으며, 밀을 재배해 수확한 후 그것을 빻아 조리할 기술과 도구도 없었다. 나아가 미래의 필요에 대한 예측 능력도, "고생하여 재배한 것을 다른 사람이 가로채지 못하게 하는 방법"[20]도 없었다.

이 가운데 무엇보다도 미래의 필요에 대한 예측 능력의 결여를 극복해야 했다. 이 예측 능력의 획득은 인간이 짐승이 기를 그만두기 위한 중요한 단계이자, 야생인이 사회적 인간이 되기 위한 전제 조건이었다. 이는 인간이 집단을 이뤄 살아가게 된 단계에서 극복되었다고 할 수 있다. 밀의 재배와 조리에 관한 문제는 농업 발전과 떼어놓을 수 없으며, 농업의 진전에 따라 해결될 수 있었다. "이렇게 해서 한편으로는 밭갈이와 농업기술이 생겨났으며, 다른 한편으로는 철을 가공해 다양하게 사용하는 기술이 생겨났다."[21] 그렇다면 문제는 마지막 걸림돌, 즉 사람들의 소유를 어떻게 보호할 것인가다.

인류는 집단생활과 농경을 시작한 후로 새로운 기술을 개발함으로써 농업 생활을 실현했으며, 이는 오늘날로 이어지는 문명 생활의 실마리가 되었다. 농업 생활은 몇 가지 새로운 요소를 동반했다.

첫째로, 자신이 경작한 토지에서 수확할 권리를 인정받기 위해서는 노동이 필요하다는 인식이 자리잡았다. "경작자에게 그가 일군 땅의 생산물에 대한 권리를 줌으로써, 결과적으로 오로지 노동만이 그에게 적어도 수확기까지 토지에 대한 권리를 준다."[22] 사적 소유라는 것이 인정되지 않는 원시적 단계에서는 토지에 실제로 노동을 투입한 사람에게 그 토지에서 수확할 권리가 주어질 것이다. 소유의 밑바탕은 노동으로, 이는 로크의 이론과 마찬가지이다.

둘째로, 스스로 노동을 투입한 사람이 그 토지에서 수확할 권리와 토지 소유권을 인정받자 '각자에게 각자의 것을'이라는 정의에 관한 규칙이 승인되었다.

셋째로, 토지 소유권이 인정되자 다양한 능력, 재능, 역량 등의 차이에 따라 사람들 사이에 불평등이 발생했다. 기술의 이용은 이러한 불평등과 격차를 더욱 키웠을 것이다.

넷째로, 이렇게 해서 큰 재산을 소유하게 된 사람들은 자신의 사유재산을 보호하고 소유권 침해를 금지하는 법을 정하기 위해 국가를 수립시킨다. 국가와 법은 "자연적 자유를 아주 파괴해버리고 소유와 불평등의 규칙을 영구히 고착화"[23]시켰다.

루소는 노동이 낳은 불평등이 법과 사회를 형성하고 인간의 자유를 파괴한 사실을 밝히려 했으며, 그러한 불평등에 기초한 사회를 개혁하기 위해 사회계약을 주창했다. 루소에 따르면 사회계약이야말로 소유권에 관한 문제를 극복해 문명을 실현할 수단이며, 사회 안에서 새로운 자유를 구축할 가능성을 낳는다.

5
칸트의 노동과 놀이

이기적 비사교성에 의한 노동

이렇듯 영국과 프랑스에서 노동에 관한 이론은 사회 안에서의 소유 개념을 중심으로 전개되었지만, 독일에서는 이마누엘 칸트[1724~1804]가 노동에 대해 인간의 존엄과 진보라는 관점에서 독자적 논의를 펼쳤다. 칸트에게 노동이라는 행위는 인간이 살아가는 데 필수적인 동시에 괴롭고 가혹한 것이었으며, 그는 인간이 고달픈 노동을 경험함으로써 더 나은 상태로 진보한다고 생각했다.

이는 칸트 특유의 비사교적 사교성이라는 개념과 매우 유사한 생각이다. 칸트에 따르면 인간에게는 한데 모여 사회를 형성하려는 사교적 경향과 함께, 고독을 사랑하고 자신의 이익을 우선시해 이를 위해서는 타인을 해치기까지 하는 비사교적 경향이 있는데, 그는 이를 비사교적 사교성이라 불렀다.

인간이 지닌 이러한 비사교적 경향은 그것 자체로는 악이지만, 이 악에 의해 인간은 인간의 마땅한 모습을 향해 존엄을 가진 인격으로서 진보해가는 것이다.

이러한 비사교성이 없다면 "사람들은 언제까지고 목가적 목축 생활에 머물러 있을 것이다."[24] 그러나 자연은 인간이 존엄을 지닌 이성적 존재가 되기를 바랐다고 칸트는 주장한다. 그런 까닭에 인간에게는 이기적 목적을 추구하는 비사교성이 존재하는 것이다. 이 경향 때문에 인간은 타인과 싸우고 경쟁하면서도 자신의 삶을 향상시키려 한다. "자연은 인간이 나태함과 수동적 만족감에서 벗어나 노동과 노고 속으로 뛰어들기를 바란다."[25] 칸트는 노동이라는 행위가 사회의 구축에서 중요한 역할을 한다고 생각한 것이다.

'눈부신 불행'

칸트는 노동이 문화 발달에서 중요한 역할을 한다고 생각했으며, 루소의 《사회계약론》에 기대어 노동이 소유의 기초가 된다고 보았다. 다만 칸트는 인간의 노동이 사회와 국가의 토대라고 인정하면서도 현실 세계의 노동은 비참한 상태에 놓여 있다고 생각했다. 어째서일까?

문명화된 사회에서 수준 높은 문화가 실현되려면 인간이

어떠한 행위에 숙련될 필요가 있으며, 재능 있는 사람은 나날의 양식을 얻기 위해 노동하기보다는 숙련된 일에 온 힘을 쏟아야 할 것이다. 그런 까닭에 사회 내부에서 모종의 분업이 필요해진다.

사회 구성원 대다수는 이런 수준 높은 문화적 산물을 낳는 사람들 혹은 그것을 누리는 사람들을 위해 오로지 일해야 한다. "인류에게 있어 숙련성은 인간 사이의 불평등에 의하지 않고서는 아마도 발전될 수 없을 것이다."[26] 대다수는 "생활필수품을 이를테면 기계적으로 공급하지만, 그것은 특별한 기술이 필요하지 않은 일이며",[27] 따라서 그들은 "압박과 쓰라린 노동만 있고 향유라고는 없는 상태에 놓이게"[28] 된다.

높은 숙련성에 의해 문화가 진보해가면서 하류계급 사람들은 외부의 폭력에, 상류계급 사람들은 내부의 불만 즉 만족을 모르는 탐욕에 시달리게 된다. 칸트는 이 허울뿐인 문명사회의 모습을 "눈부신 불행"[29]이라는 말로 일컬었으며, 이러한 상태는 인간의 존엄을 훼손하며, 인간이 존재하는 목적 자체에 반한다고 생각했다.

인간이 자신의 욕망을 충족시키려면 노동이 필요하지만, 무릇 인간은 욕망의 충족만을 좇는 단순한 동물로서 이 세상에 존재하는 것이 아니며, 존엄한 존재로 살아가기 위해서는 노동이라는 고달픈 활동 속에서 자기 자신을 규율과 훈련으로 채찍질하고, 자신의 타고난 소질을 최대한 발휘해야 한다. 이렇게 해서 인간 스스로 삶의 가치를 높이는 것이 어떤 의미에서는 인간의 최종 목적이라고 칸트는 생각했다. 그리고 이를 위해서는 인간들이 허울뿐인 문명사회에서 벗어나 "시민사회"[30]를 만들 필요가 있다고 칸트는 주장했다. 시민적 체제에서야 비로소 "인류의 모든 근원적 소질이 계발될 수 있다"[31]고 생각했기 때문이다.

교육으로서의 노동

이렇듯 칸트는 인류가 그 근원적 소질을 발휘해 시민적 사회 체제를 구축하는 것이 곧 인간의 최종 목적이며, 이를 위해서는 고달픈 노동 속에서 각자 자신을 단련할 필요가 있다고 생각했다. 나아가 칸트는 인간의 노동은 사회를 위한 것일 뿐 아니라 자기 자신을 향상시키는 숙련, 그리고 기술 개발의 계기가 된다고도 생각했다.

인간은 누구나 노동을 통해 사회에 공헌하며 살 것을 요구받는다. 그러나 인간이 노동하는 것은 그 자체가 즐겁기 때문이 아니다. 자신이 좋아서 하는 일은 놀이이다. 노동은 고달프다. 그리고 고달픈 노동을 견디는 것이 인간의 품위를 높이며, 이를 위해서 인간은 어린 시절부터 정신이 '교육될' 필요가 있다고 칸트는 생각했다.

정신의 교육에는 두 종류가 있다. 자연적 교육과 도덕적 교육이다. 정신의 자연적 교육으로는 자유로운 교육과 학교교육이 있다. 자유로운 교육은 아이들이 학교 등의 강제 없이 교육받는 것이며, 이는 놀이와 같은 것으로 여겨진다. 이에 비해 학교교육은 학교의 강제를 통해 교육받는 것이며, 강제라는 특징으로 인해 노동과 같은 것으로 여겨진다. "자유로운 교육이 놀이와 같은 데 반해 학교교육은 일종의 노동이다."[32]

"아이가 일하는 법을 배워야 한다는 사실은 매우 중요하다. 인간은 일을 해야 하는 유일한 동물이다."[33] 아이가 생존을 위해 일하는 법을 배우는 것은 중요하다. 그러나 칸트에 따르면 노동에는 생계유지, 사회에 대한 공헌과는 다른 측면이 있다. 하고 싶지 않은 일도 일로서, 노동으로서 수행하는 습관을 길러주는 것이다. 그리고 이는 인간 스스로 필요로 하고 바라는 것이기도 하다. "인간은 일종의 강제가 따르는 일을 필요로 한다."[34]

이렇듯 인간이 정신적으로 향상되려면 훈련이 필요하며, 노동이 이를 돕는다는 것은 계몽 정신의 소유자 칸트가 노동의 인간학적 효용으로서 생각한 바다. 노동과 훈련은 정신에 품성을 부여하는 것을 목표로 한다. "품성은 무엇을 행하고자 하는 확고한 결의와 그러한 결의를 실제로 행하는 데 있다."[35] 확고한 결의와 그 결의의 실행은 주어진 노동 과제를 수행하는 훈련을 거친 후에야 비로소 가능해진다는 것이다.

다만 이러한 강제는 인간의 성장 단계를 따라야 한다. 어린아이에게는 외부에서 규칙을 부여하고 이에 순종하도록 가르쳐야 한다. 유치원에 다니는 아이에게는 "다른 아이를 때려서는 안 돼요", "선생님 말대로 하세요" 하는 식으로 가르쳐야 한다. "아이의 품성을 기르고자 할 때 더없이 중요한 것은, 아이에게 모든 일에는 일정한 계획과 법칙이 있음을 인지시키고 이를 정확히 준수하도록 하는 것이다."[36] 그리고 아이가 이를 위반한다면 어떤 식으로든 벌을 줘서 더는 위반하지 않도록 동기를 부여해야 한다.

아이가 어느 정도 성장했다면 단순한 강제에서 나아가 의무라는 관념을 길러줘야 한다. 의무는 아이의 마음속에 심어진 도덕적 원리, 즉 의무의 규칙을 말한다. 유아의 순종이 처벌에 대한 두려움에서 비롯된다면, 성장한 소년의 순종은 "의무의 규칙에 복종하는 것이다. 의무에 따라 무언가를 행한다는 것은 이성에 복종한다는 의미이다".[37] 이렇게 해서 아이는 노동의 강제를 통해 처벌에 대한 두려움에서 의무의 관념으로 이성을 자연스럽게 키워나가게 된다.

노동을 통한 도덕적 교육

이렇듯 의무의 관념이 심어질 때까지 교육이라는 이름의 노동은 이성의 자연적 도야 과정으로서 행해진다. 여기까지는 정신의 자연적 교육 단계였는데, 소년이 의무의 관념을 자신의 이성을 행사하며 준수하게 되면 정신의 도덕적 교육이 시작된다.

어린아이를 위한 이성의 자연적 도야는 '자연'을 목표로 한다. 그러한 경향성이 아이에게 자연스러워지도록 하는 것이 목적이다. 그러나 이성의 도덕적 도야는 '자유'를 목표로 한다. 소년은 이성을 행사하여 도덕적 주체가 되고, 참된 의미에서 자유로워지도록 요구받는다. 그러나 이 자유는 어떻게 생겨나는 것일까.

아이는 노동의 강제를 통해 스스로 정한 법칙을 엄격히 지킴으로써 품성을 드높인다. 이것이 이성의 자연적 도야이다. 그러나 이는 외적으로 강제된 것이지 자유는 아니다. "교육의 최대 과제 중 하나는 법칙적 강제에 대한 복종과 자신의 자유를 사용하는 능력을 어떻게 조화시킬까 하는 것이다. 강제는 불가피하기 때문이다. 어떻게 강제 속에서 자유를 키워낼 것인가?"[38]

따라서 도덕적 교육이라는 행위는 대단히 역설적인 성격

을 띤다. 교육은 인간에게 배움이라는 노동을 부과한다. 노동은 강제된 것이며, 우리의 자유로운 의지를 가로막는다. 그러나 그것이 도덕적이라는 것은, 우리가 그것을 자유로운 의지로 선택한다는 의미이다. 도덕적 교육은 "자유롭게 행동하는 존재로 살 수 있도록 인간을 육성하는"[39] 것이기 때문이다.

강제와 자유의 이러한 모순은 의무의 관념을 완전히 내면화함으로써 극복할 수 있다. 우리는 의무를 느낀다. 그것은 법칙적 강제에 복종하는 것이다. 그러나 그것이 외부로부터의 강제가 아니라 우리의 자유로운 의지로 행해진다면 그것은 더는 강제가 아니며, 자유로운 의지에 따른 선택이라 할 수 있다. 따라서 "우리는 아이가 스스로 자신의 자유를 사용하도록 인도하기 위해 그에게 강제를 부과한다. 아이를 교육하는 것은 그가 언젠가 자유로워질 수 있도록, 즉 타인의 보살핌에 의존하지 않을 수 있도록 하기 위해서다."[40]

이렇듯 노동에 의한 강제는 아이에게 외부의 명령에 복종하는 순종적 태도를 심어주고, 이어서 그러한 명령에 포함되는 일반적 법칙을 도덕적 원리로서, 자신의 자유로운 의지로 선택하도록 이성을 육성한다는 의미를 지닌다. 노동은 생존을 위해 해야만 하는 괴로운 활동이며 일종의 악이기도 하지만, 인간은 자기 자신에게 괴로운 노동을 강요함으로써 자신의 이성을 도야해 인격적 존재로서의 존엄을 지닐 수 있다. 노동은 '인격의 도야'라는 목적을 실현하기 위한 중요한 수단이다. 노동은 괴로운 것일지언정 인간이 역사를 추동해 나가기 위해서는 불가결하다고 칸트는 생각한 것이다.

6
헤겔의 노동론

의식의 시작

독일에서 칸트의 사상을 비판적으로 계승한 게오르크 빌헬름 프리드리히 헤겔^{1770~1831}은 노동의 문제를 근원적으로 고찰하기 위해 인간이 어떤 과정을 통해 자기의식을 갖게 되었는지부터 따져보았다. 헤겔에 따르면 인간의 의식은 본래 지극히 자연스러운 형태로 자기 안에 머물고 있다. 이것이 의식의 원초 상태인데, 의식이 의식이기 위해서 의식은 외계의 사물을 향할 필요가 있다. 의식은 '무언가에 대한 의식'이기 때문이다. 의식은 우선 자기 외부에 세계가 있다는 것을 인식해 세계를 지각^{知覺}한다. 그리고 눈앞에 놓인 종이에 대해 '여기에 있는 것은 종이'라고, 또는 시각에 대해 '지금은 밤'이라고 확신한다. 의식에 있어 이 감각적 확신은 절대적으로 확실한 것이다.

그러나 외부를 지각하는 의식은 그 절대적 확실성이 지극히 덧없다는 것을 깨닫게 된다. '지금은 밤이다'라는 명제는 그것을 의식한 시점에는 절대적으로 확실하지만, 그 명제를 종이에 적어두고 날이 밝은 후 다시 읽어보면 허망한 것이 된다. 그때는 '지금은 아침이다'가 절대적으로 확실한 명제이다.

이 허망함을 깨달은 의식은, 확실한 것은 감각적 확신이 아니라 자기 자신, 즉 지각을 수행하는 의식 자체임을 인식하게 된다. 의식은 처음에는 자기를 완전히 긍정해 안주하고 있지만, 이 평온한 상태를 부정하고 외부에 있는 다른 것의 의식으로 이행한다. 그러나 다른 것에 대한 의식이 허망해질 수 있다는 것을 자각한 의식은 이 다른 의식을 부정하고 '의식하는 자기'의 확실성으로 돌아온다, "참된 것에서 벗어나 자기 자신에게로 돌아가는"[41] 것이다. 이렇게 해서 의식은 감각적 확신을 부정적으로 경유해 자기의식에 도달한다. 이것이 의식이 자기의식으로 바뀌는 변증법이다.

자기의식의 변증법

자기의식이 된 의식은 다른 자기의식의 존재를 알아차린다. 의식은 이제 외계의 사물뿐 아니라 자신과 대등한 자기의식의 존재에도 눈뜬 것이다. 칸트와 헤겔을 잇는 철학자인 요한 고틀리프 피히테[1762-1814]는 이러한 자기의식의 운동을 고찰했다는 의미에서 헤겔이 말한 자기의식의 변증법을 선취했다. 그 어떤 것보다 확실한 것을 찾던 피히테는 데카르트와 마찬가지로 자기에 대한 의식에 도달했다. 피히테에게 자기의식은 절대적 확실성을 지닌 것이었으며, 그는 자기의식의 확실성을 바탕으로 세계 전체를 재구성하려 했다. 피히테는 '지식학'이라는 구상을 통해 자기의식의 확실성으로부터 자기의식 외부에 존재하는 것을 정립定立하는 절차를 개시한다. 자기의식인 전능한 자아가 자기의식 외부인 비아非我를 정립한다. 피히테는 이렇게 해서 타아他我의 존재 역시 자아가 정립한다고 생각했다.

그러나 헤겔은 피히테와 달리 자기의식에서 고찰을 시작하지 않고 그 전 단계로서, 외부를 인식하는 단순한 의식부터 다루었다. 의식은 감각적 지각의 허망함을 깨닫고 비로소 자기의식으로 귀환한다. 단독이며 전능한 자아가 비아로서의 타아를 정립하는 피히테 '지식학'의 초월론적 주체 이론과 달리, 헤겔은 자기의식이 단독의 자기만으로는 실현되지 않는다고 생각했다. 타자가 존재하고 타자를 의식하는 일 없이는, 그리고 타자가 자기와 동등한 타자임을 인식하지 못한다면, 인간의 의식은 참된 의미에서 자기의식이 될 수는 없다. "자아는 타자에 대립하여 자기 자신인 동시에 타자를 포

괄하고 있으며, 따라서 자아에게 타자는 바로 자기 자신이
다."42

아직 사회가 성립되지 않은 자연 상태에서 자기의식으로
서의 자아가 타자를 만난다고 생각해보자. 홉스 이후의 정
치철학은 자연 상태를 상정해 논의를 전개했지만, 헤겔은 근
대 사회계약론에서 고찰된 인간의 '자연 상태'라는 상정을
강하게 비판했다. 만인이 만인에게 늑대가 되는 전쟁 상태를
상정한 홉스의 자연 상태 이론은 국가 형성을 설명하기 위해
도입된 사회계약론의 토대를 이루는데, 여기서 말하는 사회
계약은 현실에서 맺어진 계약이라기보다는 사회 형성에 필
요한 이론적 가설 같은 것이었다. 그런데 헤겔은 국가의 형성
에 사회계약 같은 가설이 필요하다고는 생각하지 않았으며,
사회계약론 자체에 대해 비판적이었다. 홉스의 자연 상태에
서는 이미 개개인이 사유재산을 가지며, 기회만 있으면 타인
의 재산을 빼앗으려 하기에 만인이 만인에게 늑대와도 같은
전쟁 상태로 상정되었다. 그러나 이 상정에 전제된 다른 많
은 사항, 예컨대 자연 상태에서 사람은 어떻게 재산을 쌓는
지, 타인의 재산을 빼앗으려는 욕망은 어디서 비롯되는지 등
은 어떠한 형태로도 설명되지 않았다. 루소 등의 정치철학은
홉스가 말한 자연 상태에는 이미 자본주의 사회가 전제되어
있다고 비판했다.

헤겔은 자연 상태에서 인간이 타자를 만나면 어떤 일이 일어나는지를 홉스처럼 재산의 존재를 전제로 하지 않고, 로크처럼 재산을 구축하는 노동의 역할을 전제하지도 않고, 단지 인간과 인간의 만남으로서 즉물적으로 고찰하려 했다. 외부의 대상을 인식하는 의식에서 자기의식으로 돌아간 의식이 자기와 다른 의식을 만난다면 어떻게 될까? 헤겔은 이때 나의 자기의식은 타자를 한 사람의 인간으로서, 자기의식을 지닌 독립된 존재로서 인정할 것으로 생각했다. 홉스의 상정과 달리 상대의 재산을 빼앗으려거나 하지 않고, 자신과 대등한 다른 자기의식을 만난 데 기뻐한다는 것이다.

다만 나의 자기의식은 거기서 만족하지 못한다. 타자 역시 나와 같은 하나의 자기의식이며, 이 다른 자기의식에 있어 나는 타자이다. 다른 자기의식이 나를 자신과 대등한 타자로서 인정할지 나는 확신할 수 없다. 타자에게 나는 단지 짐승과 같은 대단찮은 존재일지도 모른다. 그럴 가능성은 나 자신의 자기의식에 자문해보면 확인할 수 있다. 나의 자기의식은 타자로부터 부정당할지도 모른다는 것을 깨닫는다. 그리하여 나의 자기의식은 타자에게 내가 그 자신과 동등한 자기의식이라는 것을 인정하도록 요구한다.

인정을 요구하는 투쟁

이렇게 해서 두 존재 사이에는 상대에게 자신을 동등·대등한 존재로 인정하도록 서로 요구하는 투쟁이 발생한다고 헤겔은 생각했다. 자기의 자기의식은 상대와 대등한 자기의식이며, 상대 역시 하나의 자기의식임을 인정하도록 서로 자신의 생명을 걸고 요구하며 투쟁한다는 것이다. "따라서 두 자기의식 사이의 관계는 그들이 생사를 건 투쟁을 통해 자기 자신을 그리고 서로를 입증한다는 것으로 규정된다."[43]

이러한 자기의식의 만남에서 각각의 자기의식은 상대가 자신을 짐승과 같은 대단찮은 존재로 여길 가능성을 상정해야 한다. 그리고 상대에게 자신이 자기의식을 가진 인간이라는 것을 입증해야 한다. 자신이 단순한 생물로서의 동물이 아니라 한 사람의 인간임을 입증하기 위해서는 자신의 목숨을 거는 행위가 필요하다고 헤겔은 생각했다. 이 투쟁은 두 사람 사이의 투쟁이므로 서로 자신의 목숨을 걸고 상대를 죽일 용의가 있음을 드러내는 것이다. "각자는 타자를 '도발'하여 완전한 존엄을 위한 생사를 건 투쟁으로 타자를 끌어들이지 않으면 안 된다. 그런 후 자기가 죽임당하지 않으려면 타자를 죽여야만 한다."[44] 이러한 투쟁은 양쪽 모두 죽거나, 양쪽 모두 물러서지 않고 싸우다 강한 쪽이 상대를 죽이거나, 혹은 한쪽이 목숨을 걸지 못하고 상대에게 굴복함으로써 양쪽 모두 살아남는 것으로 귀결된다. 양쪽 모두 죽는다면 그것으로 끝이고, 한쪽만 살아남는다면 상황은 두 사람이 만나기 전과 같다. 자기의식을 둘러싼 상황에 변화가 일어나는 것은 한쪽이 목숨을 고려해 상대에게 굴복하는 경우뿐이다. 이 경우 한쪽의 자기의식은 생사를 걸고 싸웠기에 자립적 의식으로 인정받으며, 다른 한쪽의 자기의식은 죽음을 두려워하였기에 종속적 의식이 되는 것을 감수해야 한다. 자립적 의식은 주인, 예속된 의식은 노예이다.

의식은 변증법을 거쳐 단순한 의식에서 자기의식이 되며, 자기의식은 인정을 요구하는 타자와의 투쟁에서 새로운 변증법을 경험한다. 자기의식은 처음에는 자신을 긍정해 자족하고 있었지만, 다른 자기의식을 만나자 더는 자신을 긍정할 수 없어 생사를 건 투쟁을 통해 상대의 자기의식을 부정하고, 타자에게 인정받은 자기의식으로 귀환했다. 여기서 자기의식은 다른 자기의식의 존재를 인식할 수 있었으며, 이로써 자기의식의 변증법은 끝을 맺는다.

도구의 변증법

타자에게 인정받아 의기양양해진 자기의식으로서의 주인은

자신의 생명 유지에 필요한 것을 손에 넣기 위해 노예에게 노동을 강요한다. 노예는 자연 속의 "사물을 가공할"[45] 것을 요구받는다. 노동하지 않는 주인은 노예를 통해 자연과 간접적 관계를 맺을 뿐이다. 노예는 주인의 명령에 따라 자연을 가공하며 노동한다.

자연을 가공하는 인간의 영위는 노예에게는 강제적 성격을 띠지만, 무릇 인간은 이렇게 노동함으로써 자연과 직접 관계를 맺고, 자연을 가공해 뭔가를 생산한다. 인간을 정의하는 말로 '호모 파베르Homo faber'(제작하는 인간)라는 것이 있다. 예컨대 프랑스의 사상가 앙리 베르그손[1859~1941]은 인간과 동물을 질적으로 구분하는 것은 지성의 존재 여부인데, 지성은 "인위적인 것을 만드는 능력, 특히 도구 제작을 위한 도구를 만드는 능력이자 또 이러한 제작을 무한히 변화시키는 능력"[46]이며, 인간은 지성인Homo sapiens이라기보다 공작인Homo faber이라고 규정했다. 이렇듯 인간은 노동함으로써, 도구를 사용해 자연을 가공함으로써 동물과는 다른 '인간'이 되었다.

헤겔은 젊은 시절에 쓴 《예나 정신철학》에서 인간의 노동을 욕망을 가진 인간의 활동 자체로서 그려냈다. 인간은 노동을 통해 동물에서 인간이 된다. 인간은 생존을 위해 자기의 욕구를 충족시킬 필요에 직면한다. 그러나 인간은 욕망의 충족을 미룰 줄 안다는 점에서 동물과 다르다. "노동은 욕망의 억제, 소실의 지연"[47]이기 때문이다.

인간은 자신이 가진 욕망을 즉각 충족시키지 않고 뒤로 미룬다. 수중에 놓인 100알의 곡식을 바로 먹어치우면 주린 배는 채울 수 있지만, 이렇듯 욕망을 즉각 충족시킨다면 곡식은 '소실'된다. 곡식을 먹지 않고 파종한다면 어떻게 될까? 이듬해 가을에는 만 알이 되어 돌아올지도 모른다. 그리고 만 알 가운데서 100알이든 200알이든 혹은 1000알이든 원하는 만큼 소비하면 된다.

노동은 당장의 욕망을 억제해 소실을 연기하는 것이다. 이것이 인간이 욕망의 충족을 위해 눈앞에 있는 것을 소비하고 만족하는 동물과는 다른 존재가 되기 위한 첫걸음이라고 헤겔은 생각했다. 다음 단계는 도구 제작이다. 땅을 갈려면 도구가 필요하다. 처음에는 나무를 깎아 만든 것으로도 충분하겠지만, 곧 금속의 유용성이 인정되어 철제 가래 같은 것이 만들어질 것이다.

도구는 단순히 노동을 편리하게 해주는 것이 아니다. 도구에는 인간의 모든 영위와 궁리가, 인간의 지혜가 응축되어 있다. 그것은 인간 자체라고 해도 좋다. "노동은 현실에서 자기를 사물화하는"[48] 행위이다. 인간은 도구라는 사물 안에 자기를 외화外化한다. 도구에서 인간은 자신의 지성을 내적인 것이 아닌, 본래 모습을 부정당한 물질적인 것으로서 외화한다. 외화된 이성은 도구에서 부정적 모습으로 나타난다. "도구에서, 혹은 경작되어 풍요로워진 밭에서 자아는 가능성을, 보편적 내용으로서의 내용을 소유한다."[49]

도구에서, 풍작의 밭에서 인간은 자신이 동물이 아닌 인간임을 확증한다. 노동과 도구야말로 인간이 인간이라는 사실을 분명히 해준다는 것이다. 헤겔은 이렇듯 인간의 지성을 부정적으로 매개한 도구에 의해 긍정적 성과가 획득되는 도구의 변증법을 통해, 노예로서의 인간이 자연을 가공하고 욕망의 충족을 미룸으로써 그 욕망을 더욱 만족시킬 수 있는 존재가 된다고 생각했다. 도구는 외화라는 형태로 부정적으로 실현된 인간의 지성이자 욕망이며, 욕망은 부정적으로 실현된 지성인 도구를 통해서 최대한으로 충족된다는 것이다.

노동의 변증법

이렇듯 노예는 주인의 명령에 따라 노동하며 자연을 가공함으로써 인간의 인간다움을 실현해왔다. 주인의 명령에 따라 타율적으로 노동하는 데 그치지 않고, 자연에 대해서는 도구의 제작·사용이라는 자율적 행위를 익힌 것이다. 인간으로서의 노예는 자연을 가공하는 가운데 "자신이 자주적·자립적 존재라는 것을 자각"[50]하게 된다. "오로지 타자의 뜻만 따르는 것처럼 보이던 바로 그 노동 속에서 그는 이렇게 자신을 재발견함으로써 자신의 고유한 의미를 얻은"[51] 것이다. 노예는 노동 속에서 세계와 자기 자신을 변화시킨다. 노동의 결과 참된 의미에서 자립적 존재가 되는 것은 노예다. 노동이 이를 가능케 한 것이다. 노동은 인간과 자연 사이, 주인과 노예 사이에서 두 갈래의 변증법적 운동을 낳는다.

우선 노예로부터 인정받은 주인은 자기를 긍정하고 타자를 부정하며 노예가 된 타자에게 노동을 강요한다. 노예는 주인의 명령에 따라 자연과의 싸움인 노동을 시작한다. 노동은 몸을 혹사하는 것, 자연에 대해 자기 욕망의 충족을 부정하며 자연으로부터 그 과실을 손에 넣는 것이다. 그러나 노예는 이 자기부정으로서의 노동의 대가로 자연으로부터 생산물을 획득하며, 나아가 노동을 통해 스스로 기술과 경험을 축적한다. 바로 여기서 인간과 자연 사이의 노동이라는 변증법이 성립하며, 노동을 통해 인간은 자연의 혜택을 섭취하며 살아갈 뿐인 동물과는 다른 노동하는 인간 존재가 된다.

그러나 노예의 노동은 주인과의 사이에서 또 다른 변증법을 낳는다. 인정을 요구하는 투쟁에서 승리한 주인은 타자를 부정하여 노예로 만듦으로써 주인으로서의 존재를 과시하지만, 부정당한 노예는 자기 욕망의 충족을 부정하며 노동함으로써 이 의기양양한 주인을 실제로는 노예의 지위로 전락

158

시킨다.

이 단계에서는 노예가 자립해 있으며, 주인은 종속되어 있다. 노예는 노동을 통해 자립한 주인이 되고, 주인은 노예의 노동에 의존하고 있었기에 종속된 노예가 된다. 주인과 노예의 입장이 역전된 것이다. 노예는 노동하며 제 손으로 자연을 가공함으로써 세계를 변화시킨다. "세계가 변화한 이상 노예 자신도 변화한다. 그리고 세계를 변화시킨 것이 그인 이상, 그 자신을 변화시키는 것도 그다. (…) 따라서 인간 존재의 역사적 과정, 역사적 생성은 투쟁하는 주인이 아닌 노동하는 노예의 일인 것이다."[52] 인정을 요구하는 투쟁이라는 자연 상태에서 주인이었던 자는 역사적 세계에서는 노예에게 의존하는 자가 된다. 노예는 자기 욕망의 충족을 부정함으로써, 자신을 부정하는 존재였던 주인을 부정하고 주인의 주인이 된다. 이것이 주인과 노예의 변증법이다.

노동의 변증법은 주인을 노예로, 노예를 주인으로 만들었다. 노동에는 자연을 가공하는 기능뿐 아니라 인간 자체를 변화시키는 기능도 있다. 헤겔에 따르면, 인간은 노동을 통해 비로소 인간다운 존재가 될 수 있었으며, 인간다움으로서의 인간성은 노동에서 비롯된다. 헤겔은 노동을 단순한 노고가 아닌 인간다움을 형성하는 것으로서 더없이 긍정적으로 그려냈던 것이다.

7장
마르크스와 엥겔스의 노동론

헤겔은 인간이 자기를 외화한 것이 곧 도구라고 생각했다. 마르크스 역시 노동을
인간이 자기를 외화하는 행위로 보았지만, 자본주의 사회에서는 노동의 소외가
문제시되며, 이를 변혁하기 위해서는 혁명이 필요하다고 생각했다.

카를 마르크스
Karl Marx 1818~1883
독일의 유대계 부르주아 가정에서 태어났다. 언론 활동을 하다가 프랑스와 영국으로 망명했다. 자본가에 의한 노동자 착취의 구조를 분석한 《자본론》을 써, 계급 없는 사회를 지향하는 사회주의 운동의 이론적 지주가 되었으며, 후세의 경제학과 사회사상에 큰 영향을 끼쳤다.

프리드리히 엥겔스
Friedrich Engels 1820~1895
독일의 경제학자이자 사회주의자. 마르크스와 함께 노동자의 단결을 촉구하는 《공산당 선언》을 썼다. 마르크스의 활동을 물심양면으로 지원했으며, 마르크스 사후에는 그의 유고를 정리해 《자본론》 제2·3권을 편찬했다.

1
노동의 의미

엥겔스의 노동론

헤겔의 노동론을 가장 직접적으로 받아들인 사람이 프리드리히 엥겔스이다. 엥겔스는 인간이 동물이 아니게 되는 과정을 다음과 같이 설명했다. 우선 인간은 직립보행을 시작한 후로 손을 사용할 수 있게 되었으며, 이어서 뇌가 발달했다. "손의 특수화는 도구를 의미하며, 도구는 인간 특유의 활동, 자연에 대한 인간의 변형적 반작용, 즉 생산을 의미한다."[1]

인간은 손을 사용하게 된 후 자연을 가공하는 생산 활동을 통해 동물과는 다른 존재가 되었다는 것이다. 엥겔스는 동물도 도구를 사용하는 경우가 있지만, "인간만이 자연에 자신의 각인을 새기는 데 성공했다"[2]고 지적한다. 일차적으로 이는 손의 사용이 거둔 성과인데, 그와 함께 뇌가 발달해 나간다. "인간의 두뇌가 손을 따라서, 손과 나란히 기능하며,

또 부분적으로는 손에 힘입어 함께 발달하지 않았다면, 손의 힘만으로 증기기관을 완성하지는 못했을 것이다."3

직립보행을 하는 인간이 손으로 도구를 사용해 생산 활동을 하고, 두뇌를 작동시켜 갖가지 궁리를 짜냄으로써 문화가 형성된다. 엥겔스 역시 인간은 노동을 통해 인간이 되었다고 생각했다. 사회의 형성도 노동 덕분이다. "노동의 발달은 상호 원조와 협동의 기회를 늘림으로써 사람들을 결속시키기"4 때문이다.

이로써 인간은 자연을 지배하게 된다. "이것[자연에 대한 지배]이 인간과 여타 동물의 결정적·본질적 차이이며, 이러한 차이를 낳는 것은 노동이다."5 인간은 노동을 통해 인간이 된다는 생각은 엥겔스가 살던 19세기의 시점에는 이미 의심할 나위 없는 것이었다.

마르크스의 노동론

헤겔의 주인-노예론을 계승한 카를 마르크스1818~1883 역시 인간과 여타 동물의 차이는 노동에서 비롯된다고 생각했다. 마르크스는 인간과 동물의 차이에 대해 "물론 동물도 생산을 한다. 꿀벌, 비버, 개미 등처럼 동물은 둥지나 주거를 짓는다. 그러나 동물은 자기나 새끼들에게 직접 필요한 것만을 생산한다. 동물은 일면적으로 생산하는 반면에 인간은 보편적으로 생산한다"⁶고 지적했다. "보편적으로"는 개별 개체로서가 아닌 '유類로서'라는 의미이다.

동물은 자신의 육체적 요구에 따라 필요한 것을 만든다. 그러나 "인간은 육체적 욕구에서 자유롭게 생산하고, 그러한 욕구에서 벗어난 자유 속에서만 진정으로 생산한다".⁷ 마르크스는 이러한 생산 활동을 "대상적 세계의 가공"이라 일컫는데, 이것이 자연에 대한 가공이라는 헤겔의 노동 개념을 계승한 것임은 분명하다. "인간은 대상적 세계의 가공에서 비로소 자신을 현실적인 하나의 유적類的 존재로서 확인"⁸하며 "이 생산 활동은 인간의 활동적 유類로서의 생활이다".⁹

2
마르크스의 노동가치설
노동과정론

초창기의 마르크스는 이렇듯 노동을—헤겔이 말한 노예의 노동과 마찬가지로—자연의 사물을 대상화하는 것, 자연을 가공하거나 처리하여 '대상'으로 삼는 것으로서 생각했다. 이후 마르크스는 《자본론》에서 인간과 자연의 관계를 좀 더 근본적으로 재고했다. 그것이 바로 노동과정론이라 불리는 논의다.

이 논의에서 마르크스는 노동이 넓은 의미에서 자연과의 상호 관계라고 생각했다. 헤겔의 주인-노예론에서 '노예'가 '주인'의 명령에 따라 자연을 가공한 것과 마찬가지로 인간은 노동을 통해 자연과 물질대사를 행한다. "노동은 인간과 자연 사이에서 이루어지는 과정이다. 이 과정에서 인간은 자신의 행위를 통해 인간과 자연 사이의 물질대사를 매개, 조절, 통제한다. 인간은 하나의 자연적 힘으로서 자연의 소재를 마주한다. 인간은 자연의 소재를 자신의 생활에 적합한 형태로 획득하기 위해 그의 신체에 속한 팔과 다리, 머리와 손 등의 자연적 힘을 활용한다."[10]

이렇듯 노동은 인간이 자연을 가공하는 하나의 형식이다. 이 노동과정은 세 가지 요소로 구성된다. 노동 자체, 노동대상, 노동수단이 바로 그것이다. 인간은 도구 등의 노동수단을 사용해 노동대상인 자연의 소재를 가공한다. 이것이 **노동 자체**이다. 노동은 어떤 유용한 것을 획득하기 위해 행해진다. 예컨대 사냥감을 잡고, 과실을 따고, 밭을 갈아 채소를 재배하는 것이다. 채소 재배의 경우 **노동수단**은 괭이나 가래 등이고, **노동대상**은 자연의 대지이며, **노동 자체**는 경작이다. 노예는 도구를 사용해 농토를 경작하고, 씨를 뿌리고, 물을 주고, 수확한다.

인간이 노동하는 것은 노동의 성과인 생산물을 얻기 위해서다. 위의 경우에는 채소라는 생산물이 욕망의 대상이며, 여기에는 먹을 수 있다는 고유한 가치가 있다. 이 가치를 사용가치라고 하며, 생산물의 유용성에 따라 사용가치의 크기가 결정된다. "노동과정은 사용가치의 생산이라는 목적에 부합되는, 그리고 인간의 필요에 따라 자연물을 얻기 위한 행위이며, 인간과 자연 사이의 물질대사를 위한 일반적 조건이다. 그것은 인간의 삶을 규정하는 영원한 자연적 조건이기에 인간 생활의 어떠한 사회적 형태와도 무관하며, 혹은 차라리 모든 사회적 형태에 공통된다고 해야 할 것이다."[11]

3
노동이 낳는 소외

착취

마르크스는 헤겔과 마찬가지로 노동이 인간과 여타 동물의
차이를 만든다고 생각했는데, 현실의 자본주의 사회에서 인
간의 노동은 프로테스탄트의 여러 교파가 생각한 바와 같은
'신성한 것'과는 거리가 멀었다. 마르크스가 노동과 계급사회
를 검토한 것은 19세기 중엽으로, 자본주의의 원초적 축적
이 가장 엄격한 형태로 실현되던 시기였다. 이전까지 공동체
내부에서 생활하던 사람들은 인클로저^{enclosure}와 자본주의적
농업경영의 진전으로 공동체 생활을 박탈당해 도시에 자리
잡고 살아가야만 했다.

  1770년 영국에서는 빈민들을 구빈제도에 의존하지 못하
게 한다는 명분으로 '이상적 구빈원'이 고안되었는데, 이 시
설은 법률에 따라 도입된 장시간의 가혹한 노동으로 인해 얼

마 지나지 않아 '공포의 집'이라 불리게 되었다. '공포의 집'에서는 빈민에게 하루 12시간의 노동을 부과하도록 정해져 있었다. '자본의 꿈'이었던 셈이다. 이 구빈원은 이윽고 빈민에게 노동을 강요하는 거대한 시설로 변모했으며, "그 후 몇 해가 지나서는 공장노동자 자신들을 위한 거대한 '노동 수용소'가 되었다. 그것이 바로 공장이다".[12] "1833년의 공장법에 따르면 공장의 통상적 노동일은 아침 5시 30분에 시작되어 저녁 8시 30분에 끝나야 하며, 이 15시간의 한도 내에서라면 청소년(13~18세의 사람)을 하루 중 어떤 시간대에 일하게 하든 그것은 합법이다."[13]

요컨대 청소년이라도 아침부터 저녁까지, 또는 저녁부터 아침까지 언제든 일을 시킬 수 있었다. 이런 가혹한 공장 노동이 노동자의 신체와 정신을 얼마나 해치는지는 마르크스의 동료 엥겔스가 쓴 《영국 노동계급의 상황》에 여실히 그려져 있다. 일례로 1840년, 수많은 노동자 거리가 밀집해 있던 런던 웨스트민스터의 두 교구에서는 "5294곳의 '거처'(이런 명칭에 합당한 곳이라면!)에 5366세대의 노동자 가구가 살았으며, 연령과 성별을 차치하고 총 2만 6830명에 달하는 남자와 여자, 아이가 있었다. 이 가구들 가운데 4분의 3은 방이 하나밖에 없었다."[14] 방 한 칸에서 부모 자식 네 명이 생활하는 것은 그나마 괜찮은 편이었다. "런던에서는 매일 아침 5만 명이 그날 밤에 머리를 어디에 누여야 할지 모른 채 잠에서 깬다."[15] "18세기 말에서 19세기의 영국에서처럼 많은 사람이 비참하게 살아간 경우는 달리 없었다"[16]고 일컬어질 만큼 열악한 노동조건이었다.

애덤 스미스는 《국부론》의 첫머리에서 핀 생산을 예로 들어 분업이 작업자의 생산성을 얼마나 높여주는지 설명한 바 있는데, 이러한 분업의 높은 효율은 공장에서는 기계화를 통해 실현되었다. 기계는 야간에도 쉬지 않고 작동하며 내구연한도 길다. 숙련공의 일은 아이들도 조작할 수 있는 단순 작업으로 환원되며, 이렇게 해서 노동자들 사이의 경쟁은 더욱 격화된다. "기계에 의해 일터에서 내쫓긴 노동자는 노동시장으로 방출되어, 자본주의적 착취에 자유롭게 사용될 수 있는 노동력의 수를 증가시킨다."[17] 노동은 자아실현이기는커녕 자본가에 의한 착취, 다른 노동자와의 생존을 건 경쟁이었다.

네 가지 소외

마르크스는 애덤 스미스의 노동가치 개념을 비판하며 자본주의는 노동자를 긴 시간 노동시켜 그들이 제공하는 노동력을 이용함으로써 잉여가치를 '착취'한다고 지적했는데, 노동의 의미를 중시한 마르크스에게 착취 개념보다 중요했던 것이 소외 개념이다. 노동이 모든 상품의 가치를 낳음에도 불구하고 현실의 영국에서 노동은 가혹하기만 했다. 신의 소명으로서의 노동이라는 사상과 현실 속 '착취'의 괴리는 엄청난 것이었으며, 마르크스는 이를 설명해야 했다. 이를 위해 그가 구사한 것이 '소외'라는 개념이다.

소외^{entfremdung} 개념은 헤겔의 외화^{entäusserung} 개념에 기초한다. 앞 장에서 도구에 관해 고찰했듯이 헤겔은 인간의 이성이 사물화 된 것이 곧 도구라고 생각했다. 인간의 이성은 정신적 작용일 뿐 아니라 사물로서 외부에 드러날 필요가 있다. 내적인 것은 외적인 것에서 표현될 필요가 있는 것이다. 그러나 이성에 있어 사물이 된다는 것은 자기 자신이 아니게 되는 것, 즉 소외와 다르지 않다. 이성이 외화·물상화되면 정신으로서의 그 본래 모습은 부정된다. 그러나 인간의 이성은 외화되어 타자에게 드러나는 '사물'이 되지 않는 한 아무것도 아니라고 헤겔은 생각했다. 제아무리 스스로를 뛰어난 시인이라 믿는다 해도 남에게 보여줄 수 있는 작품의 형태로 자신의 정신을 외화하지 않는 한 그 믿음은 독단적 확신에 지나지 않는다.

마르크스는 헤겔의 '외화' 개념에서 '소외' 개념을 끄집어내 노동에서 소외가 갖는 부정적 측면을 고찰했다. 헤겔이 말한 대로라면 노동은 인간이 스스로 만든 세계 속에서 자신의 모습을 발견하는 행위여야 한다. 그러나 소외된 임금노동에서는 인간이 네 가지 소외를 경험하며, 노동이 인간 이성의 행위로서 갖는 의미는 그 소외 속에서 거의 상실된다고 마르크스는 생각했다.

첫째로, 노동자는 생산물에서 소외된다. 헤겔의 도구 이론에서 인간은 외화된 것으로서의 도구를 사용한 노동으로 자연을 가공하고, 그 산물을 자신의 것으로 만들 수 있으며, 그 산물 안에 자기 정신이 실현됨으로써 자기 자신을 발견할 수 있다. 노동에서 인간의 정신은 외화되기 때문에 정신은 노동의 산물로 자기를 표현하며, 노동자는 자신의 생산물에서 자기 정신의 표현을 발견하고 긍지를 품을 수 있다.

그러나 공장 생산에서는 노동자가 생산물을 자신의 것으로 만들 수 없다. 생산된 제품은 자본가의 소유이다. 또한 노동자는 생산물에서 자신을 발견할 수도 없다. 생산물은 노동자와는 소원한 것이다. "노동자는 자신의 생명을 대상 속에 집어넣는다. 그러나 이제 그 생명은 그에게 속하지 않고 대상에 속한다. (…) 그의 노동 생산물은 그가 아니다. 따라서 생산물이 커질수록 노동자 자신은 쪼그라든다."[18]

둘째로, 노동자는 생산 행위 자체에서도 소외된다. 우선 노동자는 임금을 받기 위해 자신의 노동력을 자본가에게 팔지 않으면 안 된다. 그리고 팔린 시간 내에서 노동자는 자본가가 시키는 대로 노동하지 않으면 안 된다. 이 경우의 노동은 노동자 스스로 원한 것도, 노동자 자신의 발의로 이뤄지는 것도 아닌 강제된 노동이다. 물론 노동자는 자유로운 계약하에 자발적으로 근무한다. 그러나 이 자발성은 노동하지 않으면 생존할 수 없다는 이유에서 비롯된, 겉으로만 자발적인 강제된 자발성이다.

강제된 노동은 "노동자에게 외적인 것, 즉 노동자의 본질에 속하지 않으며, 그렇기에 노동자가 그 속에서 자신을 긍정하지 않고 오히려 부정하며, 행복이 아닌 불행을 느끼며, 자유로운 육체적·정신적 에너지를 발휘하기는커녕 그의 육체를 소모시키고 그의 정신을 황폐하게 하는"[19] 것이다. 노동자는 노동하지 않을 때 편안하고 행복하다. 노동자는 "노동 바깥에서 비로소 자기 곁에 있다고 느끼며, 노동 안에서는 자기 바깥에 있다고 느낀다."[20]

셋째로, 노동자는 인간 스스로 인간다움을 발휘할 수 있는 행위여야 할 노동 자체를 목적이 아닌 (생존을 위한) 수단으로 삼을 수밖에 없다. 그것은 인간이 유類로서의 본질적 활동에서 소외된다는 의미이다. 앞에서 살펴본 대로 마르크스는 노동이야말로 유적 존재인 인간의 중요한 활동이라 생각했다. "생산적 생활은 유적 생활이다. 그것은 생활을 낳는 생활이다. 어떤 종種의 생명 활동의 양식 속에는 그 종의 모든 성격, 그 유적 성격이 담겨 있다. 그리고 자유로운 의식적 활동이야말로 인간의 유적 성격이다. 그런데 생활 자체여야 할 것이 생활 수단으로서만 나타나는 것이다."[21]

동물에게 '노동'은 생명 활동 자체다. 동물은 생존하고, 새끼를 기르고, 종으로서 존속하기 위해 살아간다. 늑대는 무리를 이뤄 사냥한다. 그것은 '노동'이 아니라 오히려 생존 자체, 생존이라는 목적 자체이며, 생존을 위한 단순한 수단이 아니다. 그러나 소외된 노동에서 인간은 자기의 자유로운 활동을, 자기의 실현을 포기할 수밖에 없다. 인간은 노동 바깥에서만 생존의 기쁨을 느낄 수 있다. 노동 안에서는 자유를 부정당해 강제로 일하고 있다는 소외감을 느낄 수밖에 없는 것이다. "소외된 노동은 자기활동, 자유로운 활동을 수단으로 전락시킴으로써 인간의 유적 생활을 그의 육체적 생존의 수단으로 만든다."[22]

넷째로, 소외된 노동에서 노동자는 동료와 함께 노동의 기쁨을 맛볼 수 없다. 같은 공장에서 일하는 노동자는 잠재적 경쟁 상대이며, 따라서 누구나 타인을 인간으로서가 아니라 "자기 자신이 노동자로서 존재하는 척도와 관계에 따라"[23] 보지 않을 수 없다. 노동에서 인간은 타인과 대립하고 자기와 대립한다. "인간이 자신의 유적 존재에서 소외되어 있다는 명제는 어떤 인간이 다른 인간에게서, 그리고 각자가 인간적 본질에서 소외되어 있다는 것을 의미한다."[24]

현실의 자본주의 생산 체제 속 임금노동은 이렇듯 네 가지 소외를 겪는다. 마르크스는 이런 고달픈 노동에 신음하는 사람들을 프롤레타리아트(프롤레타리아 계급—옮긴이)라 불렀다. 노동에 의해서만 살아갈 수 있고, 노동 속에서 극심한 소외를 겪는 프롤레타리아트는 "인간의 완전한 상실이며, 따라서 인간의 완전한 회복에 의해서만 자기 자신을 찾을 수 있는"[25] 계층이다. 프롤레타리아트에게는 자본주의적 생산양식의 근간에 있는 사유재산을 부정해 "기존 세계질서의 해체를 고하여"[26] 알릴 임무가 있다고 마르크스는 주장했다.

노동 소외의 폐기

마르크스는 극심한 소외를 겪는 프롤레타리아트가 자본주의적 생산양식과 소외된 노동을 폐기하는 역할을 하리라 기대했다. 자본주의 사회에서는 사유재산제 아래서 부르주아 계급이 생산수단을 소유하며, 노동자는 임금노동을 통해 그때그때 노동력을 팔 수밖에 없다. "부르주아 계급의 존속과 지배를 위한 본질적 조건은 사적 개인의 손안에서 부가 축적되는 것, 즉 자본의 형성과 증식이다. 그리고 자본의 조건은

임금노동이다."²⁷

그러나 공장에서 임금노동을 할 수밖에 없는 프롤레타리아는 단결하여 혁명을 일으킬 수 있다. "부르주아 계급은 무엇보다도 제 무덤을 파는 사람들을 만들어낸다. 부르주아 계급의 몰락과 프롤레타리아 계급의 승리는 똑같이 불가피하다."[28]

마르크스는 혁명이 탄생시킬 공산주의 사회에서는 임금노동과는 다른 새로운 종류의 노동과 새로운 삶의 방식이 실현될 것으로 생각했다. 새로운 삶의 방식이란 어떤 것일까? 그것은 자본의 증식만을 추구하는 노동을 폐기하는 것, 요컨대 "노동자가 자본을 증식시키기 위해서만 살며, 지배계급의 이익이 요구하는 범위 내에서만"[29] 살기를 그만두는 것이다. "부르주아 사회에서는 살아 있는 노동이 [상품 속에] 축적된 노동을 증식시키기 위한 수단일 뿐이다. 공산주의 사회에서는 축적된 노동이 오로지 노동자의 생활을 확장시키고 풍요롭게 하며 향상시키는 수단이다."[30]

중요한 것은 임금노동이 폐지되면 "다른 사람의 노동을 자신에게 예속시키는 힘"[31]이 사라지고, 노동은 협동 사회 속에서 모든 이의 자유를 발전시키는 힘이 될 것이라는 생각이다. 마르크스는 "계급과 계급 대립이 있던 낡은 부르주아 사회를 대신해, 각자의 자유로운 발전이 모든 이의 자유로운 발전을 위한 조건이 되는 협동 사회가 출현"[32]하기를 기대했던 것이다.

마르크스와 엥겔스는 제 손으로 뭔가를 만들어내는 노동은 원래 기쁨을 동반하는 것이었으며, 자본주의적 생산양식의 기계화와 분업이 그 기쁨을 앗아갔다고 생각했다. 그리고 "프롤레타리아의 노동은 기계의 확대와 분업으로 인해 자립적 성격을 완전히 상실하고, 노동자가 느낄 만한 매력도 전부 사라졌으며, 노동자는 단순한 기계 부품"[33]으로 전락했지만, 혁명으로 자본주의적 생산 체제가 폐지된다면 노동이 가지고 있던 매력도 회복될 것으로 보았다.

자본주의적 생산 체제가 무너져 그 "토대를 이루는 사적 소유가 폐지되고, 생산이 공산주의적으로 규제됨과 동시에 인간과 그 생산물의 소원한 관계가 사라지면, 수요-공급 관계의 위력은 그 힘을 잃으며 인간은 교환, 생산, 그들의 상호적 관계의 양상을 다시금 그들 손안에 넣게 된다."[34]

이 혁명의 논리는 "공산주의 혁명은 기존의 활동 방식을 타파하여, 노동을 없애고, 모든 계급의 지배를 계급 자체와 함께 폐지한다"[35]는 것이자 인간에게 소외된 노동을 강제하는 장치가 된 국가를 폐지한다는 것이기도 하다. "프롤레타리아들이 인격적으로 인정받기 위해서는 그들 자신의 이때까지의 존재 조건, 즉 노동을 폐지하지 않으면 안 된다. 따라서 그들은 사회의 개개인이 이때까지 자신들에게 부여한 전체적 표현, 즉 국가에 직접적으로 대립해 있으며, 그들의 인격을 관철하기 위해서는 국가를 무너뜨리지 않으면 안 된다."[36] 마르크스와 엥겔스는 노동의 소외를 근절하려면 기존의 소유 방식을 유지하려 권력을 행사하는 국가를 혁명으로써 없애야만 한다고 생각했다.

협동 노동

마르크스에 따르면, 이로써 국가와는 전혀 다른 새로운 종류의 협동 사회가 생겨난다. "분업의 폐지는 협동 사회 Gemeinschaft 없이는 불가능하다. 협동 사회야말로 개개인이 여러 소질을 모든 방면으로 발달시킬 수단을 가지고 있으며, 따라서 협동 사회에서 비로소 인격적 자유가 가능해"[37]지기 때문이다.

분업이 폐지된 공산주의 사회에서는 "사냥꾼, 어부, 목동, 비평가가 되지 않고도, 마음 내키는 대로 오늘은 이것, 내일은 저것 하는 식으로 아침에는 사냥하고, 낮에는 고기를 잡고, 저녁에는 가축을 치고, 식후에는 비평을 할 수 있게 된다."[38] 이러한 사회에서 인간은 노동과 함께 사람들과 교제도 하고, 비평도 하는 삶을 영위하게 될 것이다.

그리고 노동 자체는 "자발적 손, 임기응변하는 정신, 즐거운 마음으로 각자 맡은 일을 해내는 협동 노동"[39]으로 바뀔 것이다. '협동 노동'은 노동수단을 자본가의 독점으로부터 되찾아 사회적 형태로 소유하는 데서 비롯되는 노동을 말한다. 이는 공동 생산 방식을 개별 공장이 아닌 공산주의 혁명의 힘으로, 즉 사회 전체가 소유하는 노동조직을 통해 실현함으로써 가능해지는 노동이다. "[공산주의 혁명으로] 계급적 구별과 특권은 그것을 떠받치는 경제적 토대와 함께 소멸할 것이며, 사회는 자유로운 '생산자'의 협동체가 될 것이다. 다른 사람의 노동 위에서 살아가는 것은 이제 과거의 일이다."[40]

8장
노동의 기쁨

프롤레타리아트에 의한 혁명을 거치지 않으면 노동자는 해방되지 못하는 것일까? 마르크스와 엥겔스가 '공상적 사회주의자'라 부른 세 사람의 사상가, 즉 생시몽, 오언, 푸리에는 노동을 긍정적으로 파악해 사회 개혁을 추진하려 했다.

앙리 드 생시몽
Henri de Saint-Simon 1760~1825

프랑스의 명문 백작 가문에서 태어났다. '산업가'를 주체로 한 낙관적 진보주의의 입장에서 근대사회를 구상했다. 생전에는 주목받지 못했지만, 사후에 이공계 엘리트 양성 기관인 에콜 폴리테크니크의 학생들이나 나폴레옹 3세에게 큰 영향을 끼쳐 프랑스 산업혁명의 한 원동력이 되었다.

에마뉘엘-조세프 시에예스
Emmanuel-Joseph Sieyès 1748~1836

프랑스의 혁명 지도자이자 사제. 노동하는 제3신분(평민)을 국민의 대표로 내세운 저작 《제3신분이란 무엇인가》로 프랑스혁명에 영향을 끼쳤으며, 훗날의 유토피아 사회주의에 이론적 기반을 제공했다. 나폴레옹의 쿠데타를 지지했다.

니콜라 드 콩도르세
Nicolas de Condorcet 1743~1794

프랑스의 수학자이자 철학자. 수학에 기초한 사회 개혁을 제창했다. 프랑스혁명 후의 공포정치에 반대하여 투옥되었을 때 《인간 정신의 진보에 관한 역사적 개요》를 집필했다. 사회학의 초석을 놓았다고 여겨지는 오귀스트 콩트는 그를 '정신적 아버지'라 불렀다.

로버트 오언
Robert Owen 1771~1858

영국의 수공업자 가정에서 태어났다. 상점에서 일한 후 방적 공장 경영에 종사해 성공을 거두었다. 노동자의 환경 개선에 몰두해, 노동자 자녀가 다니는 유치원·학교의 개설, 아동노동을 제한하는 노동 입법의 실현, 지금의 생활협동조합CO-OP의 원류가 된 협동조합 운동에 힘썼다.

데이비드 리카도
David Ricardo 1772~1823

영국의 경제학자. 애덤 스미스의 노동가치설을 과학적 법칙으로서 이론화했다. 상품 가격은 투하된 노동량과 관계없이 노동자의 임금에 따라 변동한다고 주장하여 경제학의 초석을 놓았다. 마르크스는 리카도의 논의를 발전시켰다.

샤를 푸리에
Charles Fourier 1772~1837

프랑스의 상인 집안에서 태어났다. 프랑스혁명으로 재산을 잃고 투옥된 경험에서 혁명은 문명이 초래한 악이라고 보았으며, 혁명 후의 사회는 무미건조한 의무로서의 노동을 강요한다고 비판했다. 인간의 정념을 기축으로 하여 노동이 기쁨이 되는 이상적 공동체 '팔랑주'를 구상하지만, 지지를 얻지 못한 채 사망했다.

루트비히 포이어바흐
Ludwig Feuerbach 1804~1872

독일의 철학자. 학문적 출발점이었던 헤겔 철학과 결별한 후 유물론적 무신론의 입장에서 그리스도교를 강하게 비판해 에를랑겐 대학에서 해직당했다. 마르크스와 엥겔스에게 강한 영향을 끼쳤다. 지은 책으로 《기독교의 본질》 등이 있다.

요제프 디츠겐
Joseph Dietzgen 1828~1888

독일의 사회주의자이자 철학자. 피혁 사업을 운영하는 한편으로 철학을 연구하여 마르크스, 엥겔스와는 독립적으로 변증법적 유물론에 도달했다. 《공산당 선언》을 접하고 사회주의자가 되었으며, 훗날 독일민주공화국(동독)의 우표에 초상이 담긴 바 있다.

아우구스트 베벨
August Bebel 1840~1913

독일의 사회주의자. 1866년에 설립된 제1인터내셔널에 가입했으며, 페르디난트 라살의 전독일노동자협회 등과 합동해 독일사회주의노동자당을 결성했다. 당 간부회 의장으로 있었으며, 제국 의회 의원도 겸임했다.

페르디난트 라살
Ferdinand Lassalle 1825~1864

독일의 사회주의자. 독일 최초의 노동자 정당인 전독일노동자협회의 창설자. 1857년 《헤라클레이토스의 철학》을 펴내 베를린철학회의 총아가 되었다. 마르크스와는 이탈리아 통일 전쟁에 대한 평가를 둘러싼 의견 대립으로 결별했다..

막스 셸러
Max Scheler 1874~1928

독일의 유대계 철학자. 의사로서 경력을 시작했지만, 철학과 사회학에 관심을 가져 인간의 본질을 자기의식과 자기관찰에 기초해 철학적으로 고찰하는 철학적 인간학을 수립했다. 현상학의 창시자 후설과도 교류했지만 끝내 결별했다.

1
프랑스혁명과 산업가 계급의 이론

노동자 '계급' 개념에 관하여

앞에서 확인했듯이 애덤 스미스는 생산적 노동과 비생산적 노동이라는 개념을 제시했다. 스미스는 《국부론》에서 핀 생산을 사례로 들어 공장 내 직무 분할의 이점을 설명하며 압도적인 설득력을 보였지만, 분업은 공장 내부에서의 노동 분할은 물론이고 사회적 직업 분할로서도 행해졌다. 문제는 이러한 사회적 직업 분할로서의 분업이 얼마 지나지 않아 국민의 계층적 대립 관계를 낳았다는 것이다. 스미스가 말한 '생산적 노동'에 종사하는 부류는 대체로 가난한 노동자이며, '비생산적 노동'에 종사하는 부류는 대체로 귀족이나 상인 등 상류층이 고용한 노동자이다.

애초에 스미스가 생각한 직업의 분류에 따르면 사회의 모든 사람은 생산적 노동자이거나 비생산적 노동자이다. 이러한 스미스의 본래 생각에서는 계층 개념은 생겨나도 일하는 사람들로만 구성되는 '계급'이라는 사고방식은 생겨나지 않을 것이다. 생산적 노동자는 다양한 사람들의 집합이며, 그것이 하나의 '계급'을 구성한다고는 생각할 수 없다. 더구나 일하지 않는 사람과 비생산적 노동자 역시 생산적 노동자가 낳는 가치에 기대어 살아가며, 생산적 노동자와 대립 관계에 있지는 않다. 계층과는 다른 '계급' 개념이 생겨난 것은 부르주아 계급은 숙명적으로 프롤레타리아 계급과 적대한다는 마르크스의 신념 때문이었다.

마르크스는 "지금까지의 모든 사회의 역사는 계급투쟁의 역사이다"[1]라고 단언하고, 이어서 "우리 시대, 즉 부르주아 계급 시대의 특징은 계급 대립이 단순해졌다는 것이다"[2]라고 총괄하며, 근대의 "사회 전체는 서로 적대하는 두 개의 커다란 진영으로, 직접적으로 대립하는 두 계급으로 나뉘고 있다. 부르주아 계급과 프롤레타리아 계급이 바로 그것이다"[3]라고 주장했다. 마르크스의 사상에서 부르주아와 프롤레타리아의 대립은 계급적 대립, 사유재산 폐지라는 혁명 없이는 해결될 수 없는 절대적 대립이다.

그런데 프롤레타리아트 개념을 채택하지 않은 사상가들에게서는 노동자가 언제나 '계급'을 이루어 부르주아지(부르주아 계급—옮긴이)와 대립한다는 구도를 반드시 찾아볼 수 있는 것은 아니다. 노동자가 특정 집단을 형성한다고 해서 그들이 노동자 이외의 사람들과 절대적으로 대립한다고는 말할 수 없다. 마르크스, 엥겔스의 프롤레타리아 노동 이론과는 별개의 형태로 전개된 이론은 노동에 대해 '소외'와는 다른 사고방식을 취했다.

이러한 노동 사상은 마르크스와 엥겔스가 '공상적 사회주의자'라 부른 사상가들의 계보 속에서 전개되었다. 엥겔스가 "세 사람의 위대한 공상적 사회주의자"[4]라 부른 생시몽, 푸리에, 오언이 바로 그들이다. 그들은 "그 무렵 역사적으로 형성되어 있던 프롤레타리아 계급의 이익을 대표"[5]하지는 않았다는 특징이 있으며, "계몽사상가들과 마찬가지로 어떤 특정 계급이 아닌 인류 전체를 해방시키려"[6] 했기에 사상적으로 결함이 있다고 여겨졌다. 그들이 '공상적'이라 불린 것은, 마르크스주의에서는 자본주의 세계에서 소외되지 않은 노동이 실현될 수 있다고 생각하는 것은 '공상'이자 물정 모르는 낙관적 생각이라 여겨졌기 때문이다.

그러나 혁명이 실현되지 않으면 현실 세계의 노동은 전부 극심한 소외를 겪으며, 우리는 노동의 기쁨을 누리지 못한다고 하는 것은 다소 편향된 생각이 아닐까. 더구나 우리의 노동은 프롤레타리아 노동에 한정되지 않으며, 현대의 노동 개념을 고찰하는 데 있어 프롤레타리아적 노동 개념은 얼마간 경직되었다고 생각되기도 한다. 혁명만 실현되면 모든 것이 좋아지고 혁명 없이는 절망스러운 세상일 뿐이라는 생각은 혁명가다운 것일지언정 혁명의 이념이 퇴색된 오늘날에는 더 이상 유지되기가 힘들다. 우리는 피안에서의 구원을 바라기보다 현세에서의 노동을 좀 더 정상적인 것으로 만들려고 힘쓰지 않을 수 없다.

시에예스의 제3신분 이론

8장에서는 '공상적 사회주의자'의 노동 사상을 살펴볼 텐데, 그에 앞서 프랑스에서 이러한 사상의 전제가 된 에마뉘엘-조세프 시에예스[1748~1836]의 사상을 먼저 살펴보자. 시에예스의 제3신분 사상은 '유토피아 사회주의(공상적 사회주의)'라 불린 사상 경향의 노동·노동자 이론의 전제가 되었다.

프랑스에서는 혁명이 가까워지자 스미스가 말한 생산적 노동자와 비생산적 노동자의 대립이 아닌, 현실 속 신분 간의 계층적 대립이 사람들 사이에서 또렷이 의식되었다. 전통적으로 프랑스에서는 성직자가 제1신분, 귀족이 제2신분이었으며(여기에는 국왕도 포함된다) 그 밖의 사람들이 제3신분이었다. 이것이 앞에서 이야기한 고대의 세 부류의 인간상을 잇는 것이었음에 주의하자. 스미스의 분류에서는 제1신분과 제

2신분 모두 비생산적 노동자이거나 노동하지 않는 사람들이며, 제3신분이 국민 대다수를 차지하는 일하는 사람들이다. 그리고 시에예스는 이런 다양한 사람들이 하나의 신분을 구성한다는 것을 명확히 보여줬다.

시에예스는 사회 유지에는 "민간의 일과 공공의 직무"[7]가 필요하다고 지적한다. 민간의 일은 농업, 제조업, 상업, 서비스업으로 분류된다. 이는 전부 제3신분 사람들의 일이다. 공공의 직무는 군사(검), 사법(법복), 종교(교회), 공무원(행정)으로 분류된다. 제1신분과 제2신분에 속한 사람들도 이 일들에 종사할 수 있지만, 여기서도 제3신분이 압도적 다수를 차지한다. 시에예스는 "어느 분야에서든 제3신분이 20분의 19를 차지한다"[8]고 지적한다.

나아가 시에예스는 제3신분이 존재하지 않으면 사회가 유지되지 못한다고, 달리 말해 제3신분은 그 업무 내용에 따라 갖가지 사항의 관리나 운영에 능하며 제1신분과 제2신분이 존재하지 않는다면 사회의 운영은 더욱 원활해질 것이라고 주장했다. "제3신분 없이는 아무것도 진행되지 않는다. 나머지 두 신분이 없다면 무엇이든 훨씬 수월할 것이다."[9] 시에예스가 제시하는 결론은 제3신분이 전부라는 것이다. "제3신분은 국민의 속성을 모두 갖고 있으며, 제3신분에 속하지 않는 자는 국민이라 볼 수 없다. 제3신분이 무엇인가 하면,

전부이다."[10]

이로부터 제3신분의 대표로 구성되는 '의회'가 국가의 헌법을 제정해야 한다는 프랑스혁명의 사상이 전개되었다. 제3신분은 민간의 일 전체와 공무의 20분의 19를 수행하는 이들의 집합이며, 생산적 노동과 비생산적 노동이라는 스미스의 분류와는 다른 기준을 따른다. 이들은 귀족이나 성직자와 대비되는 시민이라 불리는 사람들이며, 여기에는 부르주아와 프롤레타리아 모두 포함된다. 프랑스혁명은 처음에는 부르주아지가 주도했으며, 이후의 단계에서는 부르주아지와 프롤레타리아트 두 계급이 대립했다. 시에예스의 단계에서는 두 계급이 아직 한데 뭉뚱그려져 있었다. 노동 자체는 고찰되지 못하고, 직업의 분류로 사람들의 신분이 정해질 뿐이었다.

생시몽의 산업가 이론

시에예스의 사상을 계승해 제3신분을 제1신분, 제2신분과 대비되는 신분이 아닌, 산업 활동에 종사하는 사람들의 집합으로서 파악해 그 역할을 명확히 규정한 이가 앙리 드 생시몽[1760~1825]이다. 시에예스는 1748년에 태어나 프랑스혁명이 일어난 1789년에는 41세였으며, 생시몽은 이보다 조금 뒤인 1760년에 태어나 1789년에는 29세였다. 생시몽은 시에예스의 '제3신분' 개념 대신에 '산업가'라는 개념을 제기했다. "산업가는 다양한 사회 구성원의 물질적 욕구나 기호를 만족시키는 하나 또는 복수의 물적 수단을 생산하거나 그것을 손에 넣기 위해 일하는 사람들이다."[11] 구체적으로 그들은 "농민, 제조업자, 상인이라 불리는 3대 부류를 구성한다".[12]

생시몽의 분류에 따른 산업가는 시에예스의 제3신분과 거의 겹치는데, 제3신분이 직업을 하위 분류 기준으로 하는 신분 분류에 따른 범주로서 관리 등도 거기에 포함된다면, 산업가는 신분이 아닌 직업 활동에 따라 분류된 범주이다. 사람들이 어떤 지위의 직무에 종사하는지의 관점이 아니라 생산적 활동의 수행 여부라는 관점을 취한 것이다. 그런 의미에서 생시몽은 스미스의 순수한 경제적 분류와 시에예스의 정치적 분류를 조합했다고 할 수 있다. 이 산업 계급은 다른 계급을 부양하고 있으며, "다른 여러 계급은 산업가 계급을 위해 힘쓰지 않으면 안 된다"[13]고 생시몽은 지적한다.

생시몽의 계급 분류에서 주목할 만한 것은 부르주아와 산업가를 명백히 대립하는 관계로서 파악하는 점이다. 시에예스가 프랑스혁명을 앞두고 혁명의 주체를 구축할 필요성에 직면해 있었다면, 생시몽은 혁명의 성과를 독점한 부르주아와 구별되는 계층으로서의 산업가 개념을 확립하려 했다. 생시몽에 따르면 프랑스 국민은 혁명 전에 "세 개의 계급, 즉 귀족, 부르주아, 산업가로 나뉘어 있었"[14]지만, 혁명 후에는 통치자 계급과 산업가 계급으로 나뉘어 서로 대립하게 되었다. "혁명을 일으켜 자신들에게 이익이 되도록 그것을 지도한 부르주아는 공공재산을 멋대로 이용하는 귀족의 독점적 특권을 폐지했다. 부르주아는 통치자 계급에 들어가는 것을 허락받았기에 오늘날 산업가는 귀족과 부르주아에게 통치 대금을 내지 않으면 안 된다."[15]

그런데 산업가는 "사회에서 가장 유능하고 유용한 계급"[16]임에도 "가장 낮은 지위에 머물러 있다."[17] 따라서 생시몽의 목적은 "폭력적 수단에 기대지 않고 사회의 금전적 이익에 대한 최고 관리권을 귀족, 군인, 법률가, 불로소득자, 즉 산업가가 아닌 계급으로부터 산업가에게로 이양시킬 수"[18] 있도록 하는 것이었다. 부르주아를 "산업가가 아닌 계급"으로 정의한 데서도 생시몽의 부르주아 개념이 마르크스가 생각한 자본가로서의 부르주아 개념과는 다르다는 것을 분명하게 알 수 있다.

산업가는 몇 가지 점에서 우위에 서 있기에 위의 목적도 달성 가능하다고 생시몽은 생각했다. 첫째는 수적 우위이다. "산업가는 국민의 25분의 24 이상을 차지한다. 그러므로 그들은 체력적 측면에서 우월하다."[19] 둘째는 지적 우위이다. "그들은 지적 측면에서도 우월하다. 공공의 번영에 가장 직접적으로 기여하고 있는 것은 바로 그들의 재능이기 때문이다."[20] 셋째는 현실적 처세 능력의 우위이다. "그들은 국민의 경제적 이익을 가장 적절하게 관리할 수 있는 사람들이다."[21]

혁명에 기대지 않고 정당을 조직하여 산업가가 중시되는 방향으로 여론을 이끈다는 것이 생시몽의 구상이었다. 그는 이 개혁이 파리에서 프랑스 전역으로, 나아가 프랑스에서 서유럽 전역으로 퍼져나갈 것으로 생각했다. "파리의 산업가들이 [정당으로] 조직되면 모든 프랑스인, 나아가 모든 서유럽 산업가의 조직화는 간단한 일일 것이며, 유럽 산업가의 조직화는 필연적으로 유럽 산업 체제의 확립과 봉건제도의 소멸을 불러올 것이다."[22] 초기 저작《유럽 사회의 재편성에 관하여》등에도 엿보이는 생시몽의 유럽 통일론은 20세기 후반에도 "유럽 공동체의 선구적 학설로 평가받"[23]았다. 또한《산업가의 교리문답》중 생시몽의 제자인 사회학자 오귀스트 콩트[1798~1857]가 썼다고 여겨지는 부분에는 정당 설립 외에 국왕의 지도와 위탁도 제안되어 있다.

산업가에 의한 "산업 체제의 확립"이 가능하다는 생각은 앞에서 이야기한 산업가 계급의 사실적 우위에 기인하는데, 이 사실적 우위는 산업가들의 높은 노동의 질에 밑받침되어 있다고 여겨졌다. 그러면 산업가의 우위를 노동의 질이라는 관점에서 고찰해보자.

192

생시몽은 산업가의 높은 노동의 질을 다음의 세 가지 점에서 설명한다. 첫째는 산업가의 노동이 지닌 높은 유용성이다. 이는 여타 계급 사람들의 노동이 사회에서 점하는 중요성이 낮다는 데서도 분명하게 드러난다. 산업가 계급의 노동은 사회에서 "가장 유익한 일"[24]이다. 둘째는 산업가의 노동이 지닌 높은 도덕성이다. "노동은 모든 미덕의 원천이다. 가장 유익한 노동은 가장 존경받아야 할 노동이다."[25] 셋째는 사회에서 산업가의 노동은 군사적 목적이 아닌 관리 목적에 적합하다는 점이다. 현대사회에서는 군사가 아닌 관리가 중요하다. "군인과 법률가는 결국 관리 능력이 가장 뛰어난 사람들의 지시에 따라 움직이게 될 것이다."[26] 산업가야말로 관리에 적합한 능력을 갖추고 있다는 것이다.

생시몽의 논의에서 노동의 가치는 기본적으로 유용성과 도덕성으로 확보되며, 노동의 도덕성에 대해서는 깊은 논의가 전개되지 않았기에 기본적으로 유용성만이 결정적 기준이다. 그러나 산업가의 노동이 어떻게 유용해질 수 있는지에 대한 명확한 규정은 없다. 실제로 그러하다는 사실이 논의를 실질적으로 밑받침하는 것이다. 스미스의 경우에는 노동이 가치를 낳는다는 주장이 논의의 밑바탕을 이루었지만, 생시몽은 단지 노동이 유용한 결과를 낳는다고 주장할 뿐이다. 그의 논의는 산업가의 노동이 질적으로나 양적으로나 다른 계급을 압도한다는 사실을 확인하는 것에 불과하다.

생시몽은 산업 활동을 예찬한 나머지 '근로계급' 자체에 신뢰를 품었으며, 그 내부에 노동자와 자본가의 대립이 존재한다는 사실은 철저히 무시했다. 생시몽은 "자본가로서의 고용주가 실제로는 개인적 이기주의를 바탕으로 행동한다는 것을 인정하면서도, 그것은 그들이 속한 사회가 나쁜 탓이라 확신했다".[27] 사회적 조직 체제가 개선되면 "위대한 산업가들은 책임과 통합된 지식을 갖게 되어 산업가 계급의 본체와 연대하는 정신을 가지고 행동할 것"[28]이라 믿은 것이다.

생시몽은 니콜라 드 콩도르세[1743~1794]의 《인간 정신의 진보에 관한 역사적 개요》에 상징적으로 드러난 역사의 진보에 대한 신앙에 기초해 인간의 미래는 찬란하다고 믿었으며, 산업 체제가 개선되어 생산성이 향상되면 노동의 고통이라는 문제도 해결된다고 생각했다. "이 새로운 사회질서에서는 완전고용이 보장되며, 산업적 경제 영역에서 활동하는 모든 사람, 즉 노동자와 관리자가—처지가 열악한 사람들의 욕구 충족도 고려하여—그들 양자 간에 협의한 계획에 따라 협동할 수 있게 된다"[29]고 소박하게 믿은 것이다.

요컨대 생시몽은 산업혁명으로 탄생한 역동성의 힘을 신봉한 나머지 프롤레타리아와 자본가가 대립하는 두 계급이라는 것을 간과했다. 그런 의미에서 생시몽은 엥겔스가 말한

대로 공상적 사회주의자였다. 다만 엥겔스가 지적한 대로 생
시몽의 사상은 그 후의 노동 사상으로 발전할 다양한 맹아
를 포함하고 있었다. "후대 사회주의자들의 거의 모든 사상
을 맹아적 형태로 포함하고 있"[30]었던 것이다.

2
오언의 유토피아

오언의 공동체

영국의 사회 개혁 운동가 로버트 오언[1771~1858]이 태어난 1771년은 리처드 아크라이트가 공장제 기계 방적업의 막을 연 해였으니, 오언은 영국의 산업혁명과 거의 동시대에 살았다. 오언은 프랑스혁명이 일어난 1789년, 18세의 젊은 나이로 맨체스터에 방적기계 제조 공장을 열었으며, 1800년에 시작한 뉴래너크 공장의 실험 프로젝트로 이름을 날리게 되었다.

이 프로젝트의 특징은 산업혁명으로 실현된 기계화 시스템을 이용하면서도, 인간의 노동을 기계에 예속시키지 않고 가능한 한 합리적인 노동 시스템을 도입하여 생산성과 노동자의 삶의 질을 향상시키려 한 점이다. 이 프로젝트는 작업 진행 방식의 재검토를 통한 능률 개선, 노동시간 단축, 복지 시설 및 공장 내 매점 운영을 통한 노동자의 저임금 보완, 아동의 노동 금지와 그들의 교육을 통한 노동자의 자질 개선 등의 목적을 실현시켰다.

오언의 프로젝트에서 특히 중시된 것은 노동자의 자질 개선이다. 오언은 노동자보다 공장의 기계 설비를 중시하던 당시의 풍조를 받아들이면서도, 기계를 작동하는 "살아 있는 기계"[31]인 인간이 죽어 있는 기계보다 귀중하다고 호소했다. "생명 없는 기계"는 목재와 금속을 소재로 할 뿐이지만, 인간은 "훨씬 뛰어난 소재인 육체와 정신의 결합물"[32]이라는 것이다.

오언은 기계의 높은 생산성을 지나치게 중시하고 인간의 노동을 경시하는 것은 잘못이라고 지적했다. "생명 없는 기계장치가 영국의 여러 공장에 널리 도입된 이후 인간은 거의 예외 없이 이차적이고 열등한 기계로 취급되었다. 그리고 육체와 정신보다 목재와 금속을 개량하는 데에 훨씬 많은 주의가 기울여졌다. 이 문제를 충분히 숙고한다면, 인간이 부를 창출하는 도구로서도 여전히 크게 개선될 수 있다는 것을 알 수 있다."[33]

오언은 노동자의 자질을 개선시킬 수단으로서 노동자의 지적 향상, 비합리적 법률의 폐지, 신앙고백과 종교교육의 폐지 등을 구상했으며, "살아 있는 기계"인 노동자의 성격 개선에 특히 중점을 두었다. 그리고 정부에 대해 "교육받지 못한 가난한 이들을 위해 국민 교육 훈련 제도를 도입"[34]할 것을 강하게 요구했다. 그는 유아교육을 통한 국민의 성격 개선을 무엇보다 중요시했다. 교육은 "인간의 고통을 줄이고 행복을 증진시키기 위해 합리적 인간이 채택할 수 있는 유일하게 효과적인 수단"[35]이라는 것이다.

생시몽은 산업 활동 자체에 신뢰를 품었으며 그 내부에서 살아가는 인간에게는 그다지 주목하지 않았지만, 오언과 (뒤에서 살펴볼) 푸리에는 산업 활동 자체보다는 노동하는 인간에게 잠재된 가능성에 주목했다. 오언의 목표는 생산 현장의 열악한 노동조건을 개선하는 것이 아니라 "애당초 가장 귀중한 생산수단인 인간을 개선하고 그들을 공장의 불결함 속에서 건져내 깨끗이 씻어내는 것"[36]이었다.

유토피아적 공동사회 프로젝트

오언은 다음과 같은 더욱 광범위하고 일반적인 사회 개혁 프로젝트를 구상했다. 우선 500~1500명이 거주할 수 있는 농촌의 넓은 토지를 매입해 그 중심부에 노동자를 위한 공동주택을 건설한다. 이 건물은 다수의 거실과 침실, 공동 주방, 학교, 교회, 병원, 도서관 등으로 구성되며, 그 주위를 둘러싸는 텃밭에서는 채소를 기른다. 이곳에서는 농업, 공업, 상업이 결합된 활동이 이루어진다. 오언은 이 시설에 대해 다음과 같은 점을 중시할 필요가 있다고 강조했다.

첫째, "노동자계급을 위한 아파트 주택을 건설해 난방·환기 설비를 갖출 것". 둘째, "그들에게 좀 더 질 좋고 저렴한 먹을거리를 공급할 것". 셋째, "그들에게 좀 더 좋은 품질의 저렴한 의류를 공급할 것". 넷째, "그들을 좀 더 좋은, 즉 낮은 비용으로 훈련·교육할 것". 다섯째, "그들에게 지금 누리는 것보다 나은 건강을 보장할 것". 여섯째, "이전까지보다 잘 관리된 과학적 방법으로 그들의 노동을 농업, 제조 공업, 그 외 모든 사회 목적으로 이끌 것". 일곱째, "그들을 모든 면에서 사회의 좀 더 나은 구성원으로 만들 것".[37]

대단히 알기 쉬운 목적들인데, 이를 위해 채택된 방법은 당시로서는 독특한 것이었다. 우선 이 시설에서는 화폐가 아닌 노동량을 교환의 기준으로 삼았다. 이 공동체는 생산성이 높기에 많은 양의 잉여생산물을 산출할 수 있으며, 이를 다른 공동체와 교환함으로써 필요한 물자는 전부 확보할 수 있다. 따라서 필수품을 사는 데에 화폐는 필요하지 않다. 누구든 노동만 하면 필수품을 얻을 수 있는 것이다. 노동량의 척도로서는 노동시간의 길이를 기록한 특별한 '노트'가 일종의 통화로 사용되었다. 오언은 데이비드 리카도[1772~1823]의 노동가치설을 받아들였으며, 이어서 설명할 노동화폐의 아이디어는 노동가치설을 현실 속에 구현하려 한 것이다.

공동체 내부에서의 물자 배분은 노동시간의 길이를 기재한 "지폐 혹은 공동사회의 은행권"[38]과 같은 것, 즉 노동화폐를 교환의 기준으로 삼아 이루어졌다. 배분량은 "공동사회에 의해 확인·결정된 형평성의 원칙에 기초해 평가된다. 그리하여 모든 상거래와 그것이 인간성에 끼칠 바람직스럽지 못한 영향은 제거될 것이다".[39] 요컨대 이 화폐는 상업 활동의 배제를 목적으로 했다.

나아가 이 공동사회에서는 평등의 원칙이 실현된다. "불평등이 사라지지 않는 한 그 어떤 사회에도 영원한 행복은 있을 수 없기에 개개인은 평등한 이익을 소유할 것이다. 그들의 주거, 먹을거리, 의복, 교육, 일, 의료에 대한 평등"[40]도 지켜질 것이다. 이렇게 해서 "개개인은 일평생 언제든지 갖고자 하는 모든 것을 소유하고 누릴 수 있을 것이다".[41]

그러나 노동화폐에 기초한 노동 성과 분배제는 곧바로 좌절에 맞닥뜨린다. 노동 성과의 분배에만 주목해, 생산과정을 통제하는 관점은 결여되었기 때문이다. 자본주의 사회 내부의 일부 공장에서만 이러한 분배 제도를 채택하는 것은 공장 외부의 사회 전체의 메커니즘과 모순을 일으킨다. 자본주의의 생산양식을 그대로 유지하면서 이런 '공평한' 분배 제도를 실현시킬 수 있다는 생각은 "경제를 생산의 측면이 아닌 노동의 측면에서 관리하려는 전^前자본주의적 유토피아"[42]
에 불과하다고 하지 않을 수 없다. 또한 얼마 안 가 마르크
스가 밝힌 '노동에 따른 분배' 방식과 '필요에 따른 분배' 방
식의 사상적 차이를 고려하지 못한 점도 문제일 것이다.

노동자의 생활개선을 목표로

이 프로젝트는 상업을 폐지하고 각자 노동을 통해 필요로
하는 것을 공평하게 입수하는 것을 추구했으며, 이 방식으
로 공동체 내의 평등을 확보하고, 구성원의 욕망을 충족시키
고, 또 그들의 건강도 확보할 수 있다고 생각되었다.

특히 노동 자체의 질이 변화한다고 여겨진 점이 중요하다.
과학과 기술을 적절히 이용하면 노동시간을 단축할 수 있으
며, 그로써 "인간 노동을 절약하기 위한 기계의 도입이 지금
처럼 노동자에게서 착취되는 노동량을 증가시키고 그 대가
로 주어지는 생활 자료는 감소시키는 불행한 결과"[43]를 피할
수 있다고 오언은 생각했다.

나아가 "육체노동은 이러한 도움에 힘입어 건강하고 즐거
운 일로 바뀔 것이며, 다른 한편으로 개개인은 지적 발전과
사회적 향유를 위한 충분한 여가를 확보할 것이다."[44] 오언의
프로젝트는 무엇보다도 노동자계급의 생활개선을 목적으로

한다. 왜냐하면 "인구의 대다수는 노동계급에 속하거나 노동
계급 출신이며, 가장 높은 계층을 포함한 모든 계층의 행복
과 평안은 기본적으로 노동계급의 영향을 받"[45]기 때문이다.
이 프로젝트를 통해 국민 대다수를 차지하는 노동자들은 그
들의 노동만으로도 충분한 인간적 발달을 실현할 수 있다고
오언은 생각했다. 여기서도 생시몽의 경우와 마찬가지로 인
간 역사의 진보에 대한 낙관적 예측이 작용하고 있음을 엿
볼 수 있다.

오언의 구상대로라면 당시와 같은 가혹한 육체노동은 자
취를 감추고, 노동은 즐거운 영위가 되어야 했다. 그 기본은
노동자의 교육 수준 향상이며, 그 수단은 기계와 도구를 자
본의 목적이 아닌 노동자의 생산성 향상과 작업 효율 개선
이라는 목적을 위해 사용하는 것이다. 자본과 기술은 자본
주의의 관점에서라면 사업체의 수익 개선에 이용되지만, 오
언의 제도에서는 노동자의 노동의 질 개선과 노동시간 단축
에 이용된다.

그의 구상에서는 노동의 질 자체에 대한 고찰은 찾아볼
수 없으며, 노동자를 둘러싼 외적 조건의 개선이 문제시될
뿐이다. 오언은 노동자의 교육 수준이 향상되면 노동의 질은
자연히 개선될 것으로 생각했는데, 거기서 그치지 않고 (조금
뒤에서 설명할) 결혼 제도 개혁이나 종교의 폐지 같은 과감한

구상을 통해 노동자를 내적으로 괴롭히는 정신적 멍에를 제거하려 하기도 했다는 점은 주목할 만하다.

오언은 노동이 국부의 원천이라고 믿었기에 국가가 노동자를 교육하지 않고 혹사시키는 것은 국부에 손해가 되는 일이며, 이는 국가의 지도자도 냉정하게 생각해보면 알 수 있는 일이라고 생각했다. 이는 지배자의 이성에 호소하는 방법인데, 오언은 자신의 프로젝트 역시 이성적 고려를 통해 지원받아야 한다고 생각했다. 여기서도 계몽주의 시대 이후 진보 신앙의 사상이 영향을 끼치고 있음을 엿볼 수 있다.

사유재산, 종교, 결혼 제도 비판

오언은 이렇듯 노동자계급의 생활을 개선함으로써 사회 전체의 행복을 증진할 수 있다고 생각했다. 그의 당면한 프로젝트는 이 목적을 달성하기 위한 것이었다. 그러나 그는 더욱 큰 전망을 세워, 사회 자체의 변혁이라는 목표를 지향했다. "사회의 올바른 목적은 인간의 육체적, 도덕적, 지적 성격을 개선하는 데 있다. 그것도 고통을 최소로, 기쁨을 최대로 하는 데 가장 편리한 방법으로, 인간의 모든 욕망을 충족시킬 수 있도록 말이다"[46]라고 생각했기 때문이다.

이 원대한 목적을 실현하려면 노동자 공동사회 프로젝트

만으로는 불충분하다고 생각되었다. 오언의 목표는 이 프로젝트를 사회 전체에 파급시켜 사유재산제를 폐지로 이끄는 것이다. 그의 공동사회 프로젝트 안에서는 이미 사유재산의 의미가 사라졌을 터였다. 공동주택에 살며 자신의 노동량에 따라 생활필수품을 배분받고, 단축된 노동의 한편에서 각자 원하는 활동을 할 여유가 주어졌다. 공동생활 바깥에서 사용할 화폐도, 부동산도 필요치 않았으니 일반적 의미의 사유재산은 의미가 없어진 것이다.

그러나 오언은 거기서 그치지 않고 사유재산 전반의 폐지를 호소한다. 사람들은 재산을 소유하기를 바란다. "사람들은 사회에서 재산을 유지하는 것이 그들의 번영에 절대적으로 필요하다고 믿도록 배워왔다."[47] 그러나 사유재산제에는 중대한 결함이 있다고 오언은 주장한다. 그에 따르면 이 제도 야말로 "빈곤과 빈곤에 대한 공포의 원인"[48]이다. 불평등한 재산 소유는 빈곤을 낳는다. 그것은 억압과 전쟁, 살인과 교만의 원인이고, 사람들 사이에서 사랑이 자라나는 것을 저해하는 요인이며, "모든 이로 하여금 가장 중요한 이익을 상실한 사회 상태에서 고분고분 살도록 강요하는 수단"[49]이다. 이 제도가 유지된다면 사람들은 서로 대립할 뿐이라고 오언은 부르짖었다.

오언의 주장에 따르면 **종교**와 **결혼 제도**는 사유재산제를 낳고 또 재생시키는 주요한 사회적 요소이다. 두 가지는 서로 밀접히 관련된다. 그리스도교가 공인한 형태의 결혼은 "반은 야만적이고 반은 문명화된 상태의 양성 간 성교이며, 이는 사제가 만들어낸 인위적이고 끊어낼 수 없는 결혼"[50]이다. 결혼 제도는 "인간의 자연적 본능에 반하여 고안되었으며, 소수의 특권과 우월성으로 다수를 무지와 복종의 상태에"[51] 빠트린다. 결혼 제도야말로 사유재산제를 낳고 그것을 장려하며, "남자와 여자를 매우 복잡한 기만의 체계에 밀어넣는다"[52]고 오언은 주장한다.

그리고 이 제도를 사람들에게 강요하는 것이 바로 종교이다. "세상의 사제들이야말로 양성 간의 자연적 성교를 범죄 혹은 어느 정도 부도덕한 것으로 만든 유일한 원인이다. 그리고 그들의 이익이 우선시된 이 오류는 이 문제에 대한 인류의 지성을 새삼 확인하게 하며, 끝없는 육체적·정신적 질병과 기만, 악덕, 불행을 초래했다"[53]고 오언은 강조한다.

이렇듯 사유재산, 종교, 결혼 제도는 서로 손을 맞잡은 채 인간을 억압하고 타락시킨다. 바람직한 것은 제도적 결혼이 아니라 자연적 성교이며, 이를 통해 비로소 "서로의 행복을 증진하기 위해 본성과 교육을 바탕으로 준비된 쌍방의 일치"[54]가 가능해질 것이다. 그러나 자연적 성교는 "교육이나 조건의 불평등이 존재하는 사회 상태에서는, 허위와 기만이 만연한 곳, 강제적 또는 인위적 법률에 따른 금지가 있는 곳, 그리고 인간성 및 사회에 대한 과학적 지식이 없는 곳에서는 결코 완전하게 달성될 수 없다."[55] 오언에 따르면 자연적 성교는 "새로운 도덕적 약속 아래에서 태어나고, 교육받고, 생활하는 사람들 사이에서만 가능한 것"[56]으로, 그때껏 세계 어디에도 존재한 적이 없었다.

인간을 억압하는 세 가지 요인, 즉 사유재산, 종교, 결혼 제도가 없는 사회야말로 오언이 생각한 유토피아적인 '새로운 사회'이다. 오언은 이를 혁명으로 실현하려 하지 않았다. 노동자의 공동사회가 사회의 모범이 되고, 사람들 사이에서 새로운 노동과 새로운 생활양식에 대한 믿음이 자라나는 데에서 출발해 새로운 사회로 나아가려 한 것이다.

여성 문제에 주목한 오언은 노동의 변혁이 양성 관계의 변혁으로 이어진다고 생각했으며, 이는 그 후의 유토피아적 사회주의자들에게도 공통적으로 나타나는 특징이다. 현실 사회의 노동을 성인 남성의 노동생산성 향상이라는 관점에서만 바라보던 시대에 여성 문제를 제기한 데는 지배적 노동관계에 반기를 든다는 의미가 있었다.

오언이 영국과 미국에서 행한 다양한 실험은 대부분 실패로 끝났지만, 그의 사상은 영국의 노동운동과 협동조합 운동으로 이어졌다. 오언의 사상은 현실 사회에서는 다분히 유토피아적인 것이었지만, 그의 사상이 "영국 노동운동에 끼친 영향은 대단히 크고 다면적이었다"[57]고 할 수 있다. 엥겔스는 오언의 실험적 시설이 "공산주의의 모범적 실험"[58]이며, 오언의 구상에서는 "미래의 공산주의 공동체용 건물이 평면도와 정면도와 조감도까지 갖춰 완성되어 있다"[59]고 높이 평가했다. 그런가 하면 마르크스는 오언이 구상한 협동조합과 자신이 생각한 이상적 협동 노동을 위한 조직의 공통적 요소에 주목했으며, "영국에서 협동조합 제도의 씨를 뿌렸다"[60]며 오언을 치켜세웠다.

3
샤를 푸리에와 노동의 기쁨

산업주의 비판

오언보다 1년 뒤에 프랑스에서 태어난 샤를 푸리에[1772~1837]는 프랑스혁명의 시점에서는 17세였으며, 앞에서 살펴본 생시몽보다는 열두 살 아래였다. 푸리에는 생시몽에게서 사고의 기축을 이루는 산업주의 개념을 정면으로 부정했다. 푸리에는 산업주의를 다음과 같이 신랄하게 비판했다. "산업주의는 우리의 과학적 망상 중 가장 최근의 것이다. 그것은 비례적 보수에 대한 어떠한 방법도 없이, 생산자 혹은 임금노동자가 증대된 부를 할당받는다는 어떠한 보장도 없이 어지럽게 생산을 행하는 광기이다."[61] 생시몽은 기존 산업가들의 지위를 향상시키고자 했지만, 푸리에는 기존 산업가들의 활동은 오히려 광기와 같다고 생각했다.

엥겔스의 《영국 노동계급의 상황》에 생생하게 묘사되어

있듯이 19세기 전반의 산업계에서 노동자는 비참한 빈곤 상태에 놓여 있었다. 푸리에에 따르면 기존의 산업계는 다음과 같은 세 가지 의미에서 **전도**順倒되어 있었다.

산업계의 전도

첫째로 **소비**가 전도되어, 소비는 노동의 산물인 상품을 구입하려는 "한량의 변덕에 기초하는 것이지 생산자의 행복에 기초하는 것이 아니다."[62] 둘째로 **유통**도 전도되어, 상인들은 "생산물의 소유자가 되어 생산자와 소비자로부터 폭리를 취하고 사재기, 투기매매, 사기, 공갈, 파산 등의 술책으로 산업 시스템에 혼란을 일으킨다."[63] 셋째로 **경쟁**도 전도되어, "경쟁이 심해질수록 노동자는 경쟁 상대가 너무 많은 노동을 헐값으로 받아들일 수밖에 없게 된다."[64]

산업계의 문제는 이 세 가지 전도만이 아니다. 생시몽은 산업사회 내부에서 프롤레타리아와 자본가가 대립하는 두 계급임을 간과했지만, 푸리에는 산업사회 내부에서는 "두 이해, 즉 집단적 이해와 개인적 이해의 대립"[65]이 현저하다는 것을 날카롭게 지적했다. "모든 산업가는 대중과 반목하고 있으며, 개인적 이해로 인해 대중에 악의를 품고 있다"[66]는 것이다. 자신의 이익을 위해 의사는 사람들이 병에 걸리기를 바라고, 검사는 사람들이 나쁜 짓을 저지르기를 바라고, 건축가는 마을에 큰 화재가 일어나기를 바란다. "문명 기구는 대중에 대한 개인의 전쟁이며, 모두가 공중을 속이는 것을 자신의 이익으로 여기는 체제이다."[67]

나아가 기존의 산업은 부의 분배가 불평등하다는 중대한 결함을 안고 있었다. 산업화가 진행되고 많은 부가 생산되더라도 가진 자들만이 그 과실을 손에 넣으며, "대중 즉 빈곤 계급은 증대된 부를 배분받기는커녕 오히려 궁핍만 커질 뿐이다."[68]

이러한 갖가지 전도와 모순으로 인해 "세분화된 또는 문명화된 산업 속에서는 모든 것이 악순환에 빠"[69]지며 "산업의 진보는 행복의 기초는 마련할지언정 행복 자체를 낳지는 못한다."[70] 생시몽이 산업 활동 자체를 예찬했다면, 푸리에는 자본주의적 산업 아래서는 빈곤이 사라질 수 없음을 예리하게 간파했다. 자본주의적 산업 아래에서의 비참한 노동은 "자본주의의 영광이 지닌 변증법적으로 필연적인 이면으로, 자본주의는 결코 빈곤을 없앨 수 없으며 오히려 빈곤과 함께 성장하는 것"[71]임을 인식한 것이다.

푸리에는 당시의 산업이 안고 있던 이러한 결함을 지적하면서 그 개혁안을 제시하려 했다. 그의 개혁안은 생산과 이익을 우선시하는 자본주의 사회의 근원적 결함을 날카롭게 비판하는 것이었다. 이에 대해 엥겔스는 "푸리에가 남긴 여러 저작의 거의 모든 페이지는 높이 칭송되는 우리 문명의 비참함에 대한 풍자와 비판의 불꽃으로 번쩍인다"[72]며 높이 평가했다.

푸리에의 개혁안

푸리에가 기존의 산업을 비판하며 제기한 개혁안은 산업적 매력, 비례적 배분, 인구의 균형, 수단의 절약이라는 네 가지 특징을 가진다.

그 중심을 이루는 것이 첫째, **산업적 매력**에 기초한 개혁이다. 이것이 기본이며 나머지는 이해하기 쉬우므로 우선 나머지 특징을 간단히 검토해보자. 둘째, **비례적 배분**은 주로 유통의 전도를 시정하며, 대중은 각자의 노동에 걸맞은 성과를 확보할 수 있어야 한다. 이를 위해서는 "자본, 노동 및 재능에 할당되는 세 가지 배당금의 공평한 배분"[73]을 추구해야 한다. 나아가 기업이나 상인에 의한 독점도 막아야 한다. 셋째, **인구의 균형**은 주로 경쟁의 전도를 시정하며, 맬서스적 관점에서 인구의 증가를 제어한다. "인구는 하층계급의 곤궁을 가져오지 않는 수준으로 억제"[74]해야 한다는 것이다. 넷째, **수단의 절약**은 주로 소비의 전도를 시정하며, 비생산적인 사람들, 특히 상인의 수를 감소시키는 것을 목표로 한다. 상인은 "문명인의 3분의 2를 포함"[75]할 정도로 방대해져 있으며, 이를 줄이면 유통은 대폭 간략해질 것이다.

중요한 것은 첫째, 산업적 매력의 개념이다. 이는 사람들에게 노동이 매력적으로 받아들여지는 것을 목표로 한다. 여타 수단이 소극적 성격을 띠는 반면에 생산의 전도를 시정하는 이 방책은 적극적 요소를 포함한다. 이 구상의 배경에는 푸리에 특유의 정념 이론이 존재하며, 푸리에는 인간의 정념을 적절히 활용하면 노동 자체가 기쁨을 가져오게 된다고 생각했다. 오언과 마찬가지로 노동하는 인간 자체에 주목한 푸리에는 인간의 노동 자체가 가치의 원천일뿐더러 일하는 사람에게 기쁨을 가져다준다고 믿었다. 푸리에의 이론은 노동 사상의 역사에서 노동의 기쁨이라는 새로운 국면을 열어젖혔다.

푸리에는 인간의 정념을 개인, 집단, 사회 전체라는 세 가지 차원에서 고찰한다. 첫째로, **개인 차원의 정념**은 미각, 촉각, 시각, 청각, 후각 등 오감을 가리킨다. 노동이 매력적으로 받아들여지려면 오감의 쾌락을 높일 필요가 있다. 둘째로, **집단 차원의 정념**으로는 우정, 야심, 사랑, 가족애라는 네 종류가 있다. 개인의 정념인 오감이 단독적 개인의 지각 차원에서 작용한다면, 집단 차원의 정념은 복수의 인간들 사이에서 작용한다. 동료를 위하는 우정은 일의 매력을 높일 수 있다. 집단 내에서 일인자가 되려는 야심은 일중독을 유발하기도 할 것이다. 업무 파트너와의 연애는 일의 매력을 높일 수도, 일에 대한 열의를 잃게 할 수도 있다. 한 가정의 아버지가 식구들에게 갖는 애정은 일에 대한 열의를 낳을 수도, 일보다 가정을 중시하게 할 수도 있다.

푸리에가 노동하는 인간의 정념을 부정해야 하는 것으로서 규탄하지 않고, 그러한 정념의 존재를 인정한 후 여러 정념이 균형을 이뤄 충족될 필요가 있다고 생각한 것은 주목할 만하다. 그는 기존의 노동 방식으로는 이러한 정념의 균형을 유지하기 어렵다고 생각했다. "인간은 현재 자기 자신과 반목하고 있다. 그의 정념은 충돌한다. 야심은 사랑을 방해하고, 가족애는 우정을 방해하고, 이렇게 해서 12개의 정념 하나하나가 서로 방해하는 것이다."[76] 여기서 말하는 12개의 정념은 개인의 오감과 집단 차원의 네 가지 정념에, 이어서 설명할 사회 차원의 세 가지 정념을 더한 총수이다.

사회 차원의 정념으로는 변덕의 정념, 음모의 정념, 혼합의 정념이 있다. 이 정념들은 보통 나쁜 것으로 여겨지지만, 푸리에는 노동을 즐거운 것으로 만드는 데 이 세 정념을 이용해야 한다고 생각했다.

변덕의 정념은 노동이 단조로워지지 않고 항상 생생한 매력을 유지하는 데에 필요한 정념이다. 이는 "주기적 변화, 대조적 상황, 장면의 전환, 짜릿한 사건, 공상을 만들어내고 감각과 감정을 동시에 자극할 수 있는 새로운 것에 대한 욕구"[77]이다. 이 정념은 대략 두 시간 단위로 강하게 작용한다고 하며, 이를 바탕으로 상정된 이상적 노동 스케줄은 이른 아침에 원예를 두 시간 하고 아침을 먹고, 그 후 잔디 깎는 일을 두 시간, 외양간 일을 두 시간 하고 점심을 먹고, 오후에는 임업을 두 시간, 작물에 물 주는 일을 두 시간하고 저녁을 먹는 식이다. 이렇듯 일을 변화시켜감으로써 "매력적인 것이 된 노동에 다양한 쾌락을 부가하는"[78] 것이다. 앞에서 언급한, 혁명 후의 노동자 생활에 대한 마르크스의 몽상과도 공명한다고 할 수 있겠다.

음모의 정념은 남과 경쟁하는 당파적 정신이며, "야심가들, 자매 관계에 있는 동업조합, 상인, 매춘부의 세계에서 대단히 격렬한, 음모에 대한 열중이다"[79] 푸리에는 노동이 매력적인 것이 되려면 이 정념이 불가결하다고 생각했다. "음모의 정념은 인간 정신에 있어 매우 절실한 욕구이므로, 실제 음모가 없으면 도박, 연극, 소설에서 열심히 그 대용품을 찾"[80]게 된다. 이 정념은 "자매 관계에 있는 동업조합"의 경우처럼 경쟁심이 자극되는 노동관계에서 특히 활발하게 작용한다. 다른 경쟁 단체에 지지 않으려 할 때 일이 진척되고 창조적 정신도 발휘되는 것이다.

혼합의 정념은 더욱 강한 열광을 만들어낸다. 이는 "동시에 여러 가지 쾌락을 맛보려는 욕구이며, 여러 쾌락의 혼합은 도취를 열광의 수준으로까지 끌어올린다."[81]

변덕, 음모, 혼합의 세 정념은 흔히 도덕에 의해 억제된다. "도덕은 인간에게 자기 자신과 싸우고, 자신의 정념에 저항하고, 그것을 억제하고 경멸하도록 가르친다."[82] 푸리에 역시 이 정념들이 개인 차원에서 작동할 때는 악을 초래하는 경우가 많다고 인정한다. 그러나 집단 차원에서는 이 정념들이 노동의 매력을 높여준다고 그는 주장한다. 적절하게 배치된 집단의 계열 속에서 이 정념들은 "모든 이를 매력적인 것이 된 산업이나 이익을 가져다주는 덕德으로 이끈다"[83]는 것이다. 개인 차원의 악과 집단 차원의 악을 구별할 줄 몰랐던 도덕학자는 "도덕이 악덕의 일종으로 격하시키고 금지한 자연적 충동, 즉 정념 인력引力을 계산하는 데 서툴렀다"[84]고 푸리에는 야유한다.

푸리에는 사람들이 정념의 조합을 바탕으로 노동하는 이상적 공동체를 '팔랑주'라 불렀다. 팔랑주 안에서 여러 집단의 계열을 적절히 배치하고 앞의 정념들을 활용하면 노동은 단순한 오락에서는 찾아볼 수 없는 매력과 기쁨으로 충만해질 것이다. "아침부터 저녁까지 즐겁게 보내기만 하면 그만이다. 오늘날의 쇼나 무도회보다 더 매력적인 것이 된 노동이 곧 즐거움이기 때문이다."[85] 이렇듯 푸리에는 노동을 매력적인 것으로 만드는 아이디어를 통해 노동이 쾌락이 되는 공동사회를 구상했다.

푸리에의 개혁안은 마르크스주의의 개혁안과 달리 사회적 혁명 없이 실현되어야 했으며, 막대한 자금을 투입해 팔랑주를 설립하고 적절히 운영할 수 있다면 당시 사회에서도 실현 가능하다고 생각되었다. 푸리에가 마르크스주의로부터 '공상적'이라 일컬어진 것은 바로 이 때문이다. 그러나 자본주의 사회 내부에서 노동은 절대로 기쁨을 동반하지 못한다고 단언할 수 없다는 것 역시 분명하다.

4
노동의 기쁨을 말하는 철학

디츠겐의 종교로서의 철학

마르크스주의를 비롯한 사회주의 사상의 전통 속에는 푸리에와 달리 유토피아가 아닌 현실의 노동을 기쁨이자 구세주로 본 철학자들도 있다. 마르크스와는 다른 맥락에서 루트비히 포이어바흐[1804~1872]의 영향을 받아 유물사관을 구축한 독일의 사회주의자로 요제프 디츠겐[1828~1888]이 있다. 그는 〈사회민주주의 종교〉(1877)라는 강연에서 노동이 인간에게 구원을 가져다준다고 주장했다.

그에 따르면 사회주의는 하나의 종교다. "사회주의는 여타 종교와 달리 인간의 마음과 감정뿐 아니라 지식 기관인 두뇌에도 호소하는 새로운 종교의 소재를 그 교의에 포함하고 있다."[86] 이 새로운 종교는 "프롤레타리아트의 신앙이며, 모든 것에 혁명을 일으키고 과학적 방법에 따라 낡은 신앙을 변화시킨다".[87] 이전까지의 종교에서는 신앙이 과학과 대립했지만, 사회주의에서는 신앙과 과학이 양립하며, 인간에게 무거운 '멍에'를 씌우는 '자연'을 인간들이 힘을 합쳐 극복하려고 한다. 그리고 자연을 극복하기 위한 수단이 바로 노동이다.

"노동은 새로운 구세주의 이름"[88]이라고 디츠겐은 주장한다. 이러한 주장은 노동생산성 향상에 따른 "마법과도 같은 생산력, 인간 노동의 경이로운 산출 능력"[89]이 이제껏 어떠한 구세주도 실현하지 못한 막대한 부를 가져오게 되었다는 인식에서 비롯된다. 이때까지 인간은 필요한 것을 획득하기 위해 자연을 좇아 노동해야 했다. 그러나 이제는 "자유경쟁에 힘입어 국부라는 이름의 잉여가 가격을 낮추는 수단, 노동과 비용을 절감하는 기계의 도입으로 선진적 생산방법을 자극하는 수단이 되었다".[90] 노동이 자연을 극복하고, 자연을 부릴 수 있게 되었다는 것이다. 디츠겐은 "사회적 노동의 의식적·체계적 조직은 현대의 구원자"[91]라고 단언한다. 디츠겐의 의식 속에서 노동은 바야흐로 신의 구원을 가져오는 활동으로 격상된 것이다.

분명 현대에 이르러 생산이 자동화되고 로봇이 인간의 명령에 따라 일하게 된다면, 그리고 마르크스가 꿈꾼 혁명이 실현되어 노동자가 생산 활동에서 소외되지 않고 생산과정을 지배할 수 있게 된다면, 노동이 초래하는 소외는 대부분

극복될 수 있을지도 모른다. 그러나 노동이 종교적 의미를 띤 신의 구원과 같은 것이 될 수는 없을 것이다. 사회 안에서 살아가는 인간이 노동하기를 그만둔다면, 그들에게는 어떻게 살아갈 것인가 하는 또 다른 물음이 제기될 것이기 때문이다.

고타 강령과 마르크스의 비판

사회주의 혁명의 실현되면 인간이 노동이라는 시련에서 해방되리라는 생각은 당시의 사회주의 정당에 있어 소수파만의 것은 아니었다. 이를 당시의 사회주의 정당이 발표한 강령을 통해 살펴보자.

1875년 아우구스트 베벨[1840~1913]을 중심으로 한 사회민주노동당의 아이제나흐파와 페르디난트 라살[1825~1864]을 중심으로 한 전독일노동자협회는 세력을 합쳐 사회주의노동자당을 설립하고, 독일 고타에서 '고타 강령'이라 불리는 정당 강령을 발표했다(이 당은 이후 독일 사회민주당으로 개명했으며, 그 후 독일 역사에서 중요한 역할을 맡게 된다). 마르크스는 이 강령을 힘주어 비판하는 논문을 썼다. 이 강령의 제1조에서 "노동은 모든 부와 문화의 원천"[92]이라고 주장했기 때문이다. 이 말에 따르면 서양 문명의 부와 문화는 전부 노동에서 비롯되었다는 것이 된다.

이는 당시의 부르주아지가 입버릇처럼 내뱉던 상투적 문구였다. 프롤레타리아트에게 노동의 도덕을 주입함으로써 노동자의 노동 의욕을 높이려 한 것이다. 고타 강령은 이 상투적 표현을 따라 노동자는 노동의 모든 수익을 가질 권리가 있으며, "노동의 해방을 위해서는 노동수단을 사회의 공유재산으로 전환하고, 모든 노동을 협동조합적으로 규제하여 노동 수익을 공정하게 분배할 필요가 있다"[93]고 주장했다.

이에 대해 마르크스는 현재의 자본주의 체제 아래서는 노동을 협동조합적으로 규제한들 참된 의미의 노동 해방은 실현될 수 없다고 지적했다. 노동 해방을 위해서는 공산주의가 실현되고 분업이 폐지되어야 한다는 것이다. "개인이 분업에 복종하는 예속적 상태가 사라지고 이와 함께 정신노동과 육체노동의 대립이 사라지면, 그리고 노동이 생활을 위한 수단일 뿐 아니라 삶의 가장 근본적인 욕구가 되면, 나아가 개인의 전면적 발전과 더불어 생산력이 증대되고 협동적 부의 모든 원천이 한층 풍부하게 솟아나게 되면, 그때 비로소 부르주아적 권리의 편협한 한계를 완전히 넘어설 수 있"[94]다고 마르크스는 말한다.

기존 생산 체제 아래서 노동이 모든 부의 원천이라고 주장하며 노동의 해방을 찾는 것은 노동이 도덕적 선이라고 주장하는 부르주아적 이데올로기에 넘어가는 것이다. 실제로 얼마 지나지 않아 파시즘이 모든 사람의 노동을 국가에 대한 공헌의 정도에 따라 평가해야 한다고 주장하게 된다. 나치 독일의 히틀러는 노동의 의미는 "과거 민족 공동체가 그에게 주었던 것을 열의 있고 성실한 태도로 민족 공동체에 돌려주는 것"[95]에 있으며, "그렇게 하는 자가 가장 높은 평가와 존경을 얻는다"[96]고 말했다. 그리고 아우슈비츠 강제수용소의 입구는 '노동이 너희를 자유롭게 하리라 _Arbeit macht frei_'라는 표어로 장식된다.

셸러의 노동론

이러한 노동 찬가는 노동자가 자신이 가진 힘을 자각했을 때 자연스럽게 생겨나는 것일지도 모른다. 마르크스주의가 유럽 노동자들 사이에서 강한 지지를 받은 것은 노동의 소외를 지적하는 한편으로 노동 자체가 모종의 기쁨을 갖는다고 인정했기 때문일지도 모른다. 서양 역사에서 거의 일관되게 경멸받아온 노동과 노동자 계층의 승인은 기나긴 투쟁을 요했다. 앞에서 살펴본 대로 중세에 이미 그 첫 시도가 이루어졌다. 수도원에서의 금욕과 노동을 바탕으로 "속죄로서의 노동이라는 개념은 적극적 구원 수단으로서의 노동이라는 이념으로 대체되었다."[97]

그러나 노동하는 성직자가 아닌 노동자 자체가 노동을 긍정하고 그것을 구원의 수단으로 여기게 된 것은 사회주의 운동 이후의 일이다. 푸리에가 노동은 즐거움이 될 수 있다고 주장했듯이 말이다. 그는 노동자가 하루 동안 일의 종류를 바꿔가며 노동함으로써 노동이 고통이 아닌 기쁨이 된다고 주장했다.

노동이 기쁨이라는 요소를 지닌다는 것은 틀림없다. 주어진 과제를 해내는 것의 기쁨, 작업 기술이 향상되는 기쁨, 자신이 습득한 기술로 목적에 부합하는 제품을 만들어낼 때 얻는 자아실현의 기쁨 등을 노동은 실제로 가져다주며, 실제 일의 내용과는 별개로 노동은 일하는 사람에게 만족과 기쁨을 가져다줄 수 있다. 독일의 철학자 막스 셸러[1874~1928]는 〈노동과 세계관〉이라는 글에서 노동이 낳는 기쁨을 다음과 같이 열거했다.

우선 노동자는 자신이 가진 능력이 향상되는 데서 기쁨을 찾을 수 있다. "노동으로 활성화되는 정신적 잠재력과 소질의 성과, 증대, 숙련"[98]이 가져오는 이 기쁨은 노동자가 자신의 능력 향상을 실감하는 데서 비롯된다. 주어진 과제를 수행하고 어떠한 형태로든 그 결과가 나타날 때 노동자는 긍지와 기쁨을 느낀다.

또한 노동은 신체에 적당한 정도의 긴장을 주어 노동 후에 기분 좋은 피로감을 느낄 수 있게 한다. "뚜렷한 목적을 가지고 일정한 한도 내에서 각 신체 부위와 그 기능에 주어지는 유익한 긴장", 즉 노동하는 신체가 노동의 리듬에 맞춰 느낄 수 있는 긴장감이 기쁨을 가져다주는 것이다.

이 두 가지 기쁨은 노동자가 노동의 주체로서 느끼는 만족감이다. 이에 비해 다음의 두 가지는 노동자가 노동의 객체를 통해 느끼는 만족감이다.

우선 "물질이 창조주 인간의 대담한 손에 굴복해 유의미한 형태로 통합될 때의, 힘과 능력을 둘러싼 행복한 체험"은 자연을 가공하는 노동자가 대상에 가해진 유용한 변화에서 자신의 힘을 느낌으로써 얻는 만족감이다.

나아가 "노동이 유기체에 대해 갖는 단련과 훈련의 가치, 신체적·심적 발달의 가치"도 기쁨을 가져다준다. 여기서 셸러는 농업을 염두에 두고 있다. 밭에 씨를 뿌리고, 물을 주고, 잡초를 뽑아 길러낸 채소라는 유기물의 성장과 수확은 인간에게 큰 만족감을 안겨준다.

또 셸러는 특별히 명시하지 않았지만, 다른 사람과 함께 일하는 데서 느끼는 기쁨도 빼놓을 수 없다. 남과 힘을 합치면 혼자서는 이루지 못할 큰 성과를 얻을 수 있으며, 자신의 노동이 그 성과의 일부를 이루는 것을 발견할 때 인간은 큰 만족감을 느낀다.

우리는 어쩔 수 없이 괴로운 노동에 종사하면서도 그 안에서 기쁨을 발견하며, 발견하지 않을 수 없다. 노동이 하루의 주요한 시간을 차지하기에, 그 안에서 기쁨을 찾는 것은 노동하는 인간에게는 필연적이고 또 필요한 일일 것이다.

9장
게으름에 대한 찬가와
노동의 비참함

노동과 근면함으로부터 멀찍이 떨어져 게으름에 대한 논의를 전개한 철학자들이 있는가 하면, 시몬 베유처럼 공장에서 일하며 노동과 신비체험을 결부시킨 사상가도 있다. 한편, 테일러주의와 포드주의는 대량생산을 가능케 했다.

시몬 베유
Simone Weil 1909~1943

프랑스의 유대계 가정에서 태어났다. 학창 시절부터 조합 활동에 참여했으며, 여자 고등중학교에서 철학 교사로 근무하던 중 휴직하고 여러 곳의 공장에서 일했다. 1943년 런던의 자유 프랑스 망명정부에서 일하기 위해 영국으로 건너갔지만, 폐결핵과 영양실조로 객사했다. 베유가 남긴 노트를 그녀의 친구가 엮어 펴낸 《중력과 은총》은 베스트셀러가 되었다.

폴 라파르그
Paul Lafargue 1842~1911

프랑스의 사회주의자. 마르크스의 사위. 지나친 노동은 실업자를 낳고 과잉생산에 따른 공황을 초래한다며 게으름의 철학을 주창했다. 프랑스 노동당을 창당하고, 마르크스와 엥겔스의 저작을 프랑스어로 옮겨 그들의 사상을 프랑스에 보급했다.

버트런드 러셀
Bertrand Russell 1872~1970

영국의 철학자, 수학자. '러셀의 역설'이라 불리는 집합론의 모순을 발견했다. 《행복의 정복》등 인도적 이상과 사상의 자유를 추구하는 저술 활동으로 1950년 노벨 문학상을 수상했다. 평화주의자로서 핵 폐기를 외쳤다.

프레더릭 테일러
Frederick Taylor 1856~1915

미국의 기술자. 노동자와 그 작업을 관리하는 '과학적 관리법'을 통해 노동비용 절감을 달성했다. 철강 회사 베슬리헴 스틸에서 계획 생산을 추진했지만, 관리직 사원과의 대립 끝에 퇴직했다. 이후 과학적 관리법의 컨설턴트로 활약했다.

헨리 포드
Henry Ford 1863~1947

미국의 기업가. 자동차 회사 포드 모터의 창설자. 과학적 관리법을 응용해 컨베이어 벨트 기반의 라인 생산 방식을 개발했으며, 저렴한 T형 모델의 대량생산을 가능케 하여 '자동차왕'이라 불린다. 노동조합 결성에 강경하게 반대했다.

1
게으름에 대한 찬가

라파르그의 게으름에 대한 찬가

노동에 대한 예찬, 노동이 주는 만족감의 철학과 대조적으로 노동의 괴로움을 직시해 노동에서의 해방, 자유 시간이 주는 자기 충족의 귀중함을 주장하는 철학이 등장한 것은 필연적이었다. 디츠겐처럼 사회주의 내부에서 노동을 신성시하는 철학에 대항하여, 같은 사회주의 내부에서 노동의 신적 성격을 부정하는 철학이 등장한 것은 이상한 일이 아니며, 오히려 이러한 철학이 그다지 활발하지 않았던 것은 어딘가 이상하다. 노동의 기쁨이 아닌 게으름의 기쁨을 이야기한 대표적 철학자로는 마르크스의 사위였던 폴 라파르그 1842~1911가 있다. 라파르그는 '노동 신학'을 비웃기라도 하듯, 근래에 들어 인간이 모종의 광기에 사로잡혀 있다고 주장한다. "이 광기는 노동에 대한 사랑, 개인과 그 자손의 생명력을 고갈시키는 노동에 대한 죽음에 이르는 열정이다."[1]

라파르그는 노동을 찬미하는 것은 노동의 성과를 누리는 사람들, 즉 부르주아지와 상인들이며, 괴롭고 고달픈 노동을 강요받는 프롤레타리아트는 부르주아지의 노동 찬가에 속아서는 안 된다고 호소했다. "인류를 노예적 노동에서 해방시키고 인간이라는 동물을 자유로운 존재로 만들어야 할 계급"[2]인 프롤레타리아트는 노동 찬가나 '노동의 교의' 같은 것을 믿어서는 안 되며 스스로를 해방시킬 의무가 있다고 역설한 것이다.

라파르그는 실업자가 산업예비군으로서 노동자를 위협한다는 마르크스의 공황론을 계승하면서, 노동자가 지나치게 일하는 것은 스스로를 고통에 빠트리는 일이며, 나아가서는 과잉생산에 의한 공황을 초래해 사회를 파멸로 몰아넣는다고 지적했다. 프롤레타리아트는 "노동이라는 악덕에 몸도 마음도 내맡겨 사회 기구를 교란하는 과잉생산의 산업 위기로 사회 전체를 몰아넣"[3]게 된다는 것이다.

라파르그의 논의는 상당히 단순하다. 노동자는 하루에 세 시간만 일하고 남은 자유 시간은 인간답게 보내야 한다. 일할 권리는 곧 비참해질 권리이며, 사람은 게을러질 권리를 요구해야 한다. 게으름이야말로 "예술과 고귀한 미덕의 어머니"[4]이다.

러셀의 게으름에 대한 찬양

라파르그와 거의 같은 논거를 내세운 사람이 영국의 철학자 버트런드 러셀[1872~1970]이다. 러셀은 1932년에 쓴 〈게으름에 대한 찬양〉에서 근대의 기계·기술 문명 덕분에 생활필수품 생산에 필요한 노동량은 눈에 띄게 감소했으며, 산업적 생산능력은 대부분 사치품 생산에 쓰이지만, 노동의 도덕이 사람들을 쓸데없이 노동으로 내몰고 있다고 지적했다.

러셀에 따르면 이는 "노예 국가의 도덕"[5]이라 할 만한 것으로, 노동을 찬양하는 것은 어디까지나 부르주아지이며, "부자들은 수천 년 동안 노동의 존엄을 설파하면서도 자신들은 그 존엄을 상실한 채로 있도록"[6] 유념하고 있다. 현대의 생산능력이라면 노동자는 하루에 4시간 정도 일하면 충분하다. "상식 있는 사람이 욕구하는 물질적 쾌락을 생산하는 데는 하루 4시간이면 족"[7]한 것이다. 나머지 시간은 각자 원하는 일을 하는 데 써야 한다. 그로써 자아실현도 가능해질 것이다. "과학적 호기심을 가진 사람은 누구든 그 호기심을 마음껏 펼칠 수 있을 것이며, 모든 화가는 그림 솜씨가 어떻든 간에 굶주릴 걱정 없이 그림을 그릴 수 있을 것이다."[8]

러셀의 논의는 어쨌든 사회주의의 전통에 속해 있는 라파르그의 논의와 비교해 한층 앞뒤를 가리지 않는 느낌이지만,

누구나 은밀히 생각하는 바를 겉으로 드러냈다는 이점은 있을 것이다. 게으름을 권장하는 이론은 이론적 근거는 빈약할지 몰라도 노동의 윤리에 맞서 누구나 속에 품고 있는 바람을 표명했다는 점에서 필요한 것이었다고 할 수 있다.

2
시몬 베유의 노동론

공장 노동의 체험

이렇듯 노동이라는 영위는 사회주의 사상의 도래와 함께 '신성한 것'이라는 이미지를 강하게 갖게 되었다. 노동과 노동자 개념이 고귀하다고까지 생각된 것이다. 그러나 현실의 자본주의 사회에서 유토피아적 구상이 실현되지 않는 한 노동은 가혹한 것에 머무를 수밖에 없다. 이는 공장에서 노동자로 일하며 노동의 가혹함과 인간성 파괴를 실제로 체험한 프랑스의 철학자 시몬 베유[1909~1943]가 밝힌 바이기도 하다.

다만 베유는 같은 직장에서 일하는 노동자들 사이의 우애가 노동의 기쁨을 가져온다는 것을 부정하지는 않았다. 이는 그녀가 친구에게 보낸 편지에서 노동 현장의 우애를 이야기한 대목에서도 확인할 수 있다. "이 안에서의 미소나 친절한 말 한마디 같은 아주 사소한 인간적 접촉은 얼마간 특권을 가진 사람들 사이의 가장 헌신적인 우정보다 더 가치가 있어. 인간의 우애가 무엇인지는 오직 여기서만 알 수 있지."[9]

저명한 수학자 앙드레 베유의 동생으로, 지식층 가정에서 살뜰한 보살핌 속에 자란 시몬이 자신의 신념에 따라 공장에서 일한 사실은 잘 알려져 있다. 일이 서투른 베유에게 공장 노동은 틀림없이 힘들었을 것이다. 그럼에도 그녀는 사회주의 이념에 따라 노동과 노동자계급에 어떤 미래가 있는지를 제 몸으로 깨치고자 했다. "볼셰비키의 지도자들은 자신들이 자유로운 노동계급을 만든다고 주장하지만, 그들 중 누구도—트로츠키는 물론이고 레닌도 마찬가지라고 생각하는데—공장 안에 발을 들여본 적조차 없을 거야. 그러니 노동자의 예속 혹은 자유를 결정하는 실제 조건에 관해서는 요만큼도 알지 못하지."[10]

공장 노동의 폐해

그러나 베유가 공장 노동에서 실감한 것은 공장 노동이 여러 가지 의미에서 인간을 "타인의 뜻에 내맡겨진 일개 물체"로 바꿔놓는다는 것이었다. 베유는 몇 가지 관점에서 노동의 괴로움을 극명하게 드러낸다. 우선 신체적 측면을 생각해보자. 공장 노동은 노동자를 극도로 **피로**하게 만든다. "때로는 죽는 편이 낫다고 생각될 만큼 쓰라리고 견디기 힘든 피로. 피로하다는 것이 무엇인지는 처해 있는 상황을 불문하고 누구나 알고 있지만, 이 피로에는 또 다른 이름이 필요하다."[11]

나아가 **굶주림**. 이는 단순한 공복감이 아니라 배가 고파 일을 할 수 없어 해고될지도 모른다는 공포와 결부된 두려움이다. 그것은 "심한 타격 없이 언제나 발생할 수 있는 영양 부족 같은 것이 아니다. 바로 굶주림이다. 고된 육체노동과 결합된 굶주림은 비통한 감각이다. 일은 평소처럼 빨리 해야 한다. 그러지 않으면 다음 주도 굶주린 채 보낼 것이다. 생산량을 못 채웠다는 이유로 질책당할 위험도 있다. 어쩌면 해고될 수도 있다. 배가 고프다는 것은 변명이 되지 못한다. 배를 곯고 있을지라도 우리를 즉시 더욱 심한 굶주림에 빠트릴 수 있는 이 사람들의 요구를 만족시키지 않으면 안 된다."[12]

신체적 요소는 심리적 요소와 직결된다. 과중한 노동에서 비롯된 공복은 다시 노동에 지장을 초래하며, 품질 저하는 또다시 해고의 **공포**를 낳는다. 일이 잘되지 않는 데는 여러 가지 원인이 있다. 공복과 피로뿐 아니라 원료나 기계를 둘러싼 문제, 타 부서에서 온 재공품在工品의 결함 등 몸 상태와 무관하게 말썽이 일어날 수밖에 없다. "불량이나 도구 파손으로 이어질 수 있는 모든 사소한 사고에 대한 공포. 일반적으로 말해 질책당하는 데 대한 공포. 우리는 단지 질책당

하지 않으려고 더 많은 고통을 겪는다."¹³

이러한 공포 속에서 일하는 것은 굴욕을 가져온다. "작은 질책도 가혹한 굴욕이다. 말대꾸를 할 수 없기 때문이다. 그리고 얼마나 많은 것들이 질책을 부르는지! 조정공調整工이 기계를 제대로 정비하지 않은 상태에서 작업 도구의 품질까지 나빠 부품을 올바로 조립하지 못하면 곧바로 질책이 날아온다."¹⁴

일을 빨리 진행하지 않으면 배치전환을 당한다. "언제까지 이 기계에 머물러 있어야 하는가? 다른 기계로 이동하라는 작업반장의 명령이 있을 때까지. 우리는 늘 명령받는 상황에 놓여 있다. 타인의 뜻에 내맡겨진 일개 물체로서. 인간이 물체가 되는 것은 자연스럽지 않으며, 채찍이나 사슬, 즉 겉으로 드러나는 강제가 없기에 우리는 이 수동성에 스스로 굴복하지 않으면 안 된다."¹⁵

이러한 굴복은 단순히 상급자의 명령에 물체처럼 복종하는 데 그치지 않으며, 상급자의 호의를 얻기 위해서는, 또는 적어도 그의 적의를 사지 않기 위해서는 그의 뜻에 따를 필요가 있다는 의미에서 정신적 굴복을 의미하기도 한다. 고용관계에 있는 임금노동자는 "직속 상급자, 즉 조정공, 반장, 직장職長 등 제 뜻에 따라 우리에게 '편한 일'과 '힘든 일'을 주고, 문제가 발생했을 때 자신의 재량으로 도움을 주거나 질책하는 사람들의 호의와 적의가 갖는 비정상적인 중요성, 그들의 기분을 해치지 말아야 할 항구적 필요성, 심한 말을 듣더라도 불쾌한 기색을 내비쳐서는 안 되며, 직장에게는 심지어 공손한 태도로 대답할 필요성"[16]에 복종하지 않으면 안 된다.

베유의 시도

공장 노동이 비인간적이라는 사실을 확인한 베유는 그것을 조금이라도 개선하려는 시도에 나섰다. 베유가 과거 자신이 일한 적 있는 공장의 책임자였던 공장장에게 제시한 안은 다음의 세 가지 요소로 구성되어 있다. 첫째는 노동과정에 대한 복종에서 비롯되는 예속적 감정의 완화를 위해 정신적 지원을 베푸는 것이다. "빈곤, 예속, 의존에 의한 나날의 타격이 필연적으로 강요하는 열등감만큼 사고를 마비시키는 것은 없습니다. 그들을 위해 가장 먼저 해야 할 일은 그들이 존엄의 감정을 되찾거나 유지하도록 돕는 것입니다. 그러한 상황에서 이 감정을 유지하는 것이 얼마나 어려운지, 그리고 그 모든 정신적 지원이 얼마나 귀중한지 저는 너무나 잘 알고 있습니다."[17]

둘째로, 베유는 노동자들이 긍지를 갖기 위해서는 어느

정도의 계급 정신이 필요하다고 생각했다. "노동자들의 정신 건강을 생각하자면, 그들이 늘 얼마간 은밀하게 품고 있는 계급 정신에 대한 끊임없는 억압은 거의 모든 곳에서 적정 수준을 훨씬 넘어섰다. 때때로 이 정신을 표현할 수 있게 하는 것은(물론 선동 없이) 그들을 흥분시키지 않고 오히려 그들의 고통을 누그러뜨린다."[18]

셋째로, 베유는 노동자들이 그들의 괴로움, 감정, 생각을 표현할 수 있는 장을 마련하려 했다. 여기에는 두 가지 이점이 있다. 우선 노동자들 사이의 연대감이 형성된다. 노동자들은 동료가 발표한 글을 읽음으로써 "서로를 더 잘 이해하게 될 것입니다. 동료 의식은 유익할 뿐이며, 그것만으로도 이미 큰 이익입니다."[19]

나아가 상급자들은 현장 노동자들이 쓴 글을 읽고 하급자들이 안고 있는 문제를 이해할 수 있게 된다. 왜냐하면 "실제로는 선량한 인간인 상급자들은 단지 그들이 이해하지 못한다는 이유로 냉혹한 태도를 보일 때가 많"[20]기 때문이다. 만약 그들이 현장 노동자의 곤경을 이해한다면 단순히 이익만 좇기보다는 공장 내 노동환경을 개선해 노동자의 협력을 얻을 수도 있을 것이다. "그들의 주된 관심은 생산량의 극대화가 아니라, 공장 존립에 불가결한 생산량과 균형을 이루는 가장 인도적인 노동조건을 조직하는 것이어야 한다."[21]

베유의 이상은 혹독한 노동조건을 가능한 한 인간적으로 변화시키는 것이었다. 이를 위해서는 노동자의 굴종과 억압의 감정을 누그러뜨리고, 그들을 정신적으로 지원하고, 또 그들에게 발언권을 주어 관리직과의 상호 이해를 증진시켜야 했다. 이로써 노동자와 관리직 사이에 "협력의 정신"[22]이 자라나 노동자의 노동 의욕이 고취될 것이며, 그것은 관리직 입장에서도 바람직한 일이라고 베유는 생각했다.

베유는 정치적 혁명으로는 공장노동자가 필연적으로 맛볼 수밖에 없는 굴욕과 억압의 감정을 없애지 못한다고 보았다. "저는 힘의 관계가 보다 평등한 방향으로, 현재의 체제가 가능한 한 근본적으로 변혁되기를 진심으로 희망합니다. 오늘날 혁명이라 불리는 것에 의해 그것이 달성될 수 있다고는 생각지 않습니다."[23] "공장에 관해 제가 제기하는 문제는 정치 체제와는 전혀 관계가 없으며, 완전한 종속에서 종속과 협력을 일정하게 조합하는 방향으로의 점진적 이행에 관한 것입니다. 이상적인 것은 순수한 협력이지요."[24]

노동조건은 가혹하다. 이 가혹함을 없애기는 불가능하다. 공장 체제 속에서 노동이 기쁨이 된다는 것은 기대할 수 없는 일이다. 가혹한 노동조건은 정치적 혁명으로는 개선되지 않을 것이다. 근대적 공장의 생산양식에서는 "산업생산의 요구를 충족시키기 위해 끊임없이 비굴해져야 하고, 자존심을 잃지 않기 위해서는 다시 몸을 바로 세워야 하기 때문이다. 바로 이것이 현대적 형태의 사회적 억압이 지닌 끔찍함이다."[25] 따라서 베유는 노동조건을 조금이라도 견디기 쉽게 만드는 수밖에 없다고 생각했다.

베유의 신비주의

베유는 가혹하고 억압적인 노동에서 하나의 '효용'을 발견했다. 다만 이는 그녀에게만 해당되는 개인적 효용이기에 공장노동에 관한 고찰에서는 간단히 언급되는 데 그쳤다. 그녀에게 가혹한 공장 노동은 자신이 '무無'라는 것을 체험하게 한다는 의미를 지녔다.

베유는 "육체노동의 크나큰 고통은 단지 생존하기 위해 이토록 오랜 시간 일해야만 한다는 것"[26]임을 확인한다. 생존한다는 것, 그것은 단지 계속 살아간다는 것이며, 거기에는 본래적 의미의 가치도 목적도 존재하지 않는다. "어떤 선善을 위해서가 아니라 필요에 쫓겨—즉 이끌려서가 아니라 떠밀려서—존재를 있는 그대로 유지하기 위해 노력하는 것, 그것은 물론 예속이다."[27]

그러나 완전한 예속 상태는 보통의 인간 생활에서는 좀처럼 체험할 수 없다. 그것은 모든 의지와 목적을 빼앗겨 물질과 같은 상태로 전락하는 것이며, 죽음을 의사적擬似的으로 체험할 수 있는 드문 경험이다. "육체노동. 몸속으로 들어오는 시간. 그리스도가 성체의 신비를 통해 물질이 되듯이, 인간은 노동을 통해 물질이 된다. 노동은 죽음과 같다. 죽음을 거쳐야 한다. 죽음을 겪어야 하며 이 세계의 중력을 견뎌야 한다."[28]

　베유는 이 죽음과 같은 상태에야말로 신의 은총이 찾아온다고 생각했다. 신은 어떠한 정신적 중력도 작용하지 않는 궁극의 장에야말로 은총을 내린다. "낮아지기, 정신적 중력에서 그것은 올라가기이다. 정신적 중력은 우리를 높은 쪽으로 떨어뜨린다."[29] 베유에게 가혹한 육체노동은 선에 대한 고찰이나 욕망을 포기하고, 자신이 무無임을 재확인하고, 실제로 체험하기 어려운 죽음을 경험하기 위한 중요한 방도였다.

3
현대의 노동 시스템과 그 변천

테일러 시스템

노동과정의 굴종과 억압에 대한 베유의 지적은 본질을 꿰뚫고 있지만, 실제 노동 현장이 항상 그러한 상태라고 단정할 수는 없다. 필자 역시 대학을 그만두고 작은 공장에서 선반공으로 일한 경험이 있는데, 이런 작은 공장은 나름대로 융통성이 있어 일을 하며 기계가 된 듯한 느낌을 받는 경우는 그다지 없었으며, "빈곤, 예속, 의존에 의한 나날의 타격"을 받지도 않았다. 베유가 프랑스에서 공장 노동을 경험한 때는 작업을 세분화해 감독한 테일러 시스템의 전성기였을 것이다. 이 시스템은 곧 명백한 결점을 드러내 여러 관점에서 개선이 이루어지게 된다. 찰리 채플린의 영화 〈모던 타임스〉(1936)는 마르크스가 이야기한, 기계 작업 속에서 인간이 세분화되는 공장 노동을 고전적으로 표현했는데, 베유가 경험한 혹독한 육체노동의 고용조건은 이것과는 다른 의미에서 대단히 억압적이었다.

프랑스 경제학의 새로운 흐름이었던 '조절이론'은 노동과정의 변천을 역사적으로 추적했는데, 그에 따르면 공장의 생산과정은 20세기 초부터 테일러주의와 포드주의가 결합된 형태로 변모했다. 테일러주의와 포드주의는 모두 노동임금 인상을 통한 생산 의욕 제고, 임금 상승에 따른 새로운 시장의 창출을 목적으로 했지만, 노동과정에 관해서는 중요한 차이가 있었다. 테일러주의는 생산과정의 합리화를, 포드주의는 생산과정의 단순화·연속화를 목표로 한 것이다.

테일러주의의 목적은 이전까지 수치화하기 어려웠던 숙련공의 노동을 분석해, 그것을 단순한 노동과정으로 분해하고, 분해된 노동과정을 조합하는 방식으로 미숙련공도 숙련공과 마찬가지로 양질의 노동을 수행하게 하는 것이었다. 베유가 이야기한 가혹한 노동 역시 테일러주의의 원리에 따른 것이었다고 할 수 있다. 그리고 베유는 테일러주의에 대해 자세한 고찰을 남겼다.

베유의 테일러주의 분석

테일러주의를 창시한 프레더릭 테일러[1856~1915]는 안과 질환으로 변호사가 되기를 포기하고 수습 기계공으로서 현장에서 노동을 익힌 색다른 이력의 소유자다. 기계공을 거쳐 공장장이 된 테일러는 베유가 지적했듯 "노동자들의 작업 속도를 끊임없이 더욱 끌어올리겠다는 집념에 사로잡혀 있었다".[30] 물론 이는 노동자와의 대립을 초래했으며, 여기서 테일러는 두 가지 문제에 맞닥뜨렸다. 첫째로 그는 "각 공정을 수행하는 데 소요되는 필수적 시간은 어느 정도인지, 또 시간을 최대한 단축할 수 있는 작업 방식은 무엇인지 알지 못했"[31]으며, 둘째로 "공장의 조직 구조 때문에 그는 노동자들의 소극적 저항을 효과적으로 극복할 수단을 갖지 못했다".[32]

이에 대처하기 위해 테일러는 연구를 거듭했다. 첫째 문제는 노동 공정의 분해와 기계화로 극복되었다. 선반공의 작업 공정을 작은 단위로 분해해 그것을 자동선반이 처리하게 하는 식으로, 각각의 작업을 작은 단위로 분해해 각 부분을 가장 효율적으로 처리하는 방법을 고안하고 그것을 기계화한 것이다.

둘째 문제도 이 자동화로 거의 해결할 수 있었지만, 테일러는 더 나아가 "작업의 방식과 리듬을 노동자들 스스로 결정할 기회를 빼앗고, 생산 중에 수행되어야 할 동작의 선택권을 관리자의 손에 쥐여주는"[33] 데 성공했다. 노동자의 모든 주도권을 박탈하고 오로지 관리자의 명령에 따라 정해진 동작만을 수행하도록 한 것이다.

테일러 시스템은 효율적이었지만, 노동자의 모든 자발성과 숙련을 빼앗는 결과를 가져왔다. 베유가 말했듯 "테일러 시스템의 완성은 노동자에게서 [작업] 방식의 선택권과 노동에 대한 지성을 빼앗아, 그것을 기업 내 연구 부서에 귀속시켰다. 또한 이 조립 방식은 숙련공에게 필요한 손재주를 소멸시켰다".[34]

테일러 시스템의 목적은 "숙련공 또는 기능공의 '모범적 작업 방식'을 일반화하여 그들이 요령의 독점을 통해 얻은 직장 내의 두드러진 지위를 박탈하는 것이었다".[35] 이 시스템은 노동자들에게서 일에 대한 보람과 긍지를 완전히 앗아갔으며, 그들에게 경영자에 대한 복종을 요구했다.

포드주의

테일러 시스템을 채택해 대량생산 체제를 확립한 것은—자동차 생산에 라인 방식을 도입해 '자동차왕'이라 불린—헨리 포드[1863~1947], 구체적으로 말해 그가 포드 사의 자동차 생산 과정에서 실현한 포드주의적 생산방식이다. 조절이론의 입장에 선 경제학자 알랭 리피에츠가 지적했듯이 "포드주의의 노동 편성 모델은 다양한 직능職能 부문으로 이루어진 대기업 내에서 테일러주의와 기계화를 결합시키는 것이었다."[36]

포드주의적 생산방식은 노동 시스템에서의 생산성 향상과 노동자에 대한 구매력 부여라는 두 가지 요소로 구성된다. 달리 말해 라인 방식에 따른 노동생산성 향상, 즉 "숙련된 설계자와 숙련을 박탈당한 실행자 간 양극화의 심화, 기계화에 따른 생산성(1인당 생산량)의 급격한 향상과 노동자가 사용하는 생산 설비의 양적 확대를 수반하는 대량생산"[37] 그리고 "부가가치의 비례적 배분, 즉 노동생산성 향상에 비례하는 임금노동자의 구매력 증가"[38]로 구성되는 것이다.

첫째 요소는 테일러주의와 목표가 같지만, 포드는 작업을 분해해 기계화하는 데 그치지 않고 분해된 작업을 직선으로 배열해 각 작업을 연속적으로 수행하는 컨베이어 벨트 방식을 발명했으며, 이로써 일관 생산 공정이 가능해졌다. 재공품을 운반하는 컨베이어 벨트 옆으로 노동자를 배치해 작업이 순서대로 원활하게 진행될 수 있도록 한 것이다. 이는 기계화가 어려워 노동자가 현장에서 직접 처리해야 하는 작업의 효율을 눈에 띄게 향상시켰다.

둘째 요소는 테일러 시스템에서는 찾아볼 수 없는, 포드주의 고유의 중요한 속성이라 할 수 있다. 포드는 당시로서는 이례적으로 사원에게 높은 임금을 지급했다. 이는 테일러주의와 컨베이어 벨트 시스템의 조합으로 생산성이 향상되었기에 가능한 일이었다. 이렇게 해서 포드 사의 노동자는 다른 기업의 노동자보다 현저하게 높은 급여를 받았으며, 이전까지는 넘볼 수 없었던 자동차도 살 수 있게 되었다. 이것이 자동차 시장의 폭발적 확대를 거들었다.

나아가 이로써 '미국적 생활양식'이 실현되었으며, 그 쾌적함은 세계의 이목을 끌고 동경을 불러일으켰다. "미국적 생활양식은 모든 사람이 상품 소비의 증가를 통해 행복을 추구하는 '쾌락주의적' 생산주의 모델이다."[39]

'미국적 생활양식'은 미국의 부를 확대했을 뿐 아니라 미국이 세계의 패권을 쥐는 데서도 매우 중요한 역할을 했다. '미국적 생활양식'을 향한 세계인의 동경은 미국의 군사적 패권을 떠받치는 문화적 위력이었던 것이다. 미국의 패권은 포드주의로 체현된 생산양식에 기초해 세 가지 진보를 구가할 수 있었다. 요컨대 생산기술의 발전에 따라 '기술적 진보'가 실현되고, 구매력 상승에 따라 '사회적 진보'가 달성되었으며, 그것을 국가가 경제정책을 통해 지원해 복지국가가 실현됨으로써 '국가 차원의 진보'도 확보되었다. 이 모델은 최근까지 확고한 지위를 누려왔다.

차질을 빚는 포드주의

포드주의는 점차 미국 이외의 국가에서도 받아들여지게 되었다. 특히 서양 여러 국가가 이 시스템을 곧잘 채택했다. 예컨대 "프랑스에서 포드주의는 1968년 6월의 그르넬 협정 때에야 확립되었다. 이 협정은 포드주의에 저항한 최초의 대규모 대중운동이라 할 수 있는 '5월 혁명'에 종지부를 찍었다."[40]

그러나 미국에서는 이 무렵부터 포드주의가 막다른 곳에 다다랐음이 분명해지기 시작했다. 포드주의에 내재된 문제가 드러났기 때문이다. 포드주의는 노동자의 자발성을 부정한다. 따라서 노동생산성 향상을 위해서는 기계화에 의존할 수밖에 없다. 그러나 기계화에는 한계가 있다. 그 때문에 기업은 이윤을 확보하기 위해 가격을 인상할 수밖에 없다. 이는 물가 상승을 초래하고, 나아가 노동임금도 상승시켜 또다시 물가 상승을 초래한다. 얼마 못 가 소비자의 구매력은 감소하고 수요도 저하된다. 이는 경기후퇴로 이어지며, 시장이 축소되어 실업자가 늘어난다. 결국 포드주의의 목표였던 "복지국가와 사회적 소득 이전의 정당성 자체가 비난받게 되었으며, 이와 함께 포드주의적 타협(안정된 고용과 실질임금 증가를 대가로 노동자를 경영진과 기계에 종속시키는 것―옮긴이)이 통째로 공격받았다."[41]

포드주의의 일관 생산 공정이 노동자의 사기를 떨어뜨린
다는 것 역시 명백했다. 그리고 노동자들의 저항이 일어났다.
"일반적 교육 수준의 향상, 노동자의 집단적 자기의식의 고
조, 개인의 개발과 존엄이 보장되는 노동에 대한 보편적 열
망 등이 원인이 되어, '권한을 가진 자'와 '실행하는 자'의 더
없이 조잡한 형태의 분리 속에서 인격을 부정당하는 것에
대한 반항이 점차 명확한 형태를 띠게 되었다."[42]

새로운 모델

이렇게 해서 테일러 시스템과 포드주의의 결합에 기초한 미
국적 생활양식과 소득 증대 모델은 한계에 봉착했다. 이에
대응하여 등장한 것이 신자유주의적 모델과 신테일러주의
모델이다. 영국 총리 마거릿 대처의 경제정책으로 이름을 떨
친 신자유주의적 모델은 복지국가를 부정하고, 국가에 의한
과도한 통제를 비판하며 규제를 완화하고, 자유무역을 주창
하고, 또 기술혁신을 추진하는 것이었다. 한편, 신테일러주의
는 기존의 테일러 시스템 이상으로 기계화를 추진했다. 노동
자의 저항을 최소화하기 위해서는 결국 인간의 '살아 있는
노동'을 없애고 기계의 '죽어 있는 노동'으로 모든 것을 해결

하려 하지 않을 수 없었다. 테일러 시스템이 숙련공의 노동을 기계화하고자 했다면, 신테일러주의는 "단순노동자나 슈퍼마켓 계산원, 타자수의 참가를 배제하는"[43] 것을 목표로 삼았다.

또한 테일러 시스템의 결함을 시정하기 위해 노동자의 자발성을 중시하는 모델도 받아들여졌다. 이는 스웨덴이나 일본에서 활용되었다. 일본 노동 모델의 특징으로 여겨진 것은 "실행자의 지식과 상상력을 생산성 개선과 품질관리에 동원하는 'QC[품질관리] 서클', 기업 내 작업 흐름은 물론이고 기업 간 작업 흐름에까지 전 사원을 실시간으로 참가시켜 관리하는 '칸반看板' 방식, 연구 개발 노력을 공동으로 행하는"[44] 방식이다.

특히 1980년대의 도요타 방식은 포드주의의 유산을 거부하는 것이었으며, 오퍼레이터operator라 불리게 될 노동자들이 "차츰 품질 관리와 유지 보수 작업을 담당하게 되었다".[45] 나아가 "노동자를 양적·질적 측면에서 생산과정 전체를 책임지는 '자립한 팀'으로 조직하려는 노력도 행해진다".[46] 이로써 노동자들은 소외된 노동을 강요받지 않고 "특정 생산 전체를 책임지게"[47] 되며, 그들의 노동은 '충만해졌다'고 여겨진다. 스웨덴의 볼보에서는 컨베이어 벨트 생산방식을 개선해 한 사람 또는 소수의 노동자가 팀을 이뤄 하나의 제품을 처음부터 끝까지 완성시키는 '셀 생산방식'을 도입했으며, 노동자의 근무조건을 개선해 이직률을 억제하려 했다.

이러한 개량판 테일러 시스템이 일본, 독일, 스웨덴 등지에서 성공을 거둬 높은 생산성을 확보했기 때문에 노동자의 노동 의욕을 저하시키는 기존 테일러 시스템의 방식으로는 생산성을 높일 수 없다는 것이 점차 분명해졌다. 다만 이러한 개량 역시 노동 의욕을 고취해 생산성을 높이기 위한 수단이라는 데에는 변함이 없다. 차라리 이는 11장에서 살펴볼 '인정 노동'의 하나로 보아야 할 것이다.

10장
노동론 비판의 여러 관점

하이데거는 인간이 자연을 정복하고 스스로 '근원적으로 유용한 것'이 되었다고
생각했다. 호르크하이머와 아도르노는 인간이 인간 외부의 자연을 지배함으로써
인간 내부의 자연을 부정했다고 보았으며, 보드리야르는 노동과 자연의 변증법
에 머무는 한 자유는 요원하다고 주장했다.

프리드리히 니체
Friedrich Nietzsche 1844~1900

프로이센 왕국의 목사 가정에서 태어났다. 바젤 대학의 교수가 되지만 건강을 해쳐 1879년에 사직했다. 집필 활동을 이어가던 중 1889년에 정신의 붕괴를 맞았다. 소크라테스 이후의 서양 문명을 부정하고, 그리스도교의 신이 죽었다고 선언했으며, 영원회귀의 세계를 살아가는 초인을 내세우는 등 독자적 사상을 펼쳤다.

르네 데카르트
René Descartes 1596~1650

프랑스의 수학자이자 철학자. 스스로 사고하는 것의 확실성에서 진리의 근거를 발견해 "나는 사유한다, 그러므로 나는 존재한다"라는 명제를 도출했다. 신앙이 아닌 인간의 이성을 바탕으로 심리를 탐구하는 입장을 확립해 '근대 철학의 아버지'라 불린다.

지크문트 프로이트
Sigmund Freud 1856~1939

오스트리아의 심리학자, 정신과 의사. 파리 유학 중 히스테리 환자에 대한 최면 치료를 접하고 신경증 치료에 관심을 기울였다. 무의식의 존재를 확신하여 치료 기술로서의 정신분석을 확립했으며, 콤플렉스나 유아성욕 등을 발견했다.

마르틴 하이데거
Martin Heidegger 1889~1976

독일의 작은 마을 메스키르히에서 태어났다. 현상학을 창시한 후설을 사사했다. 철학사의 주요 테마인 '존재'를 독자적으로 재검토한 저작《존재와 시간》으로 전 세계에 충격을 주었다. 나치에 입당한 전력 때문에 2차대전 후 교수직을 박탈당하지만 1951년 복직했다. 나치와의 관계는 하이데거 철학의 이해를 둘러싸고 논쟁을 일으켰다.

막스 호르크하이머
Max Horkheimer 1895~1973

독일의 철학자이자 사회학자. 1930년 프랑크푸르트 대학의 사회철학 교수가 되어 '사회조사연구소'를 이끌었다. 고전 철학, 사회학, 심리학, 정신분석학 등의 새로운 과학적 성과를 종합하는 현대 사회 이론의 공동 연구에 뜻을 두었다.

테오도르 아도르노
Theodor Adorno 1903~1969

독일의 철학자이자 사상가. 호르크하이머가 이끄는 '사회조사연구소'의 구성원으로서 나치에 협력한 일반인의 심리적 경향을 연구했으며, 권위주의적 인격에 대한 분석을 남겼다.

장 보드리야르
Jean Baudrillard 1929~2007

프랑스의 철학자이자 사상가. 마르크스의 영향을 받아 생산과 소비에 대한 욕망을 연구했다. 현대 소비사회는 차이화·기호화된 시스템과 코드에 갇혀 있다고 하여 독자적인 현대사회 비판을 전개했다.

1
니체의 노동 비판

니체의 주인-노예론: 노예의 르상티망

노동은 인간의 유적類的 양상 같은 것이 아니라 타락일 뿐이
라는 시각은 서양철학의 전통적 가치를 뒤엎은 프리드리히
니체[1844~1900]에게서도 명확하게 나타난다. 니체가 보기에 노
동을 신이 부여한 사명으로 여기는 (프로테스탄트를 포함한) 그
리스도교의 금욕적 이상은 도덕성에 관한 복잡한 전략에 의
해 추동된다. 니체의 고찰은 헤겔의 주인-노예론을 실마리로
삼는다. 헤겔은 주인-노예론을 펼치며 모종의 자연 상태를
상정하고, 인정을 둘러싼 두 자기의식 간의 투쟁에서 죽음도
불사하는 자는 주인이 되며 목숨을 아끼는 자는 노예가 된
다고 말했다. 헤겔은 이 투쟁에 역사적 위치를 부여하지는
않았는데, 니체는 이 목숨을 건 투쟁이 고대의 어느 시기에
일어난 일이라고 상정했다. 다만 여기서 말하는 '고대'는 헤

겔의 자연 상태와 마찬가지로 가설적인 것이다.

헤겔의 주인-노예론에서 '주인'은 노동을 경멸하여 노예에게 일을 떠맡긴다. 노동을 강요받은 '노예'는 자연을 가공하는 경험을 통해 기술을 습득하며, 마침내 주인의 주인이 된다. 그리고 니체의 주인-노예론에서도 '고귀한 자'는 노동을 경멸한다. "노동은 더럽혀지는 것이며 몸과 영혼을 비속하게 만든다고 여기는 귀족적 감정"[1] 때문이다.

그러나 니체의 주인-노예론에서는 '노예'가 노동으로 경험을 쌓고 주인의 주인이 되는 노예의 변증법은 발생하지 않는다. 니체는 노동이 가혹한 일임에는 변함이 없다고 생각했다. 그러나 '노예'의 정신 속에 어떤 역전의 변증법이 발생한다. 헤겔이 말한 '주인'에 상당하는 니체의 '고귀한 자'는 능동적 인간이며 행동하는 데서 행복을 찾는 자다. 이에 비해 '노예'에 상당하는 "무력한 자, 억압받는 자"[2]는 노동을 강요받기에 행동이 아닌 휴식과 평화 속에서 행복을 찾을 수 있을 뿐이다. 니체는 그들이 수동적 인간이며 고귀한 자들에게 원한을 품고 자신들의 처지를 원망할 수밖에 없다고 생각했다. 이렇게 해서 원한, 즉 르상티망ressentiment의 감정을 품게 된 노예들은 "유독한 적대심으로 들끓는"[3]다.

이들은 그 처지를 타개하려고 행동할 수는 없는 무력한 존재이기에 마음속으로 가치를 역전시킬 수밖에 없다. 그리하여 마음속으로 은밀히 이렇게 생각한다. 우리는 무력하다. 그러나 무력하다는 것은 행동하지 않는 것, 남에게 일을 강요하지도, 폭력을 행사하지도 않는 것이다. 말인즉슨 우리는 선한 인간이라는 것이다. "선한 인간이란 (…) 그 누구도 해치지 않는 자, 복수는 신에게 맡기는 자, 우리처럼 조용히 사는 자, (…) 우리처럼 참을성 있고 겸손하며 올바른 자를 말한다."⁴ 니체에게 '노예'는 선한 인간, '주인'은 악한 인간이었다. 자연을 가공하는 노동과 같은 실제 행동이 뒷받침되지 않은, 정신 안에서만 작동할 수 있는 변증법에 따라 '노예'가 '주인'이 된 것이다. 대담한 가치 전도라 하지 않을 수 없다.

성직자의 역할

그러나 이 가치 전도와 변증법은 마음속에 생겨난 것에 불과하다. 원한의 감정에서 비롯된 자기연민, 자기기만에 지나지 않는 것이다. 그런데 여기서 이 감정을 이해하고 이 감정에 개입하는 인물이 등장한다. 이 인물은 '노예'와 같은 수동적 인간이 아니며 타자에게 영향력을 행사하는 능동적 인간이라는 점에서 원래 '주인'의 신분에 속해 있었음이 틀림없다고 니체는 상정한다. 이 인물은 '노예'의 수동적 원한, 즉 르상티망이라는 감정에 개입해 이를 정당화하는 데 성공한다.

이 인물이 바로 유대교와 그리스도교의 성직자이며, 성직자의 개입으로 선과 악이 역전되는 변증법이 실현된다.

성직자는 우선 자기 자신에게 능동적으로 개입한다. "식이요법(육식의 금지), 단식, 성적 금욕, '황야로의' 도피"[5] 같은 금욕적 이상을 실행하는 것이다. 이 금욕적 이상에는 당연히 수도원에서의 노동도 포함된다. 얼마 지나지 않아 성직자는 이 이상에 어울리는 사람들을 발견한다. 바로 노동과 금욕을 강요당하는 노예이다. 성직자는 노예들에게 말을 건다. "비참한 자만이, 가난하고 무력하며 비천한 자만이 선한 자이다. 고통받고 궁핍한 자, 병들고 추한 자만이 경건한 자이고 신에게 귀의한 자이며, 더없는 행복은 오직 그들에게만 주어진다."[6]

이렇게 해서 '노예'들의 르상티망으로부터 새로운 도덕이 만들어진다. 비참한 자, 노동을 강요받는 자, 고통받는 자가 선한 자이다. 반면에 "고귀하고 힘 있는 자"[7]는 악한 자이며, 이들은 "영원히 구원받지 못하는 자, 저주받은 자, 천벌받을 자"[8]로서 단죄된다. 이러한 도덕관 아래서 금욕적 의미를 지닌 노동은 신성한 것이 된다. 그리고 이 노동의 이데올로기 아래서 "유용하고 근면하며 다양한 일에 부릴 수 있는 재주 있는 무리 짐승과 같은 인간"[9]이 만들어진다.

이미 살펴보았듯 막스 베버는 노동을 신성한 것으로 여기는 도덕관이 유럽에서 어떻게 탄생했는지를 프로테스탄티즘의 윤리와 관련지어 해명했는데, 니체가 말한 도덕의 계보에서도 그러한 문제의식의 일단을 확인할 수 있다. 니체는 유럽의 노동 대중이 "의지가 약하고 아무 일에나 부릴 수 있으며 매우 수다스러운 일꾼"[10]이라고 지적하고는 "그들은 매일 빵이 필요하듯 주인과 명령하는 자가 필요한 인간이다. 따라서 유럽의 민주화는 가장 정밀한 의미의 노예제도에 적합한 인간 유형을 산출할 것"[11]이라고 말한다. 니체의 생각으로는 이 노예에 어울리는 '인간 유형'을 대표하는 것이 바로 프로테스탄트다.

자연에 대한 침해와 인간의 행복

이렇듯 서양의 금욕적 노동 도덕의 배후에 있는 '계보'를 밝힌 니체는 다른 한편에서 노동과 자연의 관계에 대해, 헤겔이나 마르크스의 전통과는 명확히 구별되는 관점을 제공하기도 한다. 헤겔이나 마르크스는 노동을 통한 자연의 가공을 인간 역사의 발단으로서 중시했지만, 니체는 이러한 견해를 부정했다. 니체가 보기에 그것은 인간의 교만^{hybris}이다. "자연에 대한 우리의 태도는 모두 교만이다. 기계를 사용해, 그리고 자연을 고려하지 않는 전문가나 기술자의 발명에 힘입어 자연을 제압하는 것은 전부 교만이다."[12] 이 사상은 이어서 다룰 하이데거나 호르크하이머·아도르노 등에 의해 발전을 보게 된다.

2
프로이트의 응용

문명과 노동

니체에게서 강한 영향을 받은 지크문트 프로이트[1856~1939]는 교만이라는 관점이 아닌, 기술을 사용하는 노동과 자연에 대한 지배가 실제로 인간에게 행복을 가져다주었는가 하는 관점에서 이 문제를 고찰했다. 그리고 기술의 진보에도 불구하고 인간은 문명화된 사회 속에서 행복을 얻지 못했다고 지적했다. "지난 몇 세대 동안 인류는 자연과학과 그 기술적 응용에서 놀라운 진보를 이룩했고, 전에는 상상하지도 못한 방법으로 자연을 지배하게 되었다. (…) 그러나 이 지배력은 인생에서 기대할 수 있는 유쾌한 만족의 양을 늘리지도, 인간을 더 행복하게 만들지도 못했다."[13]

프로이트는 서양의 문화가 자연을 통제하고 있음에도 인간이 창조한 금욕적 문화 때문에 사람들은 자연스러운 욕망을 실현하지 못하고 불행을 느낀다고 지적한다. "사회는 그 문화적 이상을 실현하기 위해 구성원에게 욕망을 단념하도록 강제"[14]하며, 금욕적 사회의 시민이 신경증에 걸리는 것은 "이 단념을 견디지 못하기 때문"[15]이다.

노동의 다의적 의미

프로이트에 따르면 노동의 의미는 다의적이다. 그는 인간이 욕망의 충족을 단념하기 위해 어쩔 수 없이 택하는 우회적 수단이 노동이라고 생각했다. "노동은 (…) 자기애적이거나 공격적이거나 성애적인 리비도 요소의 상당 부분을 직업적 활동이나 이와 관련된 인간관계로 옮겨놓을 수 있게 한다는 (…) 불가결한 가치를 지닌다."[16] 만약 모든 사람이 자신의 욕망을 충족시키려 한다면 사회는 혼란스러워질 것이다. 따라서 사람들을 노동으로 이끌고 욕망의 충족을 단념시키는 것은 어떤 의미에서 사회의 안녕을 위해 바람직하다. 그러나 인간의 본성은 노동을 꺼린다. "일하기 싫어하는 것이 인간의 타고난 기질"[17]이라는 지적은 그리스도교의 윤리가 지배하는 자본주의 사회에서 욕망의 충족을 단념하고 그저 노동에 힘쓰는 사람들의 운명을 상기시키는 듯하다.

다만 노동에서 자신의 욕망을 '승화시키는' 길을 찾아내는 운 좋은 사람도 있다. 프로이트는 정신분석가라는 자신의 직업에 대해 생각한다. 그에게 일은 곧 삶의 보람이었을 것이다. "직업 활동은 그것이 자유롭게 선택된 경우, 다시 말해 승화를 통해 기존의 경향을—즉 타고난, 또는 기질적으로 강화된 욕망을—활용할 수 있는 경우 특별한 만족감을 가져다준다."[18] 하고 싶은 일에 몰두할 수 있는 사람들에게는 노동이 "행복에 이르는 길"[19]일 수도 있는 것이다.

3
하이데거의 기술론

징발하는 노동

자연을 대하는 현대 과학기술 특유의 자세가 인간에게도 중대한 영향을 끼친다고 지적한 이는 마르틴 하이데거[1889~1976]이다. 그에 따르면 현대 과학기술에는 "현현顯現시키는"[20] 성격이 있다. "현대의 기술을 지배하는 '현현시키는 것'은 추출·저장될 수 있는 에너지를 공급하도록 자연을 향해 요구하는 일종의 징발이다."[21]

과거 농부들의 경작 활동은 "경작지를 징발하는"[22] 난폭한 것이 아니었다. "곡물의 씨를 뿌리고는 종자의 성장력에 모든 것을 맡긴 채 그 생장을 지켜보는 것"[23]이 전부였다. 그러나 현대의 기술은 "징발이라는 의미에서 자연을 몰아댄다. 오늘날의 농업은 기계화된 식량 산업이다."[24] 땅에서 석탄을 캐내고 하천을 막아 수력발전소를 세우는 것은 전부 에너지를 얻기 위한 징발적 행위이다.

자연에 녹아든 과거의 목조 다리는 인간이 살기 좋은 환경을 조성했다. 그러나 댐에 의한 수력발전은 인간이 강에 접근할 수 있는 환경을 파괴한다. "라인강의 수력발전소는 몇 백 년 동안 강가와 강가를 이어주던 그곳의 오래된 목조 다리처럼 지어진 것이 아니다. 차라리 라인강이 수력발전소 안에 지어졌다고 해야 할 것이다."[25]

이러한 사태를 가장 상징적으로 보여주는 것이 원자력이다. 원자력발전이나 핵폭탄에 사용되는 우라늄이나 플루토늄은 땅에서 캐낸 우란 광석에서 우라늄을 추출·정제해 연료로 만들고, 정제된 우라늄을 연소시켜 플루토늄을 추출하는 복잡한 과정을 통해 만들어진다. 이 에너지의 특징은 자연 속에 존재하지 않는 인공적 원소를 만들어 그것을 이용한다는 데 있다. 인간은 이제 자연을 가공하여 자연에 존재하지 않는 것을 창조하기 시작한 것이다. 더구나 이 기술은 환경에 파괴적 영향을 가져올 수 있다.

하이데거는 자연을 대하는 현대인의 이러한 태도가 인간의 양상 자체에 중대한 영향을 끼친다고 지적한다. '현현시키는 것'(즉 자연으로 하여금 에너지를 공급하게 하는 것—옮긴이)이 가능한 것은 "인간 자신이 자연 에너지를 뽑아내도록 이미 징발되어 있기 때문"[26]이다. 인간은 자연보다 '한층 근원적으

264

로 유용한 것'에 속한다고 하지 않을 수 없다. 자연에 앞서 인간이 이미 유용한 '자재'인 것이다. 인간은 자연을 자재로 취급하는 가운데 자기 자신도 하나의 자재로 여기기 시작한다.

이는 인간이 자기 자신을 잃어버렸다는 것을 의미한다. "오늘날 인간이 자기 자신을, 즉 자신의 본질을 만날 수 있는 장소는 어디에도 없다."[27] 인간은 "어느 모로 보나 자기 자신의 본질을 외면하고 있다".[28] 위험한 것은 기술이 아니라 이렇듯 기술을 자연에 대한 '징발'이라는 형태로 사용함으로써 자기를 상실해버린 인간의 양상이다.

세계상의 철학

하이데거는 자연을 대하는 서양의 태도가 르네 데카르트 1596~1650 이후 근대 철학의 전통을 계승한다고 생각했다. 데카르트는 스스로 사고하는 것의 확실성에서 진리의 근거를 찾았다. 즉 데카르트 철학의 기반은 주체로서의 자기에 대한 확신이다. 이 주체가 대상을 마음에 그려봄으로써 대상의 존재와 그 진리가 확정된다. "이렇듯 대상이 되는 것만이 존재하는 것으로 여겨진다. 탐구로서의 학문은 존재자의 존재가 이러한 대상성 안에서 탐구될 때 비로소 가능해진다"[29]고 하이데거는 지적한다.

대상화란 대상을 표상하는(즉 마음에 그려보는) 것이며, 인간은 모든 것을 자신이 그려낸 상像으로서, 표상으로서 취급한다. 하이데거는 인간이 무의식적으로 행하는 대상화, 즉 표상 행위를 가리켜 '앞에 세우는 것vorstellen'이라 부른다. 그리고 징발로서의 기술은 이것이 한층 노골화된 것에 지나지 않는다. "존재자의 존재는 존재자가 '앞에 세워진'[표상된] 가운데서 탐색되고 발견된다."[30]

'상'이란 표상된 것 전체를 가리킨다. "근대의 기본적 진행 과정은 상으로서의 세계를 정복하는 것이다."[31] 세계의 모든 것을 상(표상)으로 그려냄으로써 비로소 가능해진 인간의 기술은 세계상의 철학으로서의 근대 철학의 사고방식과 뿌리를 공유한다. "근대적 기술의 본질은 근대적 형이상학의 본질과 동일"[32]하다. 이 세계상 아래에서 노동은 주체로서의 인간이 표상으로서의 자연을 가공하는 것과 다르지 않다. "세계가 상이 되는 것은 인간이 존재자 안의 주체가 되는 것과 동일한 과정이다."[33]

노동은 주체인 인간이 대상인 자연을 가공하여 자연을 자신에게 이롭게 변화시키는 행위이며, 이는 결국 자연을 파괴하는 행위가 될 수밖에 없다. 과거의 노동은—예컨대 밭을 가는 일이 그러했듯—자연의 혜택을 받기 위해 자연을 가공하는 행위였다. 앞에서 확인했듯이 "농부의 일은 경작지

를 징발하는 것이 아니라 곡물의 씨를 뿌리고는 종자의 성
장력에 모든 것을 맡긴 채 그 생장을 지켜보는 것"[34]이었다.

그러나 현대의 기술적 발전과 더불어 경작이라는 노동은
유전자 조작 작물 위로 헬리콥터나 드론이 살충제를 흩뿌리
는 공업적 영위가 되었다. "오늘날의 농업은 기계화된 식량
산업이다."[35] 이러한 농업이 인간의 이익만을 추구하고 자연
의 유지는 무시하는 파괴적 영위임은 말할 나위도 없다. 노
동은 인간의 과도한 욕망을 충족시키기 위해 정작 인간에게
귀중한 의미를 갖는 자연을 파괴하는 행위가 된 것이다.

4
계몽의 변증법
인간의 내적 자연의 부정

이러한 자연에 대한 침해가 현대 기술 특유의 것이 아닌 인간의 역사 자체임을 지적한 것이 막스 호르크하이머[1895~1973]와 테오도르 아도르노[1903~1969]의 공저 《계몽의 변증법》이다. 이 책은 인간의 역사 전체를 계몽의 역사로서 파악하고 있다. 계몽의 목적은 신화를 깨부수는 것, "인간에게서 공포를 몰아내고 인간을 지배자의 지위에 올려놓는 것"[36]이며, 계몽의 프로그램은 "세계를 주술로부터 해방시키는 것"[37]이다.

이를 위해서는 "자연을 이용해 자연과 인간을 완전히 지배[38]할 필요가 있다. "자기 자신에게도 폭력을 가할 수 있는 사유만이 신화를 파괴하는 데 충분한 강고함을 갖기"[39] 때문이다. 그리고 자연은 신화적 주술에 맡겨서는 안 된다. "자연은 더 이상 [주술적] 동화同化의 영향을 받아서는 안 되며, 노동에 지배되어야 한다."[40]

그러나 여기서 헤겔의 주인-노예론이 작동하기 시작한다.

주인은 자연을 지배하고 가공하기를 바라지만, 노동은 타인에게 즉 노예에게 떠맡긴다. 그러나 니체의 경우와 마찬가지로 여기에도 헤겔의 주인-노예론과 같은 노동의 변증법은 발생하지 않는다. 노예도 주인도 쇠락해갈 뿐이다. 노예는 노동을 강제당하기에 자연의 "사물 가까이에 있음에도 불구하고 노동을 향유할 수 없다. 왜냐면 노동은 강제 아래서 감각을 압살하는 절망적 형태로 이루어지기 때문이다. 노예의 몸과 영혼은 멍에를 짊어지고 있으며 주인은 퇴화해간다. 지금까지의 어떤 지배도 이런 대가를 치르지 않고 넘어갈 수는 없었다."[41]

문명이 발전하고 기술이 개발될수록 정신은 점점 게을러져 퇴화한다. 자연을 지배하는 인간이 자기의 내적 욕망을 부정하고 이마저 지배하려 하는 것이 그 원인이라고 호르크하이머와 아도르노는 지적한다. 인간은 노동과 기술을 통해 인간 외부의 자연이나 타자를 지배하려 했지만, 이는 다른 한편에서 인간 내부의 자연을 부정하는 결과를 초래했다.

"모든 문명적 합리성의 핵심인 이 [자연의] 부정이야말로 증식되어가는 신화적 비합리성의 세포이다. 인간의 내적 자연이 부정됨으로써 외적 자연을 지배한다는 인간의 목적은 물론이고 인간의 삶의 목적 역시 혼란스러워지고 불투명해진다. 인간이 자기 자신을 자연에 속하는 것으로 더는 인식하지 않게 되는 순간, 인간 생활의 모든 목적, 사회적 진보, 모든 물질적·정신적 힘의 증대, 나아가 의식 자체도 무로 돌아간다."[42]

호르크하이머와 아도르노에 따르면, 이는 단순히 현대적 기술이 불러온 귀결이 아니라 신화의 주술적 힘에 의존하기를 그만두고 노동을 통해 자연을 가공한다는 합리성의 정신 자체의 핵심에 숨어 있던 결함이다. 그것은 수단이 목적으로 군림하는 것으로, "후기 자본주의에서는 노골적 광기의 성격을 띠며, 주체성의 까마득한 과거에서도 찾아볼 수 있"[43]을 만큼, 즉 문명의 역사만큼 오래되었다. 이는 노동을 인간이 자신의 이성을 외화해 자기를 실현하는 행위로 본 헤겔이 아닌, 자기 안의 자연을 파괴하는 행위로 본 니체의 사상을 계승한 것이다. 그런데 이는 지나치게 금욕적인 생각이라 할 수 있으며, 위와 같은 곤란에서 벗어날 길을 제시하지도 못한다.

5
생산지상주의의 한계
생산의 거울

테일러 시스템과 포드주의 이후, 노동 문제가 각국 사회의 발전을 좌우하는 중요한 요소로 등장하자 현대적 노동에 대한 새로운 관점에서의 비판이 이루어지게 되었다. 이러한 비판에 대해서는 다음 장에서 소개하고자 하며, 여기서는 하이데거나 호르크하이머·아도르노의 노동론을 이어받아 비판을 전개한 프랑스의 사상가 장 보드리야르[1929~2007]의 노동론을 소개하고 싶다. 보드리야르는 인간이 노동을 통해 유적 존재가 된다는 헤겔에서 마르크스에 이르는 노동론의 배후에 서양의 전통적 형이상학, 특히 그리스도교적 자연 이해가 자리하고 있다고 지적했다.

그리스도교적 자연 이해는 인간이 신에게서 자연에 대한 지배권을 인정받았다고 상정한다. "신은 자신의 형상을 본떠 인간을 창조했으며, 인간에게 쓸모가 있도록 자연을 창조했다. 영혼은 영적 경첩으로, 이것에 의해 인간은 신의 형상을 하게 되며, 또 나머지 자연과 (그리고 인간 자신의 고유한 신체와) 근본적으로 구별된다. '(특히 서구적 형태의) 그리스도교는 역사상 가장 인간 중심적인 종교이다. 고대의 이교異敎나 동방 종교와는 완전히 대조적으로, 그리스도교는 인간과 자연의 이원론을 수립할뿐더러 인간이 자신의 목적을 위해 자연을 이용하는 것이 신의 뜻임을 확언한다.'"[44]

그리스도교적 자연 이해에서는 신의 닮은꼴을 한 인간이 신의 뜻을 체현해 자연을 지배하도록 맡겨졌다고 여겨졌다. 그리고 실제로 자연을 지배하기 위해서는 노동이 필요하다. 인간은 노동을 통해 대상인 자연을 가공하고, 지배하고, 소유한다. 노동의 이론은 전통적으로 "인간과 자연의 분리, 그리고 자연에 대한 지배에 기초한 그리스도교적 합리성과 자유"[45]라는 개념에 근거한다. 그것은 "서구의 모든 형이상학이 비치는 생산이라는 거울"[46]이다.

나아가 보드리야르는 노동이라는 영위가 경제 시스템 안에 매몰되어 있다고 생각했다. 경제 시스템과 이론은 "노동력을 인간의 기본적 잠재력으로 보는 사고방식 자체를 생산"[47]하기 때문이다. 마르크스는 자연에 대한 가공, 즉 "인간의 목적에 따라 자연을 변형시키는"[48] 것이 노동이라고 생각했는데, 그것은 바로 경제학이 추구하는 바이기도 하다.

애덤 스미스와 마르크스 모두 인간은 노동을 통해 자연을 인간화하며, 동시에 인간 자신을 자연의 일부로 만든다고 생각했다. 보드리야르는 이렇듯 오늘날까지의 경제학과 마르크스주의 모두 노동을 통해 "인간의 자연화와 자연의 인간화"[49]가 실현된다고 여겨온 것에 주목하여, 노동과 자연의 변증법적 관계 안에 머무르는 한 인간의 자유는 실현되지 못할 것이라 내다보았다. 인간의 자유는 이 노동의 변증법과 "가치의 테러리즘"[50]의 결합과는 무관한 형태로 실현된다고 생각했던 것이다.

11장
세계화 시대의 노동

오늘날에는 그림자 노동, 감정 노동, 의존 노동, 인정 노동, 시민 노동 등 노동을
파악하는 다양한 방식이 등장했다. 또 AI 기술의 발전에 따라 노동의 양상 자체를
근본적으로 되묻게 되는 시대가 도래했다.

이반 일리치
Ivan Illich 1926~2002

오스트리아의 외교관 가정에서 태어났다. 이탈리아와 독일에서 공부한 후 중앙아메리카에서 사제로 활동하지만, 바티칸 교황청과의 대립 끝에 사제직을 버렸다. 이후 '탈학교', '토박이', '그림자 노동' 등을 키워드로 하여 인간의 자율성·자립이라는 관점에서 근대 문명의 기술과 제도를 비판하는 저술을 다수 발표했다.

클라우디아 폰 베를호프
Claudia von Werlhof 1943~

독일의 사회학자. 독일 연방공화국의 1세대 페미니즘 연구자로서 1976년에는 폭력 피해 여성을 위해 '여성의 집'을 설립하는 등 열정적으로 활동했다. 생태주의와 여성주의를 결합한 '에코페미니즘'의 창시자 중 한 사람이다.

앨리 러셀 혹실드
Arlie Russell Hochschild 1940~

미국의 사회학자. 여성주의 사회학의 일인자로서 젠더, 가정생활, 돌봄 노동을 둘러싼 갖가지 문제를 조명했다. 일찍부터 감정의 사회성에 주목해 1983년 《감정노동》을 펴냈으며, 감정사회학이라는 분야를 개척했다.

콘스탄틴 스타니슬랍스키
Konstantin Stanislavski 1863~1938

러시아·소련의 배우이자 연출가. 러시아 연극의 대표적 인물 중 한 사람. 배우 본인의 체험을 바탕으로 '배역을 살아내며' 내면의 진실을 추구하는 연기술(스타니슬랍스키 시스템)을 고안해 세계 연극계에 큰 영향을 주었다.

안토니오 네그리
Antonio Negri 1933~2023

이탈리아의 철학자이자 정치 활동가. 1979년 테러를 주도한 혐의로 체포·구속되었으며 1983년에 프랑스로 망명했다. 1997년 귀국하여 재차 구속되었으며 2003년 석방되었다. 마이클 하트와 함께 쓴 《제국》에서는 세계화에 의한 세계 질서의 형태를 '제국'으로서 파악했다.

마이클 하트
Michael Hardt 1960~

미국의 철학자이자 비교문학자. 워싱턴 대학에서 비교문학 박사 학위를 취득한 후,

파리 8대학에서 당시 프랑스에 망명 중이던 안토니오 네그리를 사사했다. 저서로는 스승 네그리와 함께 쓴 것이 많으며, 특히 《제국》으로 유명하다.

에바 페더 키테이
Eva Feder Kittay 1946~
미국의 철학자. 여성주의 철학, 윤리학, 사회학, 정치사상을 전문으로 한다. 장애인 딸을 보살핀 경험을 바탕으로 육아나 돌봄 등 주로 여성이 도맡아온 돌봄 노동에 빛을 비춰 정의와 평등의 가치를 고찰했다.

데이비드 그레이버
David Graeber 1961~2020
미국의 인류학자, 아나키스트, 활동가. 저서로 《부채, 첫 5,000년의 역사》, 《관료제 유토피아》, 《불쉿 잡》 등이 있다. 2011년 사회 격차에 반대하여 일어난 항의 운동 '월가를 점거하라Occupy Wall Street'에서 지도적 역할을 맡았다.

1
그림자 노동

임금이 지급되지 않는 두 종류의 노동

끝으로 세계화 시대의 노동에 관한 다양한 논의를 살펴보자. 우선 지금까지 다뤄온 노동론에서는 특별히 검토되지 않았던 가사 노동에 대해 생각해보고 싶다. 노동을 생산의 관점에서 바라보는 한, 노동 활동을 밑받침하는 다양한 영위는 생산성이 낮은 보조적 활동으로서 폄하된다. 이를 가장 상징적으로 보여주는 것이 바로 여성의 집안일이다. 노동자는 생산 활동에 종사하기 위해 식사를 하고, 휴식을 취하고, 잠을 자야 한다. 많은 사회에서 노동자의 노동을 떠받치는 이런 보조적 활동은 거의 여성이 도맡고 있다. 그리고 이런 노동에는 임금이 지급되지 않는다.

페미니스트들은 지난날 여성의 가사 노동에도 임금을 지급해야 한다고 주장했는데, 어떤 의미에서 이는 당연한 요구

278

였다. "가사 노동은 노동력을 재생산하는 노동"[1]임이 분명하며, 많은 여성은 남성의 '신성한' 노동이 이루어질 수 있는 조건을 제공하기 위해 스스로는 '신성한' 노동을 포기해야 했기 때문이다. 따라서 가사 노동을 강요받은 여성들이 "노동력을 재생산하는 이 노동을 담당하는 개개인에 대한 확실한 권리 보장"[2]을 요구하는 것은 당연한 일이며, 이를 인정하지 않는다면 "무보수로 재생산 노동을 떠맡는 것에 반기를 들기로 결의하는"[3] 것 역시 자연스러운 일이다.

임금이 지급되지 않는 여성의 가사 노동은 사회의 생산 활동을 가능케 하는 조건으로 전제되어 있는데, 이러한 무급 노동을 '그림자 노동shadow work'이라는 개념으로 고찰한 이가 오스트리아 태생의 문명비평가 이반 일리치[1926~2002]다. 일리치는 임금이 지급되지 않는 노동에는 두 종류가 있다고 지적했다. 남자들의 임금노동을 가능케 하기 위한 노동, 즉 "임금노동을 보완하는 '그림자 노동'"[4] 그리고 "임금노동과 그림자 노동 모두에 대해 경쟁하고 대항하는 자급자족 노동"[5]이다. 후자는 '토박이 노동vernacular work'이라 불린다.

'토박이'라는 개념은 원래 '자국에서 만들어낸 것'이라는 의미이며, 일리치의 설명에 따르면 "집에서 만들거나 짜거나 기른 것으로, 시장에서 사고팔기 위한 것이 아니라 오직 집에서만 사용되는 것"[6]이다. 육계로 길러진 닭은 시장용 제품이지만, 시골집 마당을 돌아다니는 닭은 토박이 동물이다.

일리치는 여성의 가사 노동으로서, 자본주의 사회 속 그림자 노동으로서의 가사 노동과 자본주의와는 다른 요소를 지닌 토박이 가사 노동을 대비시킨다. 현대 자본주의 사회에 사는 주부는 달걀프라이를 만들기 위해 대개 "마트에 가 달걀을 사고, 자동차에 싣고 아파트에 도착해 엘리베이터를 타고 7층 집에 내려서는, 레인지를 켜고 냉장고에 있는 버터를 꺼내 달걀을 부친다. 이 경우, 그녀는 각각의 단계마다 상품에 가치를 덧붙인다".[7] 그녀가 그림자 노동으로서 하는 거의 모든 영위는 대가를 지불해야 하는 영위이다. 그런데 그녀의 할머니라면 "닭장에서 달걀을 꺼내고, 집에서 만든 돼지기름 덩어리를 조금 떼어낸 다음, 손자가 공유지에서 주워 온 장작으로 불을 지"[8]필 것이다. 토박이 사회 속 인간 활동은 대가를 지불할 필요가 없는 경우가 많다. 이러한 토박이 집안일은 그림자 노동과는 다르며, 애당초 노동이라고 할 수도 없는, 놀이에 가까운 것이라고 일리치는 생각했다.

전통적 사회의 토박이 노동과 명확히 구별되는 그림자 노동은 자본주의 사회와 함께 새롭게 등장한 것이라는 데 주의할 필요가 있다. 과거에도 여성이 집안일을 하는 것은 지극히 일반적이었지만, 거기에는 오늘날과 같은 '무급 노동'이라는 의미는 없었다. 과거 여성의 집안일은 "생활의 자급자족을 지향"⁹하는 더없이 자연스러운 활동이었다. 여성들은 "남성들과 합심해 집 전체를 식구들의 생계를 위한 환경과 수단으로 꾸려나갔"¹⁰다.

그런데 자본주의 사회에서는 상품을 생산하기 위한 노동만이 일로 인정받는다. "기본적 필요는 임금노동의 생산물을 통해서만 충족된다. 이 점에서는 주거와 교육이 다르지 않고 교통과 분만이 다르지 않다."¹¹ 이런 사회에서는 임금노동만이 일로 인정받으며, 자급적 활동은 무가치하다고 여겨진다. 과거에 여성의 집안일은 가정을 유지하기 위한 자급적 활동이었지만, 자본주의 사회는 여성에게 "임금노동을 위한 재생산, 재충전, 동기 부여의 역할을 강요한다."¹²

이러한 활동에 종사하는 사람 혹은 이러한 활동에 쓰이는 시간은 생산적이지도, 가치를 창출하지도 않는다고 폄하된다. '그림자 노동'에 대한 일리치의 정의에 따르면, '가치를 창출하지 않는' 노동은 가사 노동에만 국한되지 않는다. 노동을 준비하는 일 역시 임금이 지급되지 않는, 그림자에 가려진 노동이다. 예컨대 "승진만을 바라며 싫어하는 시험 과목을 벼락치기로 공부하는 남편이나 매일매일 사무실로 통근하는 남자"¹³의 노동 역시 그림자 노동에 속한다. 통근 시간은 사회적으로 정해진 근무시간에 추가된 것이기에 노동자에게는 힘든 시간일 수밖에 없다. 통근하지 않으면 노동을 할 수 없음에도 통근은 노동 자체가 아니라 노동을 가능하게 하는 조건일 뿐이다. 좀 더 나은 근무 여건을 위한 시간 외 준비 활동, 자격 취득을 위한 시간 외 학습 역시 노동을 위한 조건이자 임금이 지급되지 않는 그림자 노동이다.

그림자 노동은 생산 활동만이 가치를 창출한다고 여기는 자본주의 사회의 산물이다. 자본주의 이전의 사회에서는 가족을 위해 장을 보고 음식을 만드는 일을 깎아내릴 이유가 없었으며, 그것은 오히려 생활을 즐기기 위한 중요한 활동이었다. 물론 자본주의 사회에서도 장보기나 요리가 기쁨을 가져다줄 수 있다. 그러나 이러한 활동은 임금노동 성립의 조건으로서 행해지기에 구조적으로 가치가 떨어진다고 여겨질 수밖에 없다.

그림자 노동 비판

다만 일리치의 그림자 노동 개념은 페미니스트들의 비판을 받았다. '빛'과 반대되는 '그림자'라는 말이 가사 노동에 부정적 인상을 줄 수 있으며, 어찌되었든 임금노동 이외의 노동은 주인공인 임금노동의 그림자로 취급되었기 때문이다. 독일 사회학자이자 페미니스트인 클라우디아 폰 베를호프[1943~]는 가사 노동이 그림자 노동의 일부로 다뤄진 데 대해 "그림자 노동을 이해하려면 우선 가사 노동이 무엇인지 알아야 한다"[14]고 지적하고는, "가사 노동은 질적으로 그림자 노동과 임금노동 모두를 능가"[15]한다고까지 말한다. 어째서일까?

가사 노동은 무급 노동이다. 전업주부는 물론이고 임금노동을 하는 여성도 근무시간 외에는 가사 노동에 종사한다. 남편과 자녀의 식사를 준비하고, 빨래하고 청소하며 쾌적한 가정생활을 도모하는 것이다. 이것은 중요한 일이다. 가사 노동은 임금이 지급되지 않기에 '그림자' 속 일처럼 생각되지만 실제로는 '빛'이 나는 임금노동을 가능하게 한다. 가사 노동이 이루어지지 않으면 가족은 바깥에서 일을 할 수 없다. 식사와 숙면은 임금노동을 가능하게 하는 조건이다. 그런데 이 중요한 일에 임금이 지급되지 않는 것이다.

기업 내에도 실제 생산에 종사하지 않는 직원의 수는 의외로 많으며, 생산 공장으로 범위를 좁혀도 총무나 경리의 업무부터 청소, 근태 관리에 이르는 다양한 일이 존재한다. 물론 이에 종사하는 사람들의 급여는 생산 비용에 포함된다. 그러나 생산직과 비생산직을 포함한 모든 일을 할 수 있게 하는 가사 노동은 생산 비용에 산입되지 않는다. 달리 말해 기업은 그 노동량을 무료로 얻는 것이다.

가사 노동이 생산 비용에 산입되면 제품 가격이 급등하고 시장은 축소되어 생산 자체를 유지할 수 없게 된다. 이를 고려하면, 어떤 제품이 판매될 수 있는 것은 가사 노동의 비용이 제품 가격에서 제외되었기 때문이라 할 수 있다. 베를호프에 따르면 이는 자본의 원초적 축적에 해당한다. 마르크스가 말한 자본의 원초적 축적은 역사적으로 자본주의가 탄생한 시기에 이루어졌지만, 가사 노동이라는 형태의 원초적 축적은 매일 이루어진다. "과거의 것이든 현실의 것이든, 원초적 축적을 자본주의적 발전의 통합된 구성 요소로서"[16] 즉 자본주의적 생산과정 안에서 항상 재생산되는 것으로서 파악할 필요가 있다.

자본주의는 가사 노동이라는 무급 노동에 크게 의존한다. 가사 노동은 주로 여성이 담당하는 '여성화된' 노동이다. 남성이 가사 노동을 한다면 그는 여성의 입장에 서게 된다. "오늘날 자본가들은 임금노동을 감축하고 가사 노동을 확대하고 있다. 정확히 말해 그들은 '자유로운' 임금노동을 줄이고 가사 노동과 비슷한 (⋯) '여성화된' 부자유한 노동을 갖가지 형태로 늘리고 있다. 예컨대 '이민노동자'의 노동, 부업, 파트타임, 계절노동, 도급·파견 노동, 아동노동, 장소·기업·영업에 '묶인' 노동, [이민이나 난민의] 캠프 노동, 탈법 고용, 노예노동 등이 그렇다."[17] 이렇게 보면 오늘날에는 정규 임금노동이 아닌 '여성화된' 가사 노동과 유사한 종류의 노동이 노동의 주류를 차지하고 있다고 하지 않을 수 없다.

2
감정 노동

감정 노동이란?

'여성화된' 일 중 하나로서 '감정 노동'이라는 특별한 종류의 노동에 대해 생각해보자. 흔히 노동은 그 작업을 수행하는 것이 주로 신체인지 정신인지에 따라 육체노동과 정신노동으로 분류된다. 육체노동은 주로 신체를 사용하는 노동이지만, 신체를 사용할 때는 당연히 정신도 함께 사용하므로 순수한 육체노동은 없다. 가령 아주 기초적인 육체노동의 예로 짐을 나르는 하역 노동자의 일을 드는 경우가 많지만, 이 역시 짐을 다루는 방식에 대한 궁리, 이동 경로의 최적화, 목적지에 대한 의식 같은 정신적 작용을 요한다.

그런가 하면 정신노동은 사색이나 몽상 같은 개인적 행위가 아니며, 어디까지나 노동이기에 타인의 지시에 따라 신체를 움직여야 한다. 예컨대 세심한 기억력과 주의력을 요하는 경리 업무는 앉아서 하는 일이며 전형적인 정신노동이지만, 펜이나 장부, 컴퓨터 소프트웨어를 사용하려면 민첩한 신체가 뒷받침되어야 한다. 정신노동 역시 육체노동의 요소를 포함하는 것이다.

감정 노동은 정신노동과 육체노동 어느 쪽에도 들어맞지 않는, 새로운 관점에서 파악된 노동이다. 사람을 대하는 노동은 정신과 육체에 더해 감정까지 요하는 경우가 많다. 부티크에서 스웨터를 파는 일은 온종일 서서 일한다는 측면에서는 육체노동이며, 손님에게 알맞은 상품을 제안한다는 측면에서는 정신노동이지만, 미소를 유지한 채 손님이 편하게 쇼핑할 수 있도록 서비스를 제공한다는 측면에서는 감정 노동이다. 마트의 계산원처럼 현장에서 손님을 상대하는 판매 담당자는 여성인 경우가 많으며, 이러한 사람들은 감정 노동을 수행하도록 요구받는다.

감정 노동이라는 개념을 제시한 미국의 페미니스트 사회학자 앨리 러셀 혹실드[1940~]는 감정 노동을 "공개적으로 드러나는 얼굴 표정이나 신체적 표현을 만들어내기 위해 감정을 관리하는 것"[18]으로 정의한다. 이는 직업 활동 내에서 팔리며, 노동이기에 대가를 요한다. "감정 노동은 임금을 받고 팔리므로 '교환가치'를 갖는다."[19]

다만 감정의 관리는 교환가치만을 목표로 이루어지지 않

는다. 우리 모두는 어느 정도 감정을 관리하며 살아간다고 할 수 있다. 우리는 집에서 가족과 함께 생활하고, 직장에서 상사나 동료와 함께 일한다. 자신의 감정을 언제나 있는 그대로 드러낸다면 우리의 생활은 수월하지 않을 것이다. 남편은 아내의 기분을 살펴 자신의 감정을 적절히 다스리고, 아내역시 남편의 기분을 살펴 자신의 느끼는 바를 있는 그대로전달하는 것을 삼갈 필요가 있다. 회사 동료에게 화가 난들이를 상대에게 직접적으로 드러내면 싸움만 날 뿐이며, 일도잘 풀리지 않을 것이다. 누구나 어느 정도는 자신의 감정을관리하며 살아간다. 다만 그것은 노동으로서 팔리기 위한 것이 아니다. 사용가치가 있을 뿐 교환가치는 없다.

감정 노동이 요구하는 것

혹실드는 감정 노동이 강하게 요구되는 노동의 일례로 여객기 객실 승무원의 노동을 든다. 짐을 나르는 육체노동자는짐을 나르는 것이 일의 전부이며, 짐이 무거워 얼굴을 찌푸려도 트집 잡힐 일은 없다. 경리를 담당하는 정신노동자 역시맡은 일만 처리하면 될 뿐 미소를 지으며 장부를 작성할 필요는 없다. 그러나 객실 승무원과 같은 감정 노동자의 일은단순히 승객에게 서비스를 제공하는 데 그치지 않는다. 승객이 다시금 해당 항공사를 이용하도록 승객을 만족시키는 것이 중요하다. "승무원의 경우에는 서비스를 제공할 때의 감정 상태도 서비스의 일부분이다. '일을 좋아하는 것'처럼 보이는 것도 승무원이라는 직업의 일부가 된다."[20]

많은 항공사의 승무원은 승객에게 서비스를 제공하는 것은 물론이고 승객이 해당 항공사를 다시 찾게 만들어야 한다. 경쟁과 무관한 항공사의 승무원은 특별히 감정 노동을 요구받지 않아 비교적 건조한 태도로 서비스 제공에만 집중할 것이다. 실제로 국영 항공사나 독점적 시장점유율을 가진 항공사의 승무원은 비교적 건조한 태도로 일하는 경우가 많다.

그러나 승객을 만족시켜 자사를 다시 찾게 해야 하는 주요 항공사의 승무원은 많은 일을 해내야 한다. 승객을 미소로 대해야 하며, 그 미소는 직업상의 필요에서 억지로 만든 것이 아닌, '자신의 일을 좋아하는' 듯한 미소여야 한다. 또 승객의 어떤 불만 사항이나 요구에도—그것이 허용 범위 내에 속하는 한—친절히 응대하지 않으면 안 된다.

이러한 감정 노동은 때로 승무원에게 자기희생을 요구한다. 승무원은 터무니없는 요구에 욱하는 기분이 들어도 감정을 억누르려 애써야 하며, 억지스러운 불만이나 요구 사항을 말하는 승객에게도 만족을 줘서 자사에 대해 좋은 이미지를 갖게 해야 한다. 거기서 감정 노동이 요구되는 것이다.

감정 노동은 승무원뿐 아니라 비서, 기업의 고객 상담원 등 다양한 직무에 걸쳐 있다. "이런 노동은 정신과 기분이 잘 조절되어야 하고, 때로는 각자의 개성을 구성하는 본질이라고 여겨지는 부분까지도 다 내줘야 한다."[21]

표면 연기와 심층 연기

감정 노동자는 자신의 감정을 관리하기 위해 '표면 연기surface acting'와 '심층 연기deep acting'라는 두 가지 방법을 사용한다. 이 개념을 제안한 혹실드의 정의에 따르면, 표면 연기는 타인에게 어떻게 보일지를 의식해 감정을 표현하는 행위이다. 여객기 승무원이 승객에게 보이는 미소는 대체로 표면 연기일지도 모른다. 승무원은 승객을 따뜻이 맞이해 그들이 기내에서 편한 시간을 보낼 수 있도록 노력한다는 것을 이 미소로 표현한다. 표면 연기는 감정 노동의 필수적 측면이다.

많은 경우에 감정 노동은 표면 연기만으로도 가능할 것이다. 그러나 회사는 노동자에게 표면적 감정 노동이 아닌 심층적 연기를 요구하기도 하며, 항공사 승무원들은 이러한 심층 연기를 요구받는다고 혹실드는 지적한다. 그녀에 따르면 심층 연기에는 두 종류가 있다. "하나는 감정을 직접적으로 추동하는 방식이고, 다른 하나는 훈련된 상상력을 간접적으로 이용하는 방식"[22]이다.

전자는 자신이 연기하는 감정을 마음속에서 실제로 느끼려 노력하는 것이다. 자기 자신에게 '자, 즐겁게 일하자' 하고 명령하면 실제로 일이 즐거워질지도 모르며, 우울할 때 기쁜 얼굴을 하고 있다 보면 곧 우울함이 가시고 실제로 기뻐질지도 모른다. 나아가 감정 노동은 임금이 지급되는 노동이기에 심층 연기를 위한 노력에는 보상이 따른다.

후자는 자신이 연기하는 감정을 실제로 느끼기 위해 상상력을 동원하도록 훈련하는 것이다. 연극배우는 배역의 표면에만 머물러서는 안 되며, 완전히 그 배역이 되어 연기해야 한다. 눈물을 흘리는 척하기보다는 마음속에 슬픈 감정을 불러일으켜 실제로 우는 것이, 그리고 화난 표정을 만들어내기보다는 실제로 분개해서 그것을 겉으로 드러내는 것이 바람직하다. 저서 《배우 수업》에서 배우가 지녀야 할 마음가짐을 자세히 논한 러시아의 연출가 콘스탄틴 스타니슬랍스키 1863~1938는 마음속에 담아둔 수많은 감정의 기억을 활용해 배역의 기분을 실제로 느끼는 방법을 제시했다. 예컨대 배우 자신이 누군가의 장례식에서 느낀 슬픔, 쓸쓸함, 당혹스러움 등의 감정을 기억해두었다가 연극의 장례식 장면에서 그때의 기분을 생생하게 떠올리고는 그 기분을 재현하고 다시금 실제로 맛보는 것이다.

이것이 능숙해지면 배우의 연기력은 개선되고, 노동자의 감정 노동은 높은 교환가치를 얻게 된다. 이 연기법은 노동자에게 그다지 해가 되지는 않을 것이다. 그러나 여기에는 무시하기 어려운 문제가 있다. 순조롭게 진행될 때는 별다른 문제가 없다고 해도, 이러한 연기 자체에 의문이 생기기도 하는 것이다. 감정은 우리 삶에서 중요한 역할을 하기 때문이다.

감정의 작용

감정은 우리가 자신의 기분을 자각하는 데 있어 중요한 기능을 한다. 우리는 이성의 작용과는 별도로 감정의 작용을 자각한다. 전통적 철학에서 감정은 이성이나 지성보다 덜 중요하게 여겨지지만, 실제로 우리의 진짜 기분을 알려주는 것은 감정이다.

고대하던 파티가 열리기 직전에 어떤 뜻하지 않은 일로 파티에 참석하는 것이 도저히 내키지 않게 되었다고 해보자. 파티에서 나는 내 감정을 속이고 사교적 태도를 보이며 제법 즐거운 듯 행동할 수 있다. 표면 연기로 남들을 속일 수도 있으며, 심층 연기로 나 스스로도 즐거운 듯 행동할 수 있다. 표면 연기의 경우에는 내가 연기를 하고 있으며 파티를 진정으로 즐기지는 못한다는 것을 나만은 알고 있다. 그러나 능숙한 심층 연기에 따라 스스로도 즐거운 기분이 되면 점차 내 진짜 기분을 부정하고 망각하게 된다.

장례식에서는 고인을 추도하고 슬픔을 표현해야 한다. 설령 마음속으로 고인에게 큰 원한을 품고 있어도 사람들의 기대에 따라 슬픔을 연기하면 대인 관계에 문제가 생기는 일은 없을 것이다. 그러나 내가 원한의 감정을 덮어버림으로써 스스로를 속인 것은 분명하다. 그리고 내 진짜 기분을 계속해서 속인다면 결국 내가 상처 입을 수밖에 없다.

이렇듯 감정 노동은 심층 연기를 통해 자신의 감정을 부정하고 속이도록 요구한다. 말하자면 회사의 이익을 위해 자신의 감정을 계속해서 부정하는 일이다. "감정 노동은 자아에 관한 개인의 인식에 도전장을 던"[23]지며 "사람이 '진짜 자기'라고 느끼는 것과 그 사람의 내면적·표면적 연기 사이에 단절이 있다면, 이는 어떻게든 해결해야 하는 문제가 된다."[24]

이러한 분열이 일어나면 "공적 자아와 사적 자아를 계속 융화된 상태로 유지하기는 점점 더 어려워"지며, 자기를 지키기 위해 양자는 강제로 분리된다. 노동자들이 "자신의 미소와 그것을 진실한 상태로 유지하는 감정 노동이 정말 자신의 것인지 의문을 품"[25]게 되는 것은 불가피한 일이다.

혹실드에 따르면 1970년대에는 여성 노동자의 절반, 남성 노동자의 4분의 1이 감정 노동에 종사했다.[26] 감정 노동은 일을 위해 자신의 진짜 기분을 알려주는 내적 신호인 감정을 속이도록, 즉 "내적 신호가 흐려지거나 그에 대한 감각이 마비되는 데 익숙해지"[27]도록 요구한다. 그리고 "감정에 다가가는 길을 잃어버리면, 우리는 주변 세계를 해석하는 핵심 수단을 잃을"[28] 수밖에 없다.

정동 노동

이탈리아의 사상가 안토니오 네그리[1933~2023]와 미국의 철학자 마이클 하트[1960~]는 과거 평판이 자자했던 저작 《제국》에서, 자동화·기계화가 진행된 현대 자본주의 사회에서는 본래 육체노동이었던 선반공의 일까지도 추상 노동이 되었다고 지적하고, 오늘날에는 노동 자체의 질이 크게 변모하고 있음을 강조했다. 그리고 현대에 특히 중요한 서비스 부문에서 보이는 '비물질적 노동'에는 감정 노동을 비롯한 다음의 세 종류의 노동이 포함된다고 지적했다.

첫째는 공업 생산에 정보과학을 활용하는 데서 생겨나는 노동이다. 자동선반의 설계에서 제조에 이르는 자동화된 노동에서는 사람들의 커뮤니케이션에 관한 정보기술이 활용되며, 인간이 실제로 일하는 국면은 극도로 축소된다.

둘째는 "분석적·상징적 작업"[29]으로, 이 작업은 고도의 지적 노동과 데이터를 다룰 뿐인 단순 작업으로 양극화되는 경향이 있다.

가장 중요한 것은 셋째인 감정 노동인데, 네그리와 하트는 이를 '정동情動 노동affective labor'이라 부른다. 돌봄 노동과 같은 노동은 "정동의 생산과 조작操作을 포함하며, (가상적 또는 실제적인) 인간적 접촉과 신체적 양식의 노동을 요구한다."[30] 이 노동은 앞에서 살펴본 감정 노동과 다르지 않은, "인간의 접촉, 상호작용에서의 정동 노동"[31]이다. 그리고 노동생산성 향상을 위해서는 이 세 종류의 비물질적 노동, 그중 특히 정동 노동이 중요하다. "오늘날 생산성, 부, 사회적 잉여 창출은 언어적, 커뮤니케이션적, 그리고 정동적 네트워크를 통해 협동적 상호작용의 형태를 띤다."[32]

마르크스의 기계제 대공업 시대와 달리 현대에는 비물질적 노동이 잉여가치를 창출하는 중요한 역할을 담당한다. 네그리와 하트가 말했듯 "정동 노동의 새로운 힘과 지위는 지적 노동과 마찬가지로 노동을 특징짓는다. 생生권력(삶권력)은 이런 지적인 동시에 신체적인 생명의 생산력을 지칭한다."[33] 그렇다면 이러한 노동은 '생권력적' 노동이라 부를 수 있을 것이다. 이제 생권력적인 지적·정동적 능력이야말로 생산의 중축이며, "오늘날 가치의 잉여는 정동, 지식을 가진 신체, 정신적 지성, 순전한 활동적 힘으로 결정된다."[34] 사회변혁 운동 역시 정동 노동의 장을 제외하고는 생각할 수 없다. 네그리와 하트는 정동 노동에서 변혁을 위한 큰 가능성을 찾은 듯하다. "비물질적 노동은 일종의 자발적·기초적 공산주의의 가능성을 제공하는 것처럼 보인다."[35]

의존 노동

감정 노동과 밀접히 관련된 노동으로는 돌봄이나 양육처럼 타자의 생활을 유지하기 위한 노동이 있으며, 근래에 이는 '의존 노동labor of dependency'으로서 고찰된다. 타자의 생활 자체에는 관여하지 않는 정동 노동도 본질적으로는 의존 노동과 공통되는 바가 있다. 의존 노동이라는 개념을 제시한 에바 페더 키테이[1946~]는 의존 노동을 좁은 의미의 의존 노동과 넓은 의미의 의존 노동으로 나누며, 비서나 식당 종업원 등의 감정 노동을 기존의 의존 노동으로 분류되지 않는 "확장된 의미의 의존 노동"[36]으로 본다. 이는 넓은 의미의 의존 노동이라 할 수 있을 것이다.

여기서 말하는 '의존'은 "자기 힘으로 살아가는 데 필수적인 어떤 종류의 능력이 결여"[37]되어 있다는 의미이다. 의존에는 두 종류가 있다. 하나는 자기 힘으로 살아갈 수 없는 유아나 노인, 신체나 정신에 장애가 있는 사람들이 타인의 노동에 의존하는 것이다. 엄마는 아이를 위해 여러 서비스를 제공하며, 이러한 서비스 없이 아이는 제대로 자랄 수 없다. 고령이 되면 신체가 생각대로 움직이지 않게 되어 타자의 도움이 필요해진다. 이는 모든 사람이 경험하는, 각오해둬야 하는 의존 상태이다. 또 정신 질환이 있는 사람이나 신체에 병이나 장애가 있는 사람도 타자의 서비스를 필요로 한다. 사고로 눈이 보이지 않게 되면 우리는 당장 내일부터 스스로 식사를 챙기는 데 어려움을 겪을 것이다. 이렇듯 자기 힘으로 살아갈 수 없는 사람들에게 필요한 서비스를 제공하는 것이 좁은 의미의 '의존 노동'[38]이며, 의존 노동을 제공하는 사람은 의존 노동자, 의존 노동을 제공받는 사람은 피보호자라 부를 수 있다.

문제는 이러한 서비스를 제공하는 사람은 주로 여성이며, 이 서비스만으로는 생계를 유지할 수 없어 의존 노동자 역시 타자에게 의존할 수밖에 없는 경우가 많다는 것이다. 집에서 아이를 돌보는 엄마는 배우자의 수입에 의존하게 될 것이며, 그것만으로는 부족해 자신도 돈을 벌어야 하는 경우도 많다. 형편이 넉넉한 여성이라면 전문 의존 노동자를 고용할 수 있겠지만, 그 일에 종사하는 것은 "대체로 가난하고 취약한 처지에 놓인 여성이다. 남에게 고용되어 의존 노동에 종사하는 가난한 여성은 자기 가정 내의 다른 여성 식구의 도움에 기대고는 한다".[39] 고령의 가족을 돌보는 노동 역시 대체로 여성이 떠맡는다.

나아가 의존 노동의 수입으로 생계를 유지할 수 있다고 해도, 이 경우에는 대개 고용주인 피보호자가 힘의 관계에서 우위를 점해 의존 노동자는 지배 관계 속에 놓인다. 또한 의존 노동자는 노동자로서 고용 관계에 의존할 수밖에 없다. 나머지 하나의 의존은, 이렇듯 의존 노동자 역시 어떠한 형태로든 타자에게 의존하는 것이다.

의존 노동 내 힘의 관계에서 의존 노동자가 피보호자보다 우위에 있든 열위에 있든 복잡한 권력관계가 발생하는 것은 마찬가지이며, 이는 말로는 좀처럼 설명하기 어려운 갈등을 낳는다. 의존 노동에는 몇 가지 도덕적 난문이 불가피하게 따라붙는다.

첫째, 피보호자는 자율적으로 살아갈 수 없는 약자인 경우가 많으며, 의존 노동자는 여타 노동자와 달리 특유의 도덕적 책무를 진다. 고통받는 사람, 힘없는 사람을 돕고 싶어 하는 것이 인간 고유의 도덕적 책무이겠지만, 선의로 한 차례 도움을 베푸는 것은 별로 어렵지 않아도 그것이 매일 계속된다면 이 책무는 다른 의미를 지닐 것이다. "의존 노동의 실제 조건은 물론이고 의존 상황에 놓인 사람을 돌본다는 데서 비롯되는 도덕적 요구 역시 의존 노동자를 취약하게 만든다."⁴⁰ 보통의 도덕 관계에서는 각각의 당사자가 상대로부터의 도덕적 요구를 거부할 수 있지만, 고용 관계나 가족 관계 속의 의존 노동자는 대개 이러한 도덕적 요구를 거부할 수 없다.

둘째, 의존 노동자는 이렇듯 도덕적으로 불리한 입장에 설뿐더러 욕구 충족의 자유도 제약당한다. 피보호자의 욕구를 충족시키는 것이 일이기에 자신의 욕구 충족에는 제약이 따르는 것이다. 많은 의존 노동자는 의존 노동에서 충분한 보수를 받지 못하며, 생계에 대해서는 다른 가족에게 의존하게 된다. 아이를 기르며 파트타임으로 일하는 여성은 아이라는 피보호자를 위한 노동을 이중으로 짊어지면서도 생계 자체는 남편에게 의존할 수밖에 없으며, 자신의 욕구 충족은 포기하지 않을 수 없다. 더구나 가령 겉으로는 평등의 원칙이 통용되는 사회, 다시 말해 "평등이 상정된 사회의 의존 노동자는 피보호자에 대해서는 돌봄의 의무를 지며, 가계를 책임지는 사람에 대해서는 무력하다는 불리한 상황에 놓여 있다."⁴¹

이러한 갈등은 현대의 많은 소설, 애니메이션 등의 익숙한 소재이기도 하다. 당사자마다 처한 상황은 조금씩 다르기에 자신의 난국을 극복하기 위해서는 스스로 노력할 수밖에 없지만, 그럼에도 자신의 처지를 상대화해 객관적 관점에서 재검토하기 위해서는 의존 노동의 본질을 고찰하는 것이 중요하다.

또한 자원봉사는 무상을 내세운 활동이기에 노동으로 여겨지지 않지만, 무상 의존 노동이라고 생각하면 본질적으로는 차이가 없을 것이다.

인정 노동

감정 노동이나 의존 노동과 얼마간 질적으로 차이가 나는 노동으로서, 노동자를 자율적 인간으로 인정하여 기쁨의 감정을 불러일으키는 '인정 노동'이 있다. 헤겔 노동 철학의 인정 이론을 들고나올 것도 없이, 타인의 인정을 구하는 것은 인간의 본질적 속성이다. 우리는 인간이 되기 위해 어린 시절부터 부모나 가족, 친구와 동료의 인정을 필요로 한다.

다만 잘 알려져 있듯이 인정 욕구는 사회적 통합과 지배의 수단으로 사용되어왔다. 나치 시대의 이상적 여성상은 어머니상이었다. "교회, 의회, 대중매체가 수 세기에 걸쳐 행한 '좋은' 어머니와 주부에 대한 선동적 호소는 여성이 성별 분업에 가장 적합한 자아상에 갇혀버리는 원인이 되었다."[42] 이러한 여성상은 두말할 나위 없이 사회에서 여성의 직업 선택에 큰 영향을 끼쳐왔으며, 여성이 생각하는 이상적 자아상 (자신의 이상적 모습은 무엇인지, 어떤 여성으로 인정받고 싶은지)을 결정해왔다. 사회의 인정은 '인정 이데올로기'로서 기능하기도 한다. 이 이데올로기는 억압과는 거리가 먼 방식으로 사람들을 따르게 하는 힘을 갖고 있다.

그리고 오늘날의 노동시장에서는 타자의 인정을 바라는 마음을 자극하고 충족시키는 형태로 교묘한 노동력 조달이 이루어지고 있다. 예컨대 독일에서는 근래 들어 기업의 직원을 '임금노동자'가 아닌 '노동력 경영자'[43]라 부르는 것이 유행하고 있다. 이러한 호칭 변화는 '라인형 자본주의Rhenish capitalism'라 불리는 경영·노동 시스템, 즉 노동자의 경영 참여로 "보다 광범위한 '이해관계자' 그룹과의 권한 분담을 우선시"[44]하는 시스템에서 두드러진다. 세계적으로 확산되는 경향을 보이는 이 호칭 변화는 노동자에게 경영자로서의 자각을 심어줌으로써 노동자의 능력을 더욱 전면적으로 활용하려는 의도를 지닌다.

경영자의 관점을 지닌 노동자는 자신의 노동이 갖는 중요성을 인식해 경영 목표의 실현을 위해 더욱 노력하고, 노동의 질을 끌어올리기 위해 자진해서 시간 외 학습 등에 힘을 쏟을 것이며, 업무 수행이 원활하지 않을 때는 경영자의 관점에서 자신을 평가하고 자신의 책임을 통감할 것이다.

그러나 회사의 조직적 지원 없이 단순히 호칭만 바뀐 경우라면 이러한 자각은 노동자의 노동을 더욱 가혹하게 만들며, 성과를 올리려고 자신의 발의로 진행한 작업이 실패로 돌아가면 자기책임이라는 명목으로 본인의 죄악감만 키우게 될 것이다. 이러한 호칭 변화는 "대폭 늘어난 업무 부담을 스스로 떠안도록 동기를 부여하는 새로운 자기 관계를 불러"[45] 온다고 하지 않을 수 없다.

일본에서는 (텔레비전 드라마 등에도 그려지듯이) 예컨대 사원을 체인점의 점장으로 앉혀 노동자의 인정 욕구를 충족시킴으로써 기업의 목적을 달성하려는 경향이 있다. "사회적 지위로의 단순한 귀속은 통일성이나 아이덴티티의 환상과 함께 그 지위에 어울리는 기대 행동에 대한 의욕을 불러일으"[46] 키며, 기업은 이 환상을 활용하려 한다. 자아실현을 추구하는 노동자의 욕구를 교묘히 이용하는 인정 노동은 노동자의 자발성을 자극하는 한편으로 억압을 키우기도 하는 것이다.

시민 노동

나아가 오늘날 독일에서는 '시민 노동'이라는 말도 유행하고 있는 듯하다. 이는 유상 혹은 무상의 자원봉사 활동을 말하며, 일본에서는 지역화폐와 연계되어 이루어지기도 한다. 고령자에 대한 이동 편의 지원, 스포츠 활동 지도, 아동·노인 등에 대한 식사 지원과 같은 활동이 이에 해당한다. 독일에서는 실업자가 일자리를 구하지 못하고 있을 때 일정 기간 이러한 활동에 종사하며 국가로부터 수당을 받을 수 있다. 시민 노동에 종사하는 노동자는 회사에 고용된 노동자와 비교해 현저한 자발성을 보이지만, "제도적 차원의 조치 없이 새로운 형태의 자발적 복종이 장려"[47]된다는 문제도 있다. 개인이 스스로 보수를 정하여 행하는 서비스 제공 등도 이에 포함될 것이다. 일본에서도 인터넷에서 시간 단위로 개인적 서비스를 제공하는 활동이 늘고 있는 듯하다. 이러한 활동은 유튜버의 경우처럼 성공하면 거액의 부를 거머쥘 가능성도 있지만, 사회 안에서 어떤 식으로든 삶의 보람을 찾으려는 사람들의 바람이 표현된 것에 불과하다고 볼 수도 있을 것이다.

긱 이코노미

코로나19 팬데믹 이후 재택근무가 일반화됨에 따라 우리 주변의 노동 형태에도 눈에 띄는 변화가 나타나고 있다. 재택근무의 일종으로, 개인이 단독의 노동력으로서 기업과 계약하는 노동 형태인 '긱 이코노미gig economy'가 늘어나는 추세이다. '긱gig'이란 원래 재즈 공연 등에서 단발성으로 연주자를 섭외하던 것을 가리키는 말인데, 단발성 계약직 정도의 의미로 사용된다.

최근 늘어난 우버이츠^{Uber Eats} 배달원의 일이 대표적 긱 노동이다. 이러한 노동 형태는 등록만 하면 손쉽게 수입을 얻을 수 있는 수단으로서 오늘날 이미 불가결한 것이 되었다. 이 노동 시스템은 큰 비용 없이 시작할 수 있고, 회사에 고용될 때와 달리 신원보증 등의 절차가 불필요하기에 많은 사람이 선호한다. 그러나 기업과 자유로운 개인 간에 대등하게 맺어진다고 여겨지는 이러한 형태의 노동계약에서는, 일을 제공하고 임금을 결정하는 회사(사용자) 측에 지나치게 큰 권한이 부여되기 십상이며, 노동자는 일하는 시간을 스스로 선택할 수 있는 자유를 확보하더라도 불리한 조건을 떠안게 된다.

우선 노동자에게는 연대할 동료가 없기에 회사와의 교섭 수단을 갖지 못한다. 동료와의 연대는 일에 기쁨을 가져다주는 것이기도 하다. 또 일정한 수입을 확보하기 위해 노동자는 일이 들어오면 곧장 착수할 수 있게끔 자신의 시간을 비워 둬야 하는데, 이는 가족과의 관계 구축에 걸림돌이 될 수 있다. 노동자에게 "우정과 사랑을 나누고 가정을 이루는 일은 심각한 부담이 된다."[48] 긱 노동이나 팬데믹 이후 보급된 원격 근무에서는 사적 관계와 업무상의 공적 관계가 혼동되기 쉬우며, 그에 따라 사적 영역과 공적 영역의 구별이 모호해지고 있다.

3
AI 시대의 노동

로봇이 대체하는 분야

AI(인공지능) 기술의 발달과 함께 인간 노동의 의미가 크게 변화할 가능성도 있다. AI와 AI 기반 로봇, 그리고 아직은 현실적이지 않은 휴머노이드가 등장하면 지금까지 인간이 해온 많은 일을 AI 장치가 대신하게 될 가능성이 있다. 외관상 인간과 구별할 수 없는 안드로이드는 논외로 하고, 여기서는 AI가 적용된 인간형 장치로서의 로봇에 초점을 맞춰 AI 기술이 인간의 노동을 대체할 것인가 하는 문제를 생각해보자.

전통적 로봇 기술은 공장의 생산 라인에서 자동화된 작업을 수행하는 산업 로봇의 개발을 중심으로 발전해왔다. 최초의 산업 로봇은 외부 세계에 대한 정보 없이 정해진 반복 작업만을 수행하는 '플레이백playback 로봇'이었으며, 이는 로봇보다는 단순한 반복 작업을 수행하는 기계장치에 가까웠다.

그러다 이 단순한 로봇에 센서를 부착해 외부 세계의 정보를 습득할 수 있게 하자 2세대 지능을 갖춘 센서 기반 로봇이 탄생했다. 이 로봇은 "지식 데이터베이스를 바탕으로 로봇 언어를 사용해 작업을 처리할 수 있었으며, 조작기 제어에 관해서는 동적 위치 제어가 가능했다".[49]

그러나 현재는 전혀 다른 분야에서 이용되는 로봇이 주목받고 있다. 새로운 로봇의 이용 분야로는 첫째로 인간의 **육체노동** 분야를 들 수 있다. 1세대와 2세대 로봇은 인간이 정한 환경, 즉 '구조화된 환경'에서 정해진 작업을 수행하지만, 3세대 로봇으로 개발된 '극한 작업 로봇'은 미지의 환경에서 정해진 과제를 수행할 수 있는 로봇이다. 예컨대 동일본 대지진으로 파괴된 원자로의 폐로 작업은 현장의 높은 방사능 수치로 인해 인간에게는 불가능하다. 로봇은 이러한 장소에서 인간을 대신해 작업할 수 있으며, 이 분야에서 중요한 역할을 할 것으로 기대된다. 장래에는 지하의 방사성폐기물 처리나 인간이 호흡할 수 없는 우주 공간에서의 작업, 해저 구조 작업 등 수많은 분야에서 로봇이 활용될 것으로 보인다. 하늘을 나는 드론은 최단거리로 화물을 운반할 수 있으며, 아마존 같은 전자상거래 업체는 이미 배달용 드론을 개발해 실험에 나섰다. 나아가 드론은 부감촬영이 가능할 뿐 아니라 교량 하부, 터널 내부의 벽면 등 인간의 눈이나 손이 닿기 어려운 장소를 정기적으로 점검해 수리가 필요한 장소를 확인할 수도 있다.

나아가 AI 기술의 발달과 함께 대개는 인간이 처리할 수 있는 작업에도 로봇이 이용되는 경향이 커질 것이다. 아마존 등의 인터넷 서점에서는 상품 집하에서 출하까지의 과정에 로봇을 활용하고 있다. "AI가 탑재된 지게차로 복수의 케이지나 플라스틱 카트를 창고의 끝에서 끝까지 운반할 수 있다."[50]

또한 인간의 특정 노동을 대체하는 것이 아니라 인간의 여러 기능을 보완하고 확장시키는 로봇도 다양한 형태로 고안되고 있다. 애니메이션에 등장하는 건담과 같은 로봇은 그 내부에 들어간 인간에 의해 조작되는 것으로, 인간의 능력을 거대한 규모로 확장시킨다. 또한 돌봄 시설에서는 돌봄을 담당하는 사람의 신체에 착용되어 그 신체 기능을 확장시킬 수 있는 장치도 이용되고 있다. 이 역시 일종의 로봇이라 할 수 있다.

둘째로, 인간의 **정신노동** 분야에서도 새로운 로봇(AI 장치)이 이용된다. 체스 경기 등에서 AI가 인간 챔피언을 이기는 데서도 분명히 알 수 있듯이, AI는 일부 분야에서 인간을 뛰어넘는 지능을 갖고 있다. 무한하다고 할 수 있을 만큼의 데이터를 검색하여 축적할 수 있는 AI 시스템은 초인간적 기억력을 발휘한다. IBM이 개발한 AI 장치 '왓슨'은 미국 텔레비전 퀴즈 프로그램에서 인간 도전자보다 뛰어난 성적을 거뒀다고 알려져 있다. 딥 러닝(심층 학습)으로 다량의 데이터를 수집한 시스템은 특히 인간의 판단을 보조하는 용도로 활용되고 있다.

실제로 여러 은행의 고객 상담 센터에서 왓슨을 도입했으며, 왓슨은 상담 내용과 관련된 답변을 상담원에게 제시하는 등 업무를 보조하고 있다. 또한 IBM에서는 의료 진단에 왓슨을 이용하는 시스템을 개발해, 두뇌 스캔 이미지 등을 통한 진단에 활용하고 있다고 한다. 비록 이러한 분야에서는 아직 AI 시스템만으로는 신뢰할 수 있는 판단을 내릴 수 없지만, AI 시스템은 인간이 놓쳤을지도 모르는 가능성을 찾아낼 수 있다.

셋째로, 새로운 로봇은 인간의 **감정 노동** 분야에서도 활용된다. 노인 요양 시설에서는 입소자의 말동무가 되어 그들의 기분을 밝게 만들어주는 로봇이 사랑받고 있다. 이런 용도라면 인간형 로봇뿐 아니라 고양이나 개 형태의 로봇도 활용될 수 있을 것이다.

기계가 빼앗는 인간의 노동

AI 장치와 로봇의 여러 활용 사례는 이 새로운 기술이 인간을 대신해 다양한 노동을 수행할 수 있음을 보여준다. 많은 AI 시스템이 아직은 인간을 보조하는 역할에 머물러 있지만, 얼마 지나지 않아 인간이 개입할 필요조차 없을 정도가 될 것이다. 예컨대 주가 변동이나 스포츠 경기의 결과 등 정형적인 문장으로 작성될 수 있는 사항에 대해 컴퓨터 시스템은 이미 인간의 것과 구별되지 않는 수준의 문장을 극히 짧은 시간 안에 내놓고 있다. 최근에는 AI가 학생들보다 능숙하게 리포트를 쓰거나, 키워드만 가지고 번듯한 그림을 그려낸다. 인간은 이때까지 해온 일을 AI에 빼앗길 위기에 처한 것이다. "앞으로 몇 년 안에 모든 사서와 연구자는 점원, 은행원, 여행업자, 주식 중개인, 대출 상담사, 헬프데스크 기술자와 함께 실업자 대열에 들게 될 것"[51]이라는 전망도 있다.

실제로 최근에는 회계 소프트웨어를 사용해 누구나 경리 업무를 처리할 수 있게 되었다. 인공지능이 인간의 정신노동을 초월하는 이른바 '특이점'이 도래할지는 차치하더라도, 곧 AI 기술이 인간의 노동을 빼앗을 것임은 틀림없다. 장래의 고용 상황을 예측한 어느 논문에 따르면, "인간의 노동은 복잡한 인식과 조작을 요구하는 업무에서는 아직 비교 우위를 점하고 있지만, 점진적 기술 개선에 따라 그것마저 잃게 될 것임이 분명하다".[52] 인간의 노동은 아마도 단순 작업부터 차례로 인공지능에 빼앗길 것이다. 그리되면 인간에게 남는 노동은 AI에 판단을 맡길 수 없는 특수한 업무, 인간의 판단으로 정형화될 수 없는 다양한 활동을 포함하는 업무, 혹은 정형화시켜 컴퓨터에 판단을 맡기기에는 비용이 너무 많이 드는 자질구레한 업무, 즉 이른바 '불쉿 직업bullshit job'에 한정될 것이다.

　미국의 인류학자 데이비드 그레이버1961~2020에 따르면, 자동화 이후 인간에게 남겨진 자질구레하고 비인간적인 '불쉿 직업'으로는 다음의 다섯 종류가 있다. 첫째는 실질적인 일은 아무것도 하지 않고 고객이나 상사의 비위를 맞추기 위해서만 존재하는 '제복 입은 하인'의 일로, 접수계원, 커뮤니케이션 코디네이터, 엘리베이터 운전수 등이 이에 해당한다. 둘째는 타인을 위협하거나 속이는 '깡패'의 일, 즉 "로비스트, 고문 변호사, 텔레마케팅 담당자, 홍보 전문가, 커뮤니티 매니저 등 고용주를 대신하여 타인을 해치거나 속이기 위해 행동하는 악당"[53]의 일이다. 셋째는 결함이나 오류가 발생했을 때 그것을 개선하지는 못하고 적당히 처리해두는 '임시 땜질꾼'의 일로, 버그를 수정하는 프로그래머나 짐을 분실한 승객을 진정시키는 항공사의 데스크 스태프 등이 이에 해당한다. 넷째는 '형식적 서류 작성 직원', 즉 "하지 않는 일을 하고 있다고 주장할 근거를 마련하기 위해 고용된 직원"[54]이다. 마지막은 '불쳇 직업'을 만들어내는 일을 하는 기업의 중간관리직('작업반장')이다. 이를 고려하면 AI가 인간의 일을 빼앗는다고 해도 자동화될 수 없는 많은 일이 남게 될 것이며, 그러한 일은 본질적으로 인간의 감정과 관계된 노동일 것이다. 인간관계와 떼어놓을 수 없는 감정 노동은 자동화되기가 매우 어렵기 때문이다. 앞으로 우리는 AI와 공존하는 법을 습득하며 일하지 않으면 안 될 것이다.

끝마치며

11장에서 다룬 여러 종류의 노동은 "노동이 자본에 실질적으로 포섭"[1](네그리)되었다는 커다란 변화를 반영하며, 세계화 시대의 새로운 노동 양상을 예감하게 한다. 노동의 의미와 양상은 앞으로 더욱 큰 변동을 겪을 것이다.

　노동은 사회적 인정을 획득하는 중요한 방법이다. 정년을 맞아 당장 내일부터 일하지 않아도 된다고 하면 그 후로는 무엇을 해야 할지 몰라 난처해할 사람도 있을 것이다. 그러나 사회적 인정을 획득하기 위해 일하는 것만 우리의 삶인 것은 아니며, 금전적 보수를 대가로 하는 일만 일인 것은 아니다. 노동의 의미가 크게 변화하는 가운데서 일의 의미를 생각하는 것은 중요한 작업이 될 것이다.

　이 책에서 우리는 노동과 일에 관한 사유의 역사를 고대부터 현대까지 살펴봤다. 고대 그리스에서 '노동'과 '일'은 사적 생활을 유지하기 위한 것이었으며, 이는 필수불가결한 것일지언정(혹은 필수불가결하다는 바로 그 이유에서) 인간이 그 본래의 훌륭함을 보여줄 수 있는 공적 '활동'과 비교하면 경멸할 만한 것, 혹은 적어도 인간의 행위로서는 뒤떨어지는 것으로 여겨졌다.

노동에 대한 경시는 중세를 거치며 점차 완화되었지만, 신체를 사용하는 노동이 괴롭고 피하고 싶은 것이라는 사실은 변하지 않았으며, 오늘날에도 노동은 역시 피할 수 있으면 피해야 하는 것으로 여겨진다. 노동의 괴로움을 신에게 이르는 길로 받아들일 수 있으려면 시몬 베유의 경우처럼 신비 사상이 필요할 것이다.

그러나 현대를 사는 우리 역시 어떤 식으로든 일을 하지 않을 수는 없다. 근대 이후의 자본주의 사회만큼 "일하기 싫어하는 자는 먹지도 말라"라는 바울로의 말이 잘 들어맞는 사회는 없을 것이다. 우리는 성년이 되어 독립적으로 생계를 꾸리고자 하는 시점부터 어떤 식으로든 사회 안에서 신체를 사용해 노동하고, 급여나 보수라는 형태로 경제적 대가를 획득할 필요에 직면한다.

고대 그리스의 자유 시민은 신체를 사용하는 노동은 노예나 직인에게 떠맡긴 채, 폴리스에서의 공적 활동을 통해 자신의 뛰어난 능력을 발휘하는 데서 삶의 목적을 찾았다. 아리스토텔레스가 말했듯 인간은 "폴리스적 동물"이며, 폴리스에서 공적 활동에 종사하는 것이야말로 인간의 진가를 발휘하는 길이었다.

그런데 자본주의 사회에서는 본래 공적 활동이었던 정치조차 보수를 얻기 위한 경제행위라는 측면을 갖는다. 막스 베버가 갈파했듯이 오늘날 "정치에 의존해서 살아가는 직업 정치가는 순수한 '봉록자'이거나 유급 '관료'"[2]이다. 귀족처럼 노동할 필요가 없는 사람들만이 아니라, 민중 가운데서도 정치가가 등장할 필요가 있다면 정치가는 정치 활동으로 생계 수단을 확보하지 않을 수 없다. 현대의 모든 활동은 노동이자 일이다.

이를 고려하면 노동 자체에 가치가 있다는 생각이 자본주의 사회에서 평판을 얻은 것은 조금도 이상하지 않다. 애덤 스미스는 상품의 가치가 기본적으로 인간의 노동에서 비롯된다고 보았으며, 이 노동가치설은 마르크스에 의해 명확한 이론으로서 확립되었다. 그러나 마르크스는 고도의 자본주의 사회에서는 기계에 의해 생산이 조직화됨에 따라 인간의 노동이 소외된다는 것을 명확히 보여주었다. 초기 사회주의자들은 저마다 노동의 소외를 근절할 방법을 모색하는 한편으로 '즐거운 노동'이 실현될 수 있는 길을 제시했다. 그리고 근대 자본주의 사회에서는—모든 인간이 일한다는 것이 전제되어 있었던 만큼—노동은 귀중하다는 생각이 선호되었으며, 사회주의 사상에서는 노동이 인간을 구원할 수단이라는 견해도 나타났다.

이에 대해 노동에 가치를 부여하는 것을 거부하는 입장도 나타났다. 노동 비판의 관점은 크게 세 가지로 나눌 수 있다. 첫째는 노동이 착취이자 잉여가치의 수탈일 수밖에 없는 상황을 비판하는 관점이다. 이 관점은 마르크스주의에서 비롯되었으며, 사회주의적 혁명운동에서는 극심한 소외 속에서 인간성을 완전히 박탈당한 프롤레타리아트가 혁명을 일으켜 부르주아지를 타파하고 소외 없는 노동을 실현한다는 목표가 수립되었다.

그러나 현대의 고도 자본주의 사회에서 프롤레타리아트의 중축이어야 할 공장노동자는 기업별 노조로 조직되어 있어, 파트타임 노동자나 파견 노동자가 보기에는 특권을 확보한 채 현상 유지에 골몰하고 있을 뿐이다. 나아가 세계 시스템이라는 관점에서 보면, 선진국의 모든 노동자가(그리고 모든 소비자가) 여러 '주변부' 국가 노동자에 대한 수탈의 덕을 보고 있는 것은 부정할 수 없는 사실이다. 더구나 '중심부' 국가의 압력을 받는 "주변부 국가는 저임금으로 일하는 노동자를 이용하는 한편으로 이들의 생존을 가능하게 하는 가구 구조를 창출하거나 강화"[3]하지 않을 수 없다.

둘째로, 노동이라는 행위에 포함된 인간과 자연의 관계에 주목하는 관점이 있다. 하이데거는 근대 철학의 출발점인 데카르트에게는 인간의 모든 행동을 '제작'이라는 관점에서 이해하려는 경향이 있다고 지적했다. 데카르트는 대상의 존재를 표상된 것, 즉 '앞에 세워진' 것에서 찾았다. "존재자의 존재는 존재자가 '앞에 세워진'[표상된] 가운데서 탐색되고 발견된다."[4] 근대인은 이렇듯 자연을 자기 눈앞의 대상, 즉 객체로서 파악했으며, 자연과 마주서는 자기를 주체로 보았다. "결정적인 것은 (…) 인간이 주체가 됨으로써 인간의 본질이 변화한다는 사실이다."[5]

이렇게 해서 인간의 행위 일반은 주체로서 객체에 개입하는 일이 되었으며, 인간의 노동은 대상인 자연을 가공하는 행위가 되었다. 근대적 기술을 사용하는 노동은 "징발이라는 의미에서 자연을 몰아"[6]대며, 자연은 인간 앞에 세워져야 하는 대상, 인간에게 쓸모를 제공하는 대상이 되었다. 인간의 노동은 본디 인간이 그 일부였던 자연을 인간 앞에 세워 징발하고, 이용하고, 낭비하는 일이 된 것이다. 이렇게 해서 인간이 자연과 대립하고 자신을 위해 자연을 이용하는 존재가 될 때 노동은 자연을, 즉 인간이 살아가야 할 생활권을 파괴하는 행위로 나아갈 수밖에 없다. 살기 위한 노동이 삶 자체를 파괴할 수 있다는 사실이 새삼 주목받게 된 까닭이다.

셋째로, 노동이 인간의 삶 자체를 파괴하는 경향에 주목하는 관점이 있다. 예컨대 감정 노동은 인간이 본래 자기 안에 갖고 있던 감정의 작용을 저해하고, 남용하고, 상품화하는 것을 그 본질로 한다. 감정 노동에 종사하는 사람들은 자신의 감정의 작용을 무시하고, 그것에 가면을 씌우고, 그것을 다른 사람을 위해 쓰도록 강요받는다. 물론 이는 인간의 감정적 존재에 상처를 입힌다.

과거에 노동은 인간 활동의 극히 일부를 차지할 뿐이었지만, 현대사회에서는 거의 모든 활동이 노동으로 여겨져, 이전까지는 노동이 아니었던 활동도 노동으로서 보상이 요구된다. 과거 국가 사법기관의 중요한 공무였던 감옥 제도는 사적 노동에 위탁되었으며, 러시아와 우크라이나의 전쟁에서 볼 수 있듯 사조직이 정규군을 대신해 군사 활동에 나선다.[7]

그런가 하면 원래 노동으로 여겨지지 않았던 여성의 집안일은 자본주의 사회 속에서 노동력 판매를 위한 필수 전제조건이 되었다. 그리고 전통적으로 가사 노동에 종사하던 여성들이 이 노동의 가치를 올바로 인정하도록 요구하기 시작한 것은 지극히 당연한 일이었다. 이 요구 역시 오늘날 노동이 인간의 모든 활동을 뒤덮었다는 사실을 드러내는 것이다. 나아가 전통적으로 인간이 맡아온 많은 일을 AI에 빼앗기게 된다고 해도 감정 노동 분야에서는 인간 앞에 여전히 많

은 일이 남을 것이다. 설령 그것이 자질구레하고 견디기 힘든
'불쾌 직업'일지라도 말이다.

이렇듯 오늘날 노동은 인간 행위의 한 측면이라기보다는,
인간의 거의 모든 활동에서 찾아볼 수 있는 영위이다. 그리
고 노동의 가치와 반反가치는 누구에게나 훤히 드러나 있다.
우리는 제 몸으로 노동의 의미를 살아내지 않으면 안 된다.

후 기 를
대 신 하 여

이 책에서 우리는 여러 철학자의 논의를 실마리 삼아, 인간 생활에서 노동이 갖는 의미를 고찰해왔다. 여기서는 후기를 대신하여 노동과 밀접한 관계가 있는 기술에 관해 조금 생각해보고자 한다.

6장에서 살펴본 헤겔의 주인과 노예의 변증법은 인간의 노동과 기술의 밀접한 관계에 대해 중요한 시사점을 던져준다. 우선 인간은 자신의 정신을 도구라는 '외적인 것' 안에 외화한다. 도구는 인간이 어떠한 목적을 실현하는 데 필요한 수단이지만, 거기에는 기술로서 구체화된 정신이 '사물'로서 나타나 있다. 인간은 도구에 체현된 기술 속에서 자기를 발견한다. 기술은 인간에 있어 외적인 것이 아니며, 오히려 인간 자신을 드러내 보인다. 인간은 필요에 따라 새로운 기술을 창조하는 존재이며, 그럼으로써 새로운 자기를 실현해간다. 우리는 노동을 통해 생존을 유지하는 데 그치지 않고,

노동이라는 영위 안에서 새로운 기술과 새로운 자기를 실현한다.

인류의 역사에는 세 차례에 걸쳐 기술혁명이 일어났다. 첫 번째는 신석기시대의 농업혁명으로, 이로써 인간은 풍요로운 사회와 문명을 일궈낼 수 있었다. 두 번째는 18세기의 산업혁명으로, 이로써 인간은 생활의 편의를 비약적으로 증진시켰으며 얼마쯤 지나서는 우주 진출의 기반을 확립했다. 새로운 기술을 개발함으로써 마침내 달에 도달한 것이다. 세 번째는 오늘날의 정보혁명으로, 이로써 인간은 안드로이드와 같이 자기와 대등한 존재를 창조해낼 가능성을 손에 넣었다. 이 혁명은 얼마 안 있어 인간의 생명이 가진 한계를 돌파할 수 있을지도 모른다.

다만 노동의 관점에서 볼 때 이 눈부신 세 기술혁명은 중대한 문제를 일으켰다. 농업혁명에 따라 인간은 정착 생활과 함께 농경에 뛰어들었으며, 거기서 계급적 차별과 불평등이 생겨났다. 강력한 국가가 수립되자 농민의 생활은 고달파졌으며, 노동의 성과는 국가에 흡수되어 그것이 문명의 기반이 되었다. 현대에도 신석기시대 이전의 노동 방식을 고수하는 사람들이 있으며, 이들은 국가를 수립하지 않았기에 가혹한 노동에 시달리지 않는 생활을 유지할 수 있었다. 산업혁명은 기계의 노동이 인간의 노동을 넘어서는 계기가 되었으며, 이에 따라 인간은 기계에 봉사하는 존재로 전락했다. 인간이 기계를 사용함에도 기계가 인간을 사용하는 듯한 사태가 발생한 것이다. 정보혁명에 따라 인간은 기계에 사용되고, 기계에 일자리를 빼앗겨 노동을 통한 자아실현의 가능성을 상실하게 될 것이다. 이 기술혁명이 우리의 노동에 어떤 영향을 끼칠지는 아직 알 수 없다. 그 영향은 겉모습을 바꿔가며 우리 앞에 나타날 것이며, 이에 직면해 우리는 새로운 삶의 방식을 모색해나가지 않으면 안 될 것이다.

이 책의 간행에 있어서는 헤이본샤平凡社 편집부의 요시다 마미吉田眞美 씨와 기무라 기획실의 기무라 다카시木村隆司 씨께 큰 신세를 졌다. 깊은 감사의 마음을 전한다.

나카야마 겐

주

번역서를 인용할 때는 대체로 조정을 가했기에 인용 출전과는 문장이 다른
경우가 많다.

서문 일이라는 행위의 분류에 관하여

1 ヘーシオドス, 『仕事と日』, 松平千秋 譯, 岩波文庫, 22면.

2 ヘーシオドス, 『神統記』, 廣川洋一 譯, 『ギリシア思想家集』, 筑摩書房, 10
면.

3,4 ヘーシオドス, 『仕事と日』, 14면.

5 ハンナ·アレント, 『人間の條件』, 志水速雄 譯, ちくま學藝文庫, 121면.

6 ジョン·ロック, 『市民政府論』, 鵜飼信成 譯, 岩波文庫, 第5章, 33면. 원어로
는 "The labor of our body and the work of our hands"이다.

7 ハンナ·アレント, 『人間の条件』, 51면.

8 같은 책, 109면.

9 クセノフォーン, 『ソークラテースの思い出』, 佐々木理 譯, 岩波文庫, 112면.

10 アリストテレス, 『政治學』, 山本光雄 譯, 『アリストテレス全集』 第15卷, 岩
波書店, 36면.

11 ハンナ·アレント, 『人間の條件』, 54면.

12 マックス·ウェーバー, 『職業としての政治/職業としての學問』, 中山元 譯,
日經BP社, 153면.

1장 인간의 원초적 노동

1 田中二郎, 『ブッシュマン』, 思索社, 65면.

2 같은 책, 68면.

3 マーシャル·サーリンズ, 『石器時代の經濟學』, 山內昶 譯, 法政大學出版
　　局, 82면.

4 같은 책, 98면.

5 アンドレ·ルロワ=グーラン, 『身ぶりと言葉』, 荒木亨 譯, ちくま學藝文庫, 162면.

6 같은 책, 173면.

7 ルイス·マンフォード, 『機械の神話』, 樋口淸 譯, 河出書房新社, 185면.

8,9 アンドレ·ルロワ=グーラン, 『身ぶりと言葉』, 148면.

10 ジョルジュ·バタイユ, 『ラスコーの壁畫』, 出口裕弘 譯, 二見書房, 28면.

11 マンフォード, 『機械の神話』, 192면.

12 バタイユ, 『ラスコーの壁畫』, 56면.

13 같은 책, 57면.

14 マンフォード, 『機械の神話』, 189면.

15 같은 책, 220면.

16 같은 책, 216면.

17 같은 책, 222면.

18,19 같은 책, 223면.

20,21 같은 책, 232면.

22 같은 책, 232~233면.

23 같은 책, 237면.

24 같은 책, 244면.

25 같은 책, 245면.

26 같은 책, 250면.

27 같은 책, 249면.

28,30 같은 책, 251면.

29 같은 책, 253면.

31 같은 책, 256면.

2장 고대의 노동관

1 マックス・ウェーバー, 『古代社會經濟史』(『古代農業事情』), 增田四郎 外譯, 東洋經濟新報社, 57~58면.

2 ヘーシオドス, 『仕事と日』, 松平千秋 譯, 岩波文庫, 80면.

3 같은 책, 66면.

4 アリストテレス, 『ニコマコス倫理學』, 高田三郎 譯, 岩波文庫, 上卷, 220면.

5,8 같은 책, 226면.

6 같은 책, 225면.

7 같은 책, 220면.

9 R·S·シャルマ, 『古代インドの歴史』, 山崎利男·山崎元一 譯, 山川出版社, 154면.

10 「創世記」, 2章5節. 성서의 번역은 신공동역新共同譯을 따랐다.

11 같은 책, 2章15節.

12 같은 책, 2章18節.

13 같은 책, 2章9節.

14 같은 책, 3章5節.

15 같은 책, 3章17~19節.

16 レヴィ=ストロース, 『構造·神話·勞働』, 大橋保夫 編, 三好郁朗 外譯, みすず書房, 87면.

3장 중세의 노동관

1,2 D·ノウルズ, 『修道院』, 朝倉文市 譯, 平凡社, 25면.

3 J·M·ファン·ウィンター, 『騎士』, 佐藤牧夫·渡部治雄 譯, 東京書籍, 104면.

4 アルルのカエサリウス, 『修道女のための戒律』, 又野聰子 譯, 『初期ラテン教父』, 平凡社, 1222면.

5 같은 책, 1224면.

6 ヨハネス·カッシアヌス, 『靈的談話集』, 市瀬英昭 譯, 『初期ラテン教父』, 平凡社, 1120면.

7 같은 책, 1117면.

8 ヌルシアのベネディクトゥス,『戒律』, 古田曉 譯,『後期ラテン敎父』, 平凡
社, 308~309면.

9 ルイス·マンフォード,『機械の神話』, 371면.

10 같은 책, 375면.

11, 12, 13, 14 같은 책, 373면.

15 ジャック·ル·ゴフ,『もうひとつの中世のために』, 加納修 譯, 白水社, 134~
135면.

16 같은 책, 134면.

17 ヌルシアのベネディクトゥス,『戒律』, 284면.

18, 19 グレゴリウス 1世,『對話』, 矢內義顯 譯,『後期ラテン敎父』, 458면.

20 같은 책, 459면.

21 I·ウォーラーステイン,『近代世界システム I』, 川北稔 譯, 岩波現代選書, 22
면.

22 ル·ゴフ,『もうひとつの中世のために』, 198면.

23, 24 같은 책, 199면.

25 같은 책, 110면.

26 같은 책, 199면.

27, 28 같은 책, 194면.

29 D·ノウルズ,『修道院』, 96면.

30 같은 책, 98면.

31 マンフォード,『機械の神話』, 380면.

32 D·ノウルズ,『修道院』, 102면.

4장 종교개혁과 노동―근대에 일어난 노동관의 변혁(1)

1 マックス·ウェーバー,『儒敎と道敎』, 木全德雄 譯, 創文社, 408면.

2 같은 책, 409면.

3 ウェーバー,『プロテスタンティズムの倫理と資本主義の精神』, 中山元 譯,
日經BP社, 138면.

4, 5 같은 책, 142면.

6 같은 책, 148면.

7, 8 같은 책, 160면.

9 같은 책, 206면.

10 같은 책, 207면.

11 같은 책, 212면.

12 같은 책, 233면.

13 같은 책, 240면.

14 같은 책, 241면.

15 같은 책, 267면.

16 같은 책, 266면.

17 같은 책, 273면.

18 같은 책, 279~280면.

19 같은 책, 280면.

20 같은 책, 475면.

21 같은 책, 476면.

22 같은 책, 45~46면.

23, 24 같은 책, 419면.

25 같은 책, 423면.

26 같은 책, 280면.

27, 28 같은 책, 413면.

29 ミシェル·フーコー, 『狂氣の歷史』, 田村俶 譯, 新潮社, 82면.

30, 31 ロベール·カステル, 『社會問題の變容』, 前川眞行 譯, ナカニシヤ出版,
77면.

32 フーコー, 『狂氣の歷史』, 89면.

33, 34 같은 책, 90면.

35, 36 フーコー, 『監獄の誕生』, 田村俶 譯, 新潮社, 143면.

37, 38 같은 책, 148면.

39 같은 책, 150면.

40 같은 책, 155면.

41, 42 같은 책, 158면.

43 같은 책, 160면.

44 같은 책, 188면.

45 같은 책, 198면.

46 미셸 푸코는 "나는 벤담에게서 정치학의 크리스토퍼 콜럼버스를 발견했
다"고 말한 바 있다. フーコー, 「權力をめぐる對話」, 菅野賢治 譯, 『ミシ
ェル·フーコー思考集成』第7卷, 筑摩書房, 49면을 보라.

47 같은 책, 59면.

5장 경제학의 탄생―근대에 일어난 노동관의 변혁(2)

1 トーマス·マン, 『重商主義論』, 堀江英一·河野健二 譯, 有斐閣, 82면.

2 バーナード·マンデヴィル, 『蜂の寓話』, 泉谷治 譯, 法政大學出版局, 84면.

3 같은 책, 302면.

4 マンデヴィル, 『慈善學校論』, 上田辰之助, 『上田辰之助著作集 4』(『蜂の寓
話』), みすず書房, 162면.

5 ジャック·チュルゴオ, 『富に關する省察』, 永田清 譯, 岩波文庫, 27면.

6, 7 같은 책, 28면.

8, 9 フランソワ·ケネー, 『經濟表』, 增井幸雄·戶田正雄 譯, 岩波文庫, 45면.

10 같은 책, 46면.

11 木崎喜代治, 『フランス政治經濟學の生成』, 未来社, 140면.

12, 13, 14 같은 책, 141면.

15 プラトン, 『國家』, 369B, 『プラトン全集』第11卷, 藤澤令夫 譯, 岩波書店,
132면.

16 같은 책, 371B, 『プラトン全集』第11卷, 138면.

17 アダム·スミス, 『國富論』, 山岡洋一 譯, 日本經濟新聞出版社, 上卷, 18면
(第1篇 第2章).

18 같은 책, 17면.

19 같은 책, 25면(第1篇 第4章).

20 같은 책, 下卷, 31면(第4篇 第2章).

21 같은 책, 上卷, 39면(第1篇 第5章).

22 같은 책, 53면(第1篇 第6章).

23 같은 책, 54면(第1篇 第6章).

24 같은 책, 55면.

25, 26 같은 책, 338면(第2篇 第3章).

27, 28 같은 책, 339면.

29 같은 책, 341면.

30 같은 책, 338면.

31, 32 같은 책, 345면.

33 같은 책, 77면(第1篇 第8章).

34 같은 책, 82면(同).

35 같은 책, 84면(同).

36 같은 책, 85~86면(同).

37, 38 같은 책, 87면(同).

6장 근대 철학 속의 노동

1 トマス·ホッブズ, 『リヴァイアサン』第1分冊, 水田洋 譯, 岩波文庫, 98면.

2 같은 책, 163면.

3 같은 책, 203면.

4 같은 책, 203~204면.

5 같은 책, 204면.

6 ジョン·ロック, 『市民政府論』, 鵜飼信成 譯, 岩波文庫, 31면.

7, 8 같은 책, 32면.

9 같은 책, 33면.

10 같은 책, 100면.

11, 12, 13 デイヴィド·ヒューム, 『人性論』, 大槻春彦 譯, 岩波文庫, 第4分冊, 56면.

14, 15 같은 책, 57면.

16, 17, 18 같은 책, 62면.

19 같은 책, 64면.

20, 21 ジャン=ジャック・ルソー, 『人間不平等起源論』, 中山元 譯, 光文社古典新譯文庫, 143면.

22, 23 같은 책, 154면.

24 イマヌエル・カント, 「世界市民という視点からみた普遍史の理念」, 中山元 譯, 『永遠平和のために/啓蒙とは何か』, 光文社古典新譯文庫, 42면.

25 같은 책, 43면.

26, 27, 28, 29 カント, 『判斷力批判』, 第83節, 篠田英雄 譯, 岩波文庫, 下卷, 136면.

30 같은 책, 138면.

31 カント, 「世界市民という視点からみた普遍史の理念」, 『永遠平和のために/啓蒙とは何か』, 80면.

32 カント, 「敎育學」, 尾渡達雄 譯, 『カント全集』第16卷, 理想社, 55면.

33, 34 같은 책, 56면.

35 같은 책, 80면.

36 같은 책, 71면.

37 같은 책, 74면.

38 같은 책, 31면.

39 같은 책, 33면.

40 같은 책, 32면.

41 ゲオルグ・ヴィルヘルム・フリードリヒ・ヘーゲル, 『精神の現象學』上卷, 金子武藏 譯, 岩波書店, 117면.

42 같은 책, 172면.

43 같은 책, 188면.

44 アレクサンドル・コジェーヴ, 『ヘーゲル讀解入門』, 上妻精・今野雅方 譯, 國文社, 24면.

45 ヘーゲル, 『精神の現象學』上卷, 191면.

46 アンリ・ベルクソン, 『創造的進化』, 竹内信夫 譯, 『ベルクソン全集』第4卷, 白水社, 163면.

47 ヘーゲル, 『精神の現象學』上卷, 195면.

48 ヘーゲル, 『イェーナ精神哲學』, 尼寺義弘 譯, 晃洋書房, 21면.

49 같은 책, 21~22면.

50, 51 ヘーゲル, 『精神の現象學』上卷, 196면.

52 コジェーヴ, 『ヘーゲル讀解入門』, 68면.

7장 마르크스와 엥겔스의 노동론

1, 2, 3 フリードリヒ・エンゲルス, 『反デューリング論』, 大內兵衛・細川嘉六 監
    譯, 『マルクス・エンゲルス全集』第20卷, 大月書店, 353면.

4, 5 같은 책, 485면.

6, 7, 8, 9 カール・マルクス, 『經濟學・哲學草稿』, 『マルクス・コレクション I』, 村
    岡晋一 譯, 筑摩書房, 317면.

10 カール・マルクス, 『資本論』第1卷, 第3篇 第5章. 中山元 譯, 『資本論』第1
    卷 第2分冊, 14면.

11 같은 책, 26면.

12 マルクス, 『資本論』第1卷, 第3篇 第8章. 中山元 譯, 『資本論』第1卷 第2
    分冊, 255면.

13 같은 책, 275면.

14 エンゲルス, 『イギリスにおける勞働者階級の狀態』, 大內兵衛・細川嘉六
    監譯, 『マルクス・エンゲルス全集』第2卷, 大月書店, 255면.

15 같은 책, 258면.

16 エルンスト・ブロッホ, 『希望の原理』, 山下肇 外譯, 第2卷, 白水社, 143면.

17 マルクス, 『資本論』第1卷, 第4篇 第13章. 中山元 譯, 『資本論』第1卷 第
    3分冊, 178~179면.

18 マルクス, 『經濟學・哲學草稿』, 30면.

19, 20 같은 책, 313면.

21 같은 책, 316면.

22 같은 책, 318면.

23, 24 같은 책, 319면.

25 マルクス, 「ヘーゲル法哲學批判序說」, 中山元 譯, マルクス, 『ユダヤ人問

題に寄せて/ヘーゲル法哲學批判序說』, 光文社古典新譯文庫, 193면.

26 같은 책, 194면.

27, 28 マルクス, 「コミュニスト宣言」, 三島憲一・鈴木直 譯, 『マルクス・コレクシ
ョン II』, 筑摩書房, 361면.

29, 30 같은 책, 365면.

31 같은 책, 366면.

32 같은 책, 374면.

33 같은 책, 353면.

34 マルクス/エンゲルス, 『ドイツ・イデオロギー』, 『マルクス・エンゲルス全集』
第3卷, 大月書店, 31면.

35 같은 책, 65면.

36 マルクス/エンゲルス, 『ドイツ・イデオロギー』, 『草稿完全復元版 ドイツ・イ
デオロギー』, 新日本出版社, 澁谷正 編譯, 152면.

37 같은 책, 146면.

38 같은 책, 64면.

39 マルクス, 「國際勞働者協會創立宣言」, 『マルクス・エンゲルス全集』第16
卷, 大月書店, 9면.

40 マルクス, 「土地の國有化について」, 『マルクス・エンゲルス全集』第18卷,
大月書店, 55면.

8장 노동의 기쁨

1 マルクス, 「コミュニスト宣言」, 三島憲一・鈴木直 譯, 『マルクス・コレクション
II』, 345면.

2, 3 같은 책, 346면.

4, 5, 6 フリードリヒ・エンゲルス, 『反デューリング論』, 大内兵衛・細川嘉六 監
譯, 『マルクス・エンゲルス全集』第20卷, 大月書店, 18면.

7 エマニュエル=ジョゼフ・シィエス, 『第3身分とは何か』, 稻本洋之助 外譯,
岩波文庫, 11면.

8 같은 책, 12면.

9, 10 같은 책, 15면.

11, 12 アンリ・ド・サン=シモン, 『産業者の教理問答』, 森博 譯, 岩波文庫, 10면.

13 같은 책, 11면.

14, 15 같은 책, 15면.

16 같은 책, 13면.

17 같은 책, 11면.

18 같은 책, 16면.

19 같은 책, 18면.

20, 21 같은 책, 19면.

22 같은 책, 53면.

23 『オウエン, サン・シモン, フーリエ』(世界の名著 第42卷), 中央公論社, 解說(坂本慶一), 53면.

24, 25 サン=シモン, 『産業者の教理問答』, 45면.

26 같은 책, 46면.

27, 28 G·D·H·コール, 『社會主義思想史』第1卷, 43면(G.D.H. Cole, *Socialist Thought, vol. 1, Forerunners, 1789-1850*, Macmillan & Company, p.43).

29 アクセル・ホネット, 『社會主義の理念』, 日暮雅夫·三崎和志 譯, 法政大學出版局, 56면.

30 エンゲルス, 『反デューリング論』, 269면.

31 ロバート・オーウェン, 『社會に關する新見解』, 坂本慶一 譯, 『オウエン, サン・シモン, フーリエ』, 136면.

32 같은 책, 137면.

33 같은 책, 136면.

34 같은 책, 179면.

35 같은 책, 146면.

36 エルンスト・ブロッホ, 『希望の原理』, 山下肇 外譯, 第2卷, 白水社, 145면.

37 オーウェン, 『現下窮乏原因の一解明』, 五島茂 譯, 『オウエン, サン・シモン, フーリエ』, 206면.

38, 41 オーウェン, 『社會制度論』, 永井義雄 譯, 『オウエン, サン·シモン, フー
　　リエ』, 240면.

39 オーウェン, 『現下窮乏原因の一解明』, 210면.

40 オーウェン, 『社會制度論』, 237면.

42 ブロッホ, 『希望の原理』, 第2卷, 144면.

43, 44 같은 책, 238면.

45 オーウェン, 『社會に關する新見解』, 151면.

46 オーウェン, 『現下窮乏原因の一解明』, 201면.

47, 48, 49 オーウェン, 「結婚, 宗敎, 私有財産」, 田村光三 譯, 『オウエン, サン·
　　シモン, フーリエ』, 289면.

50, 51, 52 같은 책, 292면.

53 같은 책, 290면.

54, 55, 56 같은 책, 292면.

57 オーウェン, 『新社會觀』, 楊井克巳 譯, 岩波文庫, 譯者解說, 163면.

58, 59 エンゲルス, 『反デューリング論』, 274면.

60 マルクス, 「国際勞働者協會創立宣言」, 『マルクス·エンゲルス全集』 第16
　　卷, 9면.

61 フーリエ, 『産業的協同社會的新世界』, 田中正人 譯, 『オウエン, サン·シモ
　　ン, フーリエ』, 472면.

62, 63, 64 같은 책, 478면.

65, 66 같은 책, 479면.

67 같은 책, 497면.

68, 69 같은 책, 480면.

70 같은 책, 512면.

71 ブロッホ, 『希望の原理』, 第2卷, 147면.

72 エンゲルス, 『反デューリング論』, 274면.

73, 74 シャルル·フーリエ, 『産業的協同社會的新世界』, 480면.

75 같은 책, 484면.

76 같은 책, 496면.

77,78 같은 책, 501면.

79 같은 책, 504면.

80 같은 책, 505면.

81 같은 책, 498면.

82 같은 책, 468면.

83,84 같은 책, 469면.

85 같은 책, 465면.

86, 87, 88, 89, 90, 91 ヨセフ・ディーツゲン, 「社會民主主義における宗教」, 第 1說敎. The Religion of Social-Democracy Six Sermons(https://www.marxists.org/archive/dietzgen/1870s/religion.htm).

92 マルクス, 「ドイツ勞働者黨綱領評注」(「ゴータ綱領批判」). 『マルクス・エンゲルス全集』第19卷, 大月書店, 15면.

93 같은 책, 18면.

94 같은 책, 21면.

95, 96 アドルフ・ヒトラー, 『わが鬪爭』, 平野一郎・將積茂 譯, 角川文庫, 下卷, 88면.

97 ジャック・ル・ゴフ, 『もうひとつの中世のために』, 加納修 譯, 白水社, 195면.

98 マックス・シェーラー, 「勞働と世界觀」, 『マックス・シェーラー著作集』第 10卷, 中村友太郎 譯, 白水社, 150면. 이하 셸러의 인용은 같은 책 150~151면.

9장 게으름에 대한 찬가와 노동의 비참함

1 ポール・ラファルグ, 『怠ける權利』, 田淵晋也 譯, 人文書院, 14면.

2 같은 책, 15면.

3 같은 책, 31면.

4 같은 책, 67면.

5 バートランド・ラッセル, 『怠惰への讚歌』, 堀秀彦・柿村峻 譯, 角川文庫, 13면.

6 같은 책, 19면.

7 같은 책, 115면.

8 같은 책, 23면.

9 シモーヌ·ヴェイユ, 『勞働と人生についての省察』, 黒木義典·田邊保 譯, 勁草書房, 19면.

10 같은 책, 13면.

11, 13 같은 책, 180면.

12 같은 책, 179면.

14 같은 책, 180~181면.

15, 16 같은 책, 181면.

17 같은 책, 143면.

18 같은 책, 144면.

19, 20 같은 책, 148면.

21, 22 같은 책, 161면.

23 같은 책, 160면.

24 같은 책, 161면.

25 같은 책, 158~159면.

26, 27 ヴェーユ, 『重力と恩寵』, 渡邊義愛 譯, 『シモーヌ·ヴェーユ著作集』第3卷, 春秋社, 296면.

28 같은 책, 298면.

29 같은 책, 51면.

30, 31 ヴェーユ, 『勞働と人生についての省察』, 223면.

32 같은 책, 223~224면.

33 같은 책, 224면.

34 같은 책, 226면.

35 A·リピエッツ, 『勇氣ある選擇』, 若森章孝 譯, 藤原書店, 24면.

36 같은 책, 23면.

37, 38, 39 같은 책, 26면.

40 같은 책, 29면.

41 같은 책, 40면.

42 같은 책, 38면.

43 같은 책, 69면.

44 같은 책, 107면.

45, 46 リュック·ボルタンスキー/エヴ·シャペロ, 『資本主義の新たな精神』上卷, 三浦直希 外譯, ナカニシヤ出版, 130면.

47 같은 책, 131면.

10장 노동론 비판의 여러 관점

1 フリードリヒ·ニーチェ, 『善惡の彼岸』, 中山元 譯, 光文社古典新譯文庫, 137면.

2, 3 ニーチェ, 『道德の系譜學』, 中山元 譯, 光文社古典新譯文庫, 60면.

4 같은 책, 75면.

5 같은 책, 47면.

6, 7, 8 같은 책, 50면.

9 ニーチェ, 『善惡の彼岸』, 358면.

10, 11 같은 책, 359면.

12 ニーチェ, 『道德の系譜學』, 221면.

13 ジークムント·フロイト, 「文化への不滿」, 『幻想の未来/文化への不滿』, 中山元 譯, 光文社古典新譯文庫, 173~174면.

14, 15 같은 책, 173면.

16, 17, 18, 19 같은 책, 158면.

20 マルティン·ハイデッガー, 「技術への問い」, 『ハイデッガー選集』第18卷(『技術論』), 小島威彦/アルムブルスター 譯, 理想社, 30면.

21, 22, 23, 24 같은 책, 31면.

25 같은 책, 32면.

26 같은 책, 35면.

27, 28 같은 책, 49면.

29 ハイデッガー, 「世界像の時代」, 『ハイデッガー全集』第5卷(『杣径』), 茅野良男/ハンス·ブロッカルト 譯, 創文社, 107면.

30 같은 책, 110면.

31 같은 책, 114면.

32 같은 책, 97면.

33 같은 책, 113면.

34, 35 ハイデガー, 「技術への問い」, 『ハイデッガー選集』第18卷, 31면.

36, 37 ホルクハイマー/アドルノ, 『啓蒙の辨證法』, 德永恂 譯, 岩波書店, 3면.

38, 39 같은 책, 5면.

40 같은 책, 23면.

41 같은 책, 46면.

42, 43 같은 책, 79면.

44 ジャン・ボードリヤール, 『生産の鏡』, 宇波彰・今村仁司 譯, 法政大學出版
局, 50~51면.

45 같은 책, 51면.

46 같은 책, 33면.

47, 48 같은 책, 16면.

49 같은 책, 26면.

50 같은 책, 32면.

11장 세계화 시대의 노동

1 マリアローザ・ダラ・コスタ, 『家事勞働に賃金を』, 伊田久美子・伊藤公雄 譯,
インパクト出版會, 20면.

2, 3 같은 책, 37면.

4, 5 イヴァン・イリイチ, 『シャドウ・ワーク』, 玉野井芳郎・栗原彬 譯, 岩波書店,
47면.

6 イリイチ, 『ジェンダー』, 玉野井芳郎 譯, 岩波書店, 144면.

7, 8 같은 책, 94면.

9, 10, 11 イリイチ, 『シャドウ・ワーク』, 46면.

12 같은 책, 47면.

13 イリイチ, 『ジェンダー』, 99면.

14, 15 ドゥーデン/ヴェールホーフ, 『家事勞働と資本主義』, 丸山眞人 譯, 岩

波書店, 62면.

16 같은 책, 160면.

17 같은 책, 79면.

18, 19 A·R·ホックシールド, 『管理される心』, 石川准·室伏亞希 譯, 世界思想
社, 7면.

20 같은 책, 6면.

21 같은 책, 7면.

22 같은 책, 43면.

23, 24 같은 책, 156면.

25 같은 책, 153면.

26 같은 책, 264면.

27, 28 같은 책, 215면.

29, 30 ネグリ/ハート, 『〈帝國〉』, 水嶋一憲 外譯, 以文社, 378면.

31 같은 책, 377면.

32 같은 책, 379면.

33 같은 책, 456면.

34 같은 책, 457면.

35 같은 책, 379면.

36 "이 노동이 이러한 행위를 적어도 원칙적으로는 스스로 수행할 수 있는
사람들에 대해 이뤄질 경우, 이는 확장된 의미에서만 의존 노동이라
할 수 있다." エヴァ·フェダー·キテイ, 『愛の勞働あるいは依存とケアの
正義論』, 岡野八代·牟田和惠 譯, 白澤社, 96면.

37 같은 책, 108면.

38 "의존 노동이란 의존자를 돌보는 일을 가리킨다." 같은 책, 83면.

39 같은 책, 30면.

40 같은 책, 123면.

41 같은 책, 124면.

42 アクセル·ホネット, 『私たちのなかの私』, 日暮雅夫 外譯, 法政大學出版
局, 115면.

43 같은 책, 136면.

44 トマ・ピケティ, 『21世紀の資本』, 山形浩生・守岡櫻・森本正史 譯, みすず書房, 324면.

45 アクセル・ホネット, 『私たちのなかの私』, 137면.

46 같은 책, 127면.

47 같은 책, 141면.

48 같은 책, 264면.

49 舘暲, 『ロボット入門―つくる哲學・つかう知惠』, ちくま新書, 46면.

50 「ロボットによる倉庫の自動化が加速しても, 人間の仕事は(まだ)奪われない」(wired.jp)archive)2021/12/09), 2022년 5월 30일 접속.

51 ジェイムズ・バラット, 『人口知能―人類最惡にして最後の發明』, 水谷淳 譯, ダイヤモンド社, 297면.

52 「雇用の未來―仕事はコンピュータ化の影響をどれくらい受けるのか?」(Carl Benedict Frey and Michael A. Osborne, https://note.com/astrohiro/n/na0d74a18688c), 2022년 5월 30일 접속.

53, 54 일본어 위키백과의 「ブルシットジョブ」 항목(https://ja.wikipedia.org/wiki/%E3%83%96%E3%83%AB%E3%82%B7%E3%83%83%E3%83%88%E3%83%BB%E3%82%B8%E3%83%A7%E3%83%96), 2022년 5월 30일 접속.

끝마치며

1 ネグリ/ハート, 『〈帝國〉』, 水嶋一憲 外譯, 以文社, 91면.

2 マックス・ウェーバー, 『職業としての政治/職業としての學問』, 中山元 譯, 日經BP社, 36면.

3 I・ウォーラーステイン, 『新版 史的システムとしての資本主義』, 川北稔 譯, 岩波書店, 35면.

4 マルティン・ハイデッガー, 「世界像の時代」, 『ハイデッガー全集』第5卷(『杣徑』), 茅野良男/ハンス・ブロッカルト 譯, 創文社, 107면.

5 같은 책, 108면.

6 ハイデッガー, 「技術への問い」, 『ハイデッガー選集』第18卷(『技術論』), 小島威彦/アルムブルスター 譯, 理想社, 31면.

7 "영국 국방부는 27일, 러시아의 민간 군사 기업 '바그너' 부대가 동부의 발전소 부근 등지에서 전진 중일 가능성이 높으며, 우크라이나군 일부는 이 지역에서 철수했다는 분석을 내놓았다."(〈日本經濟新聞〉 2022. 7. 27.)

옮긴이 후기

이 책은 中山元, 『勞働の思想史: 哲學者は働くことをどう考え
てきたのか』(平凡社, 2023)를 한국어로 옮긴 것이다.

지은이 나카야마 겐은 일본의 번역가이자 사상사 연구자
로, 주로 서양 철학·사회과학의 고전들을 번역하며 저술 활
동을 이어왔으며, 대학을 중퇴한 후 인쇄공으로 일한 경험도
가지고 있다. 언뜻 노동과는 관계가 없어 보이는 철학자들의
저술도 조리 있게 풀어낼 수 있었던 데에는, 나아가 애당초
경제학도 사회학도 아닌 철학으로 노동을 고찰할 수 있었던
데에는—모종의 아마추어리즘이라고도 할 수 있는—이러한
이력이 밑받침되어 있을 것이다.

이 책은 인간의 행위에 대한 한나 아렌트의 분류('노동',
'일', '활동')를 실마리 삼아 노동에 관한 서구적 사유의 역사
를 개관함으로써 우리가 자명한 것으로 여기는 노동관을 상
대화한다. 오늘날의 노동관(들)은 역사적 산물로, 불변의 것

340

이 아니다. 고대 세계에서 신이 인간에게 부과한 '벌'이었던 노동은 중세 이후 수도원 제도의 등장과 함께 '영혼의 구원'으로서 적극적 가치를 지니게 되었으며(인간에게는 고생이 계속되면 그것을 미덕으로 승화시키려는 경향이 있는지도 모르겠다), 자본주의가 발흥한 근대 이후 노동의 '가치와 반가치'를 둘러싼 인식은 전에 없이 치열한 양상을 보이게 되었다.

기술혁신이 인간의 일을 빼앗는다는 이야기가 무색할 만큼, 노동은 종말을 맞기는커녕 끊임없이 겉모습을 바꿔 증식해나가며 인간의 삶을 규정하고 있으며, 인식(노동관)의 차원에서는 '불로소득 자본주의 시대'의 도래와 함께 노동이 노동자 자신에 의해 그 어느 때보다도 경멸당하고 있는 듯하다. 이러한 상황에서 노동의 철학적 의미를 묻는 것은 얼마쯤 시대착오적일지도 모르며, 이 책에서 어떠한 처방이나 전망을 얻을 수 있는 것도 아니다. 그러나 노동관의 변천을 더듬어봄으로써 우리는 우리가 처한 상황을 객관화해 바라보고, 노동에서 느끼는 부조리함이나 위화감을 설명할 언어를 얻을 수도 있을 것이다.

앞에서 이야기했듯 이 책은 노동에 관한 서구적 사유의 역사로, 그 사유의 대상 역시 대체로 서양 세계의 노동으로 좁혀져 있다. 그런 면에서 예컨대 인류의 노동 자체에 관한 최신의 비교사적·실증적 저술인 얀 뤼카선의 《인간은 어떻

게 노동자가 되었나』(전소영 옮김, 모티브북, 2023)를 함께 읽는
것도 균형 잡힌 독서에 도움이 되지 않을까 생각한다.

● ○ ●

몇몇 인용문의 번역에는 각 원전의 한국어 번역본을 참조했
다. 서지는 다음과 같다.

헤시오도스, 『신들의 계보』, 천병희 옮김, 숲, 2009.
크세노폰, 『소크라테스 회상』, 김주일 옮김, 아카넷, 2021.
아리스토텔레스, 『니코마코스 윤리학』, 김재홍·강상진·이창우 옮김, 길,
    2011.
존 로크, 『시민정부』, 남경태 옮김, 효형출판, 2012.
버나드 맨더빌, 『꿀벌의 우화』, 최윤재 옮김, 문예출판사, 2010.
임마누엘 칸트, 『논리학·교육론』, 이엽·김창원·박찬구 옮김, 한길사, 2021.
애덤 스미스, 『국부론』 상·하, 김수행 옮김, 비봉출판사, 2007.
카를 마르크스, 『경제학-철학 수고』, 강유원 옮김, 이론과실천, 2006.
____, 『자본 1』 상·하, 황선길 옮김, 라움, 2019.
____, 『헤겔 법철학 비판』, 강유원 옮김, 이론과실천, 2011.
카를 마르크스·프리드리히 엥겔스, 『공산당 선언』, 강유원 옮김, 이론과실
    천, 2008.
프리드리히 엥겔스, 『영국 노동계급의 상황』, 이재만 옮김, 라티오, 2014.
프리드리히 니체, 『도덕의 계보』, 박찬국 옮김, 아카넷, 2021.
____, 『선악의 저편』, 박찬국 옮김, 아카넷, 2018.
막스 베버, 『직업으로서의 정치』, 전성우 옮김, 나남출판, 2019.
____, 『프로테스탄티즘의 윤리와 자본주의 정신』, 김덕영 옮김, 길, 2010.

아도르노·호르크하이머, 『계몽의 변증법』, 김유동 옮김, 문학과지성사, 2001.

루이스 멈퍼드, 『기계의 신화 1』, 유명기 옮김, 아카넷, 2013.

조르주 바타유, 『라스코 혹은 예술의 탄생 / 마네』, 차지연 옮김, 워크룸프레스, 2017.

시몬 베유, 『중력과 은총』, 윤진 옮김, 문학과지성사, 2021.

이반 일리치, 『그림자 노동』, 노승영 옮김, 사월의책, 2015.

＿＿, 『젠더』, 허택 옮김, 사월의책, 2020.

미셸 푸코, 『광기의 역사』, 이규현 옮김, 나남출판, 2020.

앨리 러셀 혹실드, 『감정노동』, 이가람 옮김, 이매진, 2009.

밥벌이는 왜 고단한가?

아리스토텔레스부터 한나 아렌트까지,
철학자들이 이야기하는 일과 노동

초판 1쇄 발행 | 2024년 11월 4일

지은이 | 나카야마 겐
옮긴이 | 최연희, 정이찬

펴낸이 | 한성근
펴낸곳 | 이데아
출판등록 | 2014년 10월 15일 제2015-000133호
주   소 | 서울 마포구 월드컵로28길 6, 3층 (성산동)
전자우편 | idea_book@naver.com
페이스북 | facebook.com/idea.libri
전화번호 | 070-4208-7212
팩   스 | 050-5320-7212

ISBN 979-11-89143-49-7 (03100)